COMPOSICION
Proceso y síntesis SEGUNDA EDICION

Guadalupe Valdés
University of California, Berkeley

Trisha Dvorak
University of Michigan

Thomasina Hannum
Albuquerque Public Schools

McGraw-Hill, Inc.
New York St. Louis San Francisco Auckland Bogotá
Caracas Lisbon London Madrid Mexico Milan
Montreal New Delhi Paris San Juan Singapore
Sydney Tokyo Toronto

COMPOSICION: PROCESO Y SÍNTESIS

Second Edition

9 8 7 6 5

Library of Congress Cataloging-in-Publication Data

Valdés, Guadalupe.
  Composición: Proceso y síntesis / Guadalupe Valdés, Trisha Dvorak,
Thomasina Hannum.—2a ed.

    p.   cm.
  English and Spanish.
  "This is an EBI book."
  1. Spanish language—Rhetoric.   I. Dvorak, Trisha.   II. Hannum,
Thomasina, 1935-   III. Title.
PC4420.V275 1989
808' .0461—dc19   88-39892
ISBN: 0-07-557358-X   CIP

PRODUCTION: MARIAN HARTSOUGH
TEXT AND COVER DESIGN: MIKE YAZZOLINO
COPYEDITING: MARGARET HINES
TYPESETTING: GRAPHIC TYPESETTING SERVICE

Permission to reprint the following literary selections is gratefully acknowledged.
Chapter 3 «En ruta hacia Chachapoyas», by Valencia, Pablo, and Susan Cameron Bacon. EN MARCHA.
Copyright © 1983 by Houghton Mifflin Company. Used with permission; Excerpt from «La muerte», from
El grimorio, by Enrique Anderson Imbert.
Chapter 4 Excerpt from «Los idiomas en la vida del hombre moderno», from *Hoy en la historia*, by Ciro
A. Gonzáles and Luis Guevara Ramírez, Editorial Herrero, S.A., Mexico.
Chapter 5 Excerpt from «Las algas», from *Curiosidades y ejemplos*, by Santiago Hernández Ruiz et al.,
Fernández Editores, S.A., Mexico.
Chapter 6 Excerpt from «El hombre y los sistemas de clasificación», from *Hoy en la historia*, by Ciro A.
Gonzáles and Luis Guevara Ramírez, Editorial Herrero, S.A., Mexico; Excerpts from «Cultura y espíritu»,
from *Curiosidades y ejemplos*, by Santiago Hernández Ruiz et al., Fernández Editores, S.A., Mexico.
Chapter 9 Excerpt from «La gula», from *El español y los siete pecados capitales*, by Fernando Díaz-Plaja.
Chapter 10 Excerpt from «Horacio Quiroga: Comentario», from *El cuento hispanoamericano*, by Seymour
Menton.
Chapter 11 Excerpt from «Los cuentos de René Marqués», by Esther Rodríguez Ramos, Editorial Uni-
versitaria, Río Piedras, Puerto Rico.

Tabla de materias

Preface

To the Instructor

Composición: Proceso y síntesis, Segunda edición, is designed for use by university-level Spanish students in their third year of study. It is intended to be used in the composition segment of advanced courses. The purpose of these materials is to develop students' abilities in composition tasks that reflect the kind of writing they are generally asked to perform as Spanish majors and minors.

Composición: Proceso y síntesis approaches the teaching of writing from the perspective that instruction in this area must accomplish two things. The first is to help students understand and manage the basic contradiction involved in any writing task: That writing is at once a communicative act and a solitary undertaking. On the one hand, like any other communicative act, writing involves a message, a sender and a receiver. Successful communication, whether it be oral or written, depends on the sender's ability to take information (what the sender knows about the topic) and modify it into a message the receiver can appreciate (what the receiver wants to know about the topic). On the other hand, because writing is a very solitary undertaking, writers must make message adjustments *alone*. When you speak, your listeners provide many kinds of feedback about whether you are communicating clearly. When you write, however, you must imagine the reader, imagine what the reader's purpose is—what his or her questions about the topic will be—, imagine the impact your words are having, and decide, without any feedback, what changes need to be made. Becoming an effective writer means learning to play the role of the intended receiver, as well as that of the sender of the message.

The first focus of this book, then, is to help students develop a sense of writing as interaction between writer/reader/purpose/message. The second is to help students develop resources for managing this interaction. Traditionally, foreign language composition texts have seen grammar as the writer's primary tool. However, the growing body of research on the nature and development of writing abilities, and on the behavior of beginning and expert writers, has shown that good grammar has very little to do with good writing. For this reason, *Composición: Proceso y síntesis* treats grammatical skill as only one of several important resources that good writers need to communicate effectively. The exercises in the text and workbook help students expand and refine a number of writing tools—control of grammar, range of vocabulary, rhetorical techniques for organizing information—as well as strategies for getting started, for characterizing the reader, for "writing through" problems, for reading critically, for revising and rewriting.

Since the publication of the first edition of *Composición: Proceso y síntesis*, interest in the development of functional, purposeful language skills has grown steadily. The revisions evident in the second edition of *Composición* are a response to this interest, to the findings of writing research, and also, no less important, to the helpful reactions of those who used the first-edition materials and offered suggestions based on their experiences.

ORGANIZATION OF THE TEXT

Composición: Proceso y síntesis consists of two components: a standard text and a workbook that complements and expands the text material. The text has twelve chapters. Chapter organization, which remains largely unchanged from first edition, is as follows.

Antes de redactar

This section begins with a brief discussion of the type of writing to be attempted, and a presentation in **Vocabulario útil** of Spanish words and expressions useful for specific purposes related to the writing task (establishing comparison and contrast, writing introductions and conclusions, and so on).

This is followed by a writing model or models plus an analysis of the model's organization and style. Two additional subsections, new to the second edition, are **Pensando en el lector** and **Estrategias del escritor**. The first contains information designed to sensitize the writer to the needs of the reader; the second aims to help the writer develop effective strategies appropriate for various stages of the writing process.

Each of the **Antes de redactar** sections closes with a series of individual and small group oral exercises that allow students to practice in class the various techniques presented, as well as to explore topics appropriate for the type of writing being discussed.

La redacción

La redacción presents the actual writing assignment, along with suggested topics. Students are guided through the writing process so that they remain aware of reader and purpose, as well as organizational and mechanical considerations.

La revisión

These sections introduce students to the formal revision of their own writing. They include two principal steps (**pasos**): **Revisión del contenido y de la organización** and **Revisión de aspectos gramaticales**. The first of these steps focuses students on revising content and/or organization for meaning. The second step focuses on aspects of Spanish structure that are high-frequency problem areas for English-speaking students and is followed by a variety of language exercises.

Each section of **La revisión** concludes with a discussion of steps to follow in writing a final draft of the original composition.

ORGANIZATION OF THE WORKBOOK

The workbook for *Composición: Proceso y síntesis* has been extensively revised in order to more fully complement the work covered in class. Each of the twelve workbook chapters is divided into two main sections: **Ejercicios de Lenguaje** and **Ejercicios de Redacción**. These sections are subdivided as follows:

Ejercicios de Lenguaje

1. Repaso de aspectos básicos
2. Repaso de aspectos gramaticales
3. Repaso de vocabulario útil
4. Corrección de pruebas: Formas

Ejercicios de Redacción

1. Aspectos estilísticos
2. Interacciones lector/escritor
3. Corrección de pruebas: Contenido y organización

The various parts of the **Ejercicios de Lenguaje** section are designed to help students build a richer repertoire of syntactic and lexical tools. The material found in **Repaso de aspectos básicos** is not covered in the text; it reviews material that most third-year students will have already covered in their study of Spanish: sentence structure, agreement, use of pronouns, and so on. The **Repaso de aspectos gramaticales** and **Repaso de vocabulario útil** provide additional practice of the grammar and vocabulary presented in the corresponding chapter of the text. In addition to standard language exercises, those called **Corrección de pruebas: Formas** provide students with practice in analyzing and revising writing samples with respect to grammar errors they have just reviewed, plus grammatical structures covered in previous chapters.

The **Ejercicios de Redacción** section looks at aspects of the writing process highlighted in the text. Exercises in **Aspectos estilísticos** are varied and address topics such as how to write descriptions using vivid language, how to decide which part of a narration is action and which is background, and how to write a good title. **Interacciones lector/escritor** offers additional practice first in identifying both writer's and reader's purpose, and then in shaping the text to correspond to this shared goal. **Corrección de pruebas: Contenido y organización** contains compositions written by third-year students, presented in a double-column format with extensive comments and suggestions for improvement. Here the focus is both content and style, with emphasis on sensitivity to the reader's needs, effectiveness of content and organization, language choice, and so on. The object of these exercises is to give students practice in seeing how many different factors make up a good composition. By becoming critical readers of work produced by others, students will become more aware of the types of questions and concerns they must address when composing and later revising their own work.

Major Changes in the Second Edition

- Additional models of each particular type of writing have been included in each chapter.

- Text explanations have been targeted toward the interactions between reader and writer, purpose and message. Two new additions—**Pensando en el lector** and **Estrategias del escritor**—help students learn a variety of techniques for managing the writing process, from brainstorming to the selection and organization of appropriate details, to revising and rewriting.

- One "synthesis" chapter was eliminated, and a new "process" chapter (cause and effect) added. The final synthesis section of the text has been expanded and its purpose refocused: choosing among the various models and patterns of organization in order to solve particular rhetorical problems.

- The exercises with respect to writing techniques have been expanded to allow for more, and more varied, practice of the concepts being presented.

- A number of grammar exercises have been moved from the text to the workbook.

Suggestions for Use of the Materials

Composición: Proceso y síntesis can be used in either one-semester or two-semester courses. The inclusion of more language exercises in this edition is intended to give instructors greater flexibility and more freedom of choice in tailoring the text to the needs and goals of their own classes. We encourage instructors to be selective. In order for learners to develop effective composition skills, they need active and frequent engagement in actual writing tasks. We suggest, then, that instructors try to devote as much of their class time as possible to prewriting and writing activities. After students have begun producing drafts, we suggest that instructors—especially those working on a one-semester schedule—substitute these student texts for some of the **Corrección de pruebas** exercises offered in the workbook for *Composición: Proceso y síntesis*. In this way, students will still have the opportunity to develop critical reading skills based on their own and their classmates' writing, as well as to practice techniques of editing and proofreading.

Instructors are also encouraged to be selective with respect to the workbook exercises. Many third-year students, for example, will not need to review the material in the **Repaso de aspectos básicos** section.

For students to develop good writing strategies, they need to learn to approach composition not as another means to practice grammar but as a way of effectively communicating messages. Their attitude—and that of their instructor—toward language mistakes is crucial to the success of this process. Traditionally, instructors, and students too, have had more experience with "red-penning" than with any other means of evaluating writing. Some suggestions regarding other ways of responding to student writing, and particularly for helping students work as "peer editors," are given in Appendix A and Appendix B.

Acknowledgments

The authors would like to thank all of the instructors who completed the general revision questionnaire that was sent to those who used the first edition. Their comments were extremely helpful in the shaping of the second edition. In particular, the authors would like to express their appreciation to Professor George Greenia of the College of William and Mary for his many valuable suggestions.

We would also like to thank the persons who read the entire text or portions of it for linguistic authenticity: Isabel Bustamante (Chile), Mercedes Niño Murcia (Colombia), and Laura Chastain (El Salvador). Enrique Lessa (Uruguay) and Isabel Bustamante were extremely helpful in developing a number of textual examples for the second edition.

We are grateful to Lesley Walsh of Random House for her patient good-humor in the face of repeated infractions of numerous production rules; and to our production staff at Random House: Marian Hartsough, Karen Judd and her staff, for their creative skill in redesigning the appearance of the second edition.

Finally, many sincere thanks to our editor Elizabeth Lantz, for her constant encouragement, enthusiasm, and good sense.

To the Student

Up to this point in your study of Spanish you may have spent most of your time studying grammar and learning to communicate orally. But writing also is a skill that you will need when you take more advanced courses in Spanish. There you may be asked to prepare reports and term papers and to write essay examinations in Spanish. Later, if you use Spanish in your professional activities, you will need the ability to communicate confidently and easily in writing.

Writing, like speech, is an attempt by one person to communicate an idea to another person for a specific reason. The writer has a goal in mind in sending the message: to convince, to explain, to entertain, to inform, to criticize, to question, to recommend. The reader also has a purpose: to obtain information in order to make a decision ("Shall I go see this film, or not?"), to find out what the writer thinks, to find out if his/her own opinion on a topic is correct, to be entertained. Successful written communication depends first of all on the establishment of a shared purpose between reader and writer. That is, the writer anticipates and answers all the important questions that the reader had.

Of course, this is a lot easier said than done, for writers, unlike speakers, do not have the advantage of immediate feedback. The speaker can watch the face of the listener and modify delivery if the listener does not understand. The speaker can quickly offer additional examples for clarification, if the listener becomes confused. The speaker can deliver an immediate counterargument, if the listener objects to a particular point. The writer has no such "second chance." Once written, the paragraph must succeed, or fail, on its own.

The first step in good writing, then, is anticipating the questions of your absent reader regarding the message of your text. Second, you need tools for turning your ideas into clear, effective prose. Grammar is one tool; precise and accurate vocabulary is another. One of the most essential tools is familiarity with different ways of organizing information. Anticipating the reader's needs is important here as well. For example, you could evaluate an issue simply by listing all its positive and negative points, but the reader may need to know the relative importance of these points and interrelationships among them. Also, it would be easier to write without worrying about choice of connecting words and transition phrases, but what may make the text easier to write in this case would definitely make it harder to read! Thinking about the reader guides the writer with respect to content, organization and style.

There are several standard ways in which to organize information. These organizational patterns are the core of each chapter of *Composición: Proceso y síntesis*. In the section called **Antes de redactar** specific methods of writing, that is, specific ways of thinking about a topic, are presented.

You have probably already taken English composition courses in which you analyzed what good writing is and tried to develop your own skills in written expression. This text has been written to help you build on what you have already learned about writing in English, and to facilitate the transfer of this knowledge to your writing in Spanish. As in many English composition texts, in this text you will begin by studying description and narration, and then move on to the study of several ways to develop an expository essay. Each **Antes de redactar** section has a series of exercises (**Antes de comenzar a escribir: Ejercicios**) to help you and your classmates develop ideas for topics and become sensitive to the kinds of topics for which each kind of writing is best suited. By the time you reach the second section, **La redacción**, you will be ready to follow the steps outlined there to write the first draft of a composition.

Successful writing also depends on critical editing. You, the writer, must begin to think of your instructor not as your *grader*, that is, a person who looks for and corrects your mistakes, but as your *reader*, the person to whom you are trying to communicate an idea. The one who must find and correct mistakes is *you*! Each **Antes de redactar** section discusses a particular aspect of organization—paragraph development, thesis statements, transitions—and gives you practice in identifying and correcting errors related to these topics. In **La revisión**, a "checklist" helps you analyze the content and organizational aspects of the composition you wrote as an assignment. Next, there is a review of important grammatical points and exercises to help you develop the ability to proofread your own writing for grammatical errors. At the end of this section you are asked to rewrite the first draft of your composition, paying special attention to the topics studied in the chapter. We think you will find that the proofreading and editing exercises will enable you to improve your draft a great deal.

The workbook that accompanies *Composición: Proceso y síntesis* has additional review exercises on grammar and proofreading, as well as editing.

Successful writing requires determination and perseverance. There are no shortcuts and no easy routes. It is a challenge to produce good writing, but it is also fun. The exercises in *Composición: Proceso y síntesis* are intended to spark your interest in a variety of topics and to encourage you to *want* to write. We hope that at the end of the course you will indeed feel that you *can* express yourself clearly and effectively in Spanish.

G. V.
T. D.
T. H.

Primera parte

Proceso: Descripción y narración

Capítulo **1**

La descripción

Antes de redactar

LA DESCRIPCION

Una descripción es una representación de personas, de cosas, de acciones o de lugares en que se utiliza el lenguaje para conseguir que otro logre visualizar o tener idea cabal de lo que se representa. En general la descripción se encuentra como parte de un texto más grande, donde puede tener varios propósitos. Por ejemplo, en una carta de recomendación, se utiliza la descripción para convencer al lector acerca de las cualidades de alguien con respecto a un empleo o un premio; en un anuncio de venta, se utiliza la descripción para atraer a posibles compradores; en un ensayo, la descripción puede usarse para revelar la opinión del escritor acerca de algo; en una novela se incluye, entre otras razones, para crear cierto «ambiente».

Cuando observamos un objeto, un lugar, una persona o una acción en la vida real, generalmente, reaccionamos a la totalidad de lo que vemos; pero al intentar describir algo, es necesario enfocar aquellos detalles sobresalientes que puedan contribuir a crear la impresión que se desea transmitir acerca de lo escrito. Escribir una descripción depende, entonces, de seleccionar detalles según lo que, como escritores, nos proponemos: ¿Por qué se escribe la descripción? ¿Qué impresión se quiere dejar? ¿Qué se intenta lograr? Imaginémonos, por ejemplo, a Roberto, un estudiante universitario típico. Cuando Roberto describe en una carta a un nuevo amigo, su propósito es doble: presentarlo a quien no lo conoce y al mismo tiempo hacer que su lector comparta su propia impresión acerca de la persona. Para lograr este propósito, es más importante para Roberto incluir información sobre el carácter y la personalidad de su amigo que información sobre su apariencia. En cambio, si Roberto es testigo de un crimen, al hacer una descripción del acusado a las autoridades, estará motivado por la necesidad de dar una información lo más exacta y detallada posible de la apariencia física de esa persona, ya que su propósito es facilitar la identificación de un individuo a otros que no lo conocen.

Al mismo tiempo, al seleccionar la información para hacer estas dos descripciones hay que tomar en cuenta el propósito del lector. Por ejemplo, si la carta que Roberto escribe va dirigida a sus padres, él debe escribir sabiendo que lo que ellos quieren es saber quiénes son sus amigos y a la vez estar seguros de que éstos son buena compañía para su hijo. En la descripción, entonces, ellos buscan respuestas para preguntas tales como:

¿Es serio? ¿Se lleva bien con Roberto? ¿Viene de una familia decente? ¿Es buen estudiante? ¿Respeta las leyes? Por otro lado, si la carta va dirigida a otro amigo, Roberto sabe que su descripción debe contestar otras preguntas: ¿Es como nosotros? ¿Comparte actividades interesantes? ¿Tiene buen sentido del humor? ¿Le gustan las aventuras?

Describir es pintar un cuadro; hay que saber escoger los detalles y luego organizar la presentación de ellos para que ese cuadro quede enfocado con precisión. La organización de una descripción generalmente se hace enfocando ya sea la realidad espacial o la realidad temporal. Si se enfocan aspectos espaciales, el objeto puede describirse de arriba hacia abajo, de derecha a izquierda, o en cualquier orden que se asemeje al proceso natural que sigue la vista cuando algo capta su atención. Si se enfocan aspectos temporales, especialmente si se describe una acción o un proceso, es necesario reflejar el orden en que éstos ocurren en el tiempo real; se describe lo que pasa primero, luego lo que pasa después.

La descripción puede incluir también detalles que reflejen el impacto que lo que se describe ejerce en los otros sentidos, por ejemplo, en el olfato o en el tacto. Inclusive, puede hacer sentir el efecto de lo descrito en cualquiera que lo observe, lo oiga o lo conozca, o reflejar los sentimientos del escritor hacia lo que describe. Las mejores descripciones objetivas se caracterizan precisamente por esto, porque dejan asomarse, pero asomarse solamente, la impresión personal del escritor acerca de lo que describe.

Vocabulario útil

Al describir un lugar a veces se enfoca la realidad espacial. En ese caso pueden ser útiles las siguientes palabras y expresiones.

VOCABULARIO RELACIONADO CON LA REALIDAD ESPACIAL: LUGARES	
a un lado de, al lado de	dar a
a la derecha de, a mano derecha de/ a la izquierda de, a mano izquierda de	en medio de, entre
	encima de/debajo de
	enfrente de/atrás de, detrás de
al entrar/al salir	estar situado, ubicado, rodeado de
al fondo, hacia atrás/hacia enfrente, de frente	quedar
	tener vista a

Antes de comenzar la descripción de una persona, será necesario repasar el vocabulario de características físicas. Pueden ser útiles las siguientes palabras y expresiones.

	VOCABULARIO RELACIONADO CON LA DESCRIPCION DE PERSONAS: ASPECTOS FISICOS
tener:	la frente ancha, despejada la cara redonda, larga, ancha buen cutis, mal cutis nariz: aguileña, de gancho, respingada, correcta, chata, bien perfilada ojos: almendrados, rasgados, risueños, de mirada triste, azules, verdes, claros, negros boca: pequeña, de labios bien definidos, de labios carnosos cabello/pelo: largo, ondulado, rizado, oxigenado, teñido, crespo, castaño, negro, rubio
ser de:	piel/tez: morena, blanca, color canela, tersa, áspera estatura regular, buena estatura cuerpo esbelto, delgado
ser:	alto, bajo, gordo, grueso, corpulento
usar:	lentes, gafas, espejuelos, anteojos bigote, barba (+ prendas de ropa) sombrero, pantalones vaqueros
llevar:	(+ prendas de ropa) impermeable, abrigo
vestirse de:	(+ colores) gris, rojo, azul estilo conservador, moderno

MODELOS Y ANALISIS

MODELO I	La casa de mis abuelos

La casa de mis abuelos está rodeada de unos árboles enormes. Es blanca, de techo negro, con ventanas pequeñas y angostas cubiertas por rejas negras. La puerta principal está hecha de madera pesada. Al entrar hay un pequeño corredor que conduce hasta el fondo de la casa. A la izquierda de éste está la sala, un cuarto obscuro y solemne que rara vez se usa. De ahí se pasa al comedor, luego a la cocina, que es un cuarto alegre con mucha luz. Por fin se pasa al cuarto de servicio donde se lava y se plancha. A la derecha de la puerta de entrada están los dormitorios y el baño. Hay tres dormitorios de tamaño regular, cada uno con acceso al corredor. El baño no es muy grande.

> La casa de mis abuelos es como muchas otras. Sólo su olor es distinto. Tiene un olor a pan caliente, al jabón de mi abuelita, al tabaco de mi abuelo. Tiene un olor especial, extraordinario: el olor que refleja su cariño.

Tema

El escritor ha escogido un tema sencillo y concreto. Describe una casa común y corriente.

Propósito

Al describir la casa de sus abuelos, el escritor parece estar hablando con un amigo, con un conocido o con alguien a quien le interesara su vida privada: habla en primera persona e incluye información personal. La impresión que el escritor quiere dejar en el lector podría resumirse como sigue:

> La casa de los abuelos, arquitectónicamente, es como muchas otras casas. Quienes la hacen realmente diferente son las personas que viven ahí y los momentos que ahí se han vivido.

La descripción de la casa no es un tratado sobre una obra de arquitectura. Tampoco se supone que haya interés por parte del lector en comprar la casa. Las preguntas que el escritor intenta contestar en esta descripción son las que haría un amigo o un conocido: ¿Cómo es la casa? ¿Qué asocias con ella? ¿Qué importancia tiene para ti? ¿Por qué?

Organización

Esta descripción se ha organizado mediante el enfoque de ciertos aspectos temporales y espaciales. Primero el escritor presenta la casa vista desde afuera, como la veríamos realmente si la visitáramos; luego nos lleva cuarto por cuarto desde la entrada hasta el fondo. Valiéndose del pasillo de entrada, divide la casa en dos, describiendo a la vez lo que se encuentra a la izquierda y a la derecha del mismo.

La descripción termina con un juicio de parte del escritor. Indica que la casa es como muchas otras, para luego poner énfasis en lo que la hace diferente. Para hacerlo, deja lo visual y se concentra en los olores que en ella se sienten. En este caso, ya no hay un orden lógico en los detalles escogidos. El escritor simplemente selecciona lo sobresaliente: tres diferentes aromas que para él son parte de aquella casa. Indica además que los olores tienen un significado especial ya que él los asocia con el cariño de sus dos abuelos.

MODELO II	Una carta personal

Mi querida hermanita,

Me has pedido que te describa a la joven de quien me he enamorado. Como sabes, ésta es una tarea difícil. ¿Cómo hacerlo sin exagerar sus cualidades, sin decirte que es la mujer más bella del universo? No estoy seguro cómo, pero intentaré hacerlo.

Elisa es una mujer de estatura mediana y de cuerpo esbelto. Tiene el cabello negro, la cara redonda y la frente ancha. Usa el pelo corto, cosa que le da un aire de niña traviesa. Tiene tez morena, ojos claros y nariz pequeña. Se viste a la moda—generalmente usa traje sastre para ir a la oficina y pantalones vaqueros para estar en casa. Con frecuencia se viste de rojo, color que otros dicen que le favorece mucho. Es una chica alegre, comunicativa y risueña.

Es muy sencilla y al mismo tiempo es una persona de una profundidad asombrosa. Creo que es todo. Sé que va a simpatizarte mucho y que te va a sorprender mi buen gusto. Ya me darás tu opinión cuando la conozcas en las vacaciones.

Abrazos,

Rafael

Tema

El escritor describe a una persona. Enfoca en el aspecto físico de una mujer. ¿Cree usted que esta descripción se limita a las características físicas de la persona?

Propósito

El escritor de esta carta tiene un propósito muy especial al describir a la mujer de quien habla. Su hermana le ha pedido que describa a su novia, persona que ella no conoce. Para hacerlo, el escritor necesita escoger detalles que contesten a las preguntas que seguramente se habrá hecho su hermana al enterarse de la nueva novia de su hermano. ¿Cuáles cree usted que sean estas preguntas? ¿Las ha contestado el escritor?

Organización

Esta descripción se ha organizado mediante el enfoque de ciertas características físicas. El escritor no sigue un enfoque espacial estricto. Primero habla de Elisa como si la viera de lejos:

... es una mujer de estatura mediana y de cuerpo esbelto.

Luego se acerca para describir su cara:

... Tiene el cabello negro, la cara redonda y la frente ancha. Usa el pelo corto...

Vuelve a alejarse para hablar de su forma de vestir:

... Se viste a la moda...

Termina con un comentario breve sobre su personalidad.

... Es una chica alegre, comunicativa y risueña.

Como en el modelo anterior, el escritor selecciona detalles para captar lo que él quiere comunicar de la mujer que describe. La descripción no es exhaustiva.

PENSANDO EN EL LECTOR: EL LENGUAJE Y LA SELECCION DE DETALLES

Para dar el tono simple y directo a la descripción, el autor de *La casa de mis abuelos* ha usado un lenguaje común que ayuda al lector a visualizar la casa y a destacar su carácter humilde al mismo tiempo. A pesar de la sencillez del lenguaje, el escritor logra que el lector *perciba* la casa como una realidad. El uso de ciertos detalles que transmiten el impacto que lo descrito ejerce en los sentidos permite al lector no sólo visualizar la casa, sino también captar su especial aroma. La fuerza de una descripción no se debe nunca a la elegancia o rebuscamiento de los adjetivos que se utilizan, sino a su capacidad de lograr que el lector *experimente la realidad* del objeto descrito.

ANTES DE ESCRIBIR: EJERCICIOS

A. *El propósito del escritor.* Lea los siguientes párrafos descriptivos y diga cuál de entre los que se dan en la lista a continuación, es el propósito (o los propósitos) del escritor. En cada caso, señale las características del texto (o de su contexto) que le ayudaron a Ud. a llegar a esta conclusión.

convencer	vender	recordar una experiencia [para
entretener	informar	incluirla en un diario]
criticar	crear un ambiente	captar el interés del lector

1.

> ### Hotel Playa Encantada
>
> El sol acaricia la playa. Las palmeras se mecen
> suavemente con la brisa del mar. Usted—reco-
> stado cómodamente, contempla el panorama y
> descansa. A distancia, se oye la dulce melodía
> de una guitarra. Hotel Playa Encantada—el
> lugar ideal para escapar del trabajo y del
> tumulto.

2. ERA ALTO, de cabello ondulado y frente despejada. Caminaba
con cierta altivez, con una seguridad interna que sugería
tanto abolengo como fortuna. Al verlo por primera vez, al
sentir la mirada de sus ojos negros sombreados por tupidas
pestañas, sentí que se me doblaban las piernas. Oí su voz
ronca, alcancé a notar la blancura de sus dientes, y cuando
estrechó mis manos entre las suyas con un gesto de increíble
ternura, me di cuenta de que me había enamorado.

3.

> Se encontró ahora el arma homi-
> cida con que se diera muerte a un
> conocido comerciante. Se trata, no
> de un cuchillo como se había
> sospechado, sino de un puñal de
> unos 20 centímetros de largo,
> de un metal negro brillante y
> decorado con la figura de un
> dragón. Junto al puñal se encontró
> la vaina del mismo. Hecha de piel
> y teñida de color carmín, lleva las
> iniciales P. R. en la parte superior.

4.

> ### Miguel González Mejía
>
> Un hombre honrado, un hombre
> justo, un hombre trabajador.
> **González Mejía** es hijo del pueblo.
> Ha vivido el hambre. Ha vivido la
> injusticia. Ha sabido luchar y
> ha sabido triunfar a pesar de
> sus más amargas derrotas.
> **Miguel González Mejía**, símbolo
> de un mañana mejor.

B. *Cómo se revela la actitud del escritor.* Lea los dos párrafos sobre esta foto. Observe el tono de cada descripción.

Estamos en invierno. Todo está limpio. Los días y las noches son cristalinos. La casa nos protege como una cobija vieja y descansamos en medio de la tranquilidad que nos rodea.

Estamos en invierno. Hace un frío terrible y todo está helado. La casa está como una cueva húmeda. ¡Nos estamos ahogando en tanta nieve! Estamos aislados del mundo y no sabemos lo que está pasando.

Ahora, identifique el párrafo positivo y el negativo. ¿Qué detalles contribuyen a dar el tono positivo? ¿Qué detalles contribuyen a dar el tono negativo? ¿Qué detalles se podrían agregar para intensificar lo positivo o lo negativo?

C. *El propósito del lector: saber qué incluir y qué dejar fuera.* Ud. tiene las siguientes tareas descriptivas. Trabajando con un compañero, decida el impacto del lector en cada caso.

1. Ud. tiene que escribir una autobiografía como parte de la solicitud de una beca para estudiar en el Perú el próximo año. Su propósito es, pues, convencer a su lector de que Ud. debe ser elegido para recibir la beca entre los otros solicitantes. El lector es parte del comité que decide a quiénes se les otorgará la beca. ¿Cuál será el propósito del lector al leer su autobiografía? ¿Qué preguntas se hará sobre Ud.? (Identifique cinco por lo menos.)

2. Ud. tiene que escribir una autobiografía como parte de una solicitud para obtener el empleo de asesor en un campamento para niños en España. De nuevo, su propósito es convencer a su lector de que Ud. es superior a los otros solicitantes. El lector es jefe de personal del campamento. ¿Cuál será su propósito al leer la autobiografía de Ud.? ¿Qué preguntas se hará sobre Ud.? (Identifique cinco por lo menos.)

3. La familia que aparece en la foto a continuación se ofrece para hospedar (*host*) a un estudiante argentino que quiere pasar un año en los Estados Unidos. Ud. tiene que escribir una descripción de la familia y mandársela con la foto al estudiante para ayudarle a tomar una decisión. ¿Cuál es su propósito como escritor? ¿y el propósito del lector? ¿Qué preguntas se hará éste sobre la familia? (Identifique cinco por lo menos.)

4. La familia de la foto participa en un estudio sociológico sobre la estructura familiar occidental. El investigador es venezolano;

Ud. ayuda en la acumulación de datos sobre la familia en Norte-
américa. Tiene que escribir una descripción de la familia y mandársela al investigador. ¿Cuál es su propósito como escritor? ¿Y el
propósito del lector? ¿Qué preguntas le pueden interesar sobre la
familia? (Identifique cinco por lo menos.)

CH. ***Selección y ordenación de detalles.*** Con sus compañeros de clase,
describa la casa que se ve en el dibujo. Todos deben contribuir
aportando algunos detalles. Un miembro de la clase debe escribir en
la pizarra los detalles que se mencionen.

Después de anotados los detalles, la clase debe dividirse en grupos de
dos o tres estudiantes. Cada grupo ha de tomar uno de los contextos
específicos a continuación y hacer lo siguiente: 1) seleccionar los
detalles más apropiados para ese contexto y luego 2) ordenarlos de
acuerdo con alguna perspectiva lógica, es decir, de derecha a
izquierda, de arriba hacia abajo, o como lo prefiera el grupo, con tal

de dejar una imagen clara de la casa según el contexto seleccionado. Contextos:

1. Un estudiante universitario describe su casa en un ensayo sobre «un lugar importante en mi vida».

2. Un estudiante universitario describe la casa como parte de un ensayo sobre la presencia de la tecnología en la vida cotidiana (*daily*).

3. Un estudiante periodista describe la casa como escenario de un famoso crimen en un reportaje sobre ese crimen.

4. ¿Otro?

¿Qué diferencias se observan entre los detalles seleccionados según cada contexto? ¿Hay diferencias también con respecto a la ordenación de los detalles? Comente.

D. ***Trabajo en pequeños grupos.*** Cada grupo debe escoger una de las fotos a continuación. Dos personas en cada grupo tomarán la primera perspectiva indicada y las otras dos tomarán la segunda perspectiva. Cada sub-grupo debe determinar cuál podrá ser el propósito de un lector al leer una descripción de la foto. Después debe formular las preguntas más importantes cuyas respuestas serán de interés para este lector y por último, guiándose por las preguntas, debe escribir una breve descripción de la foto.

© STUART COHEN/COMSTOCK

a. Una descripción dirigida a un nuevo estudiante

b. Una descripción dirigida a un nuevo profesor

© 1978 ULRIKE WELSCH

a. Una descripción dirigida a los padres con hijos pequeños

b. Una descripción dirigida a un joven soltero

© 1983 PETER MENZEL/STOCK, BOSTON

a. Una descripción dirigida a los padres que creen que la televisión no tiene valor educativo

b. Una descripción dirigida a los padres que creen que la televisión sí tiene valor educativo

Al terminar los párrafos, júntense los dos grupos que escribieron sobre la misma foto para discutir acerca de lo que escribieron. ¿Qué diferencias se notan entre las dos descripciones? ¿A qué detalles se les dio énfasis para interesar a cada lector en particular? ¿Cómo escogieron esos detalles?

La redacción

COMO SE ESCRIBE UNA DESCRIPCION

El proceso de escribir una descripción se basa en los pasos que se detallan a continuación. Estudie cada paso cuidadosamente antes de empezar a escribir su composición.

1. Escoja lo que quiere describir. Escoja algo o alguien que Ud. recuerde bien. En estas primeras tareas, escriba utilizando el vocabulario que ya conoce. Limite el uso del diccionario.

2. Identifique su propósito como escritor. Después de haber escogido el tema (el objeto, lugar o persona que quiere describir) de su trabajo, hágase las siguientes preguntas: ¿Por qué describo esto? ¿Qué quiero lograr con esta descripción? ¿Cuál es la reacción que quiero provocar en el lector? ¿Cuál es mi actitud hacia lo escogido? ¿Por qué me parece interesante? ¿Cuáles son aquellos aspectos de lo que quiero describir que mejor pueden dar a conocer esta actitud al lector?

3. Identifique al lector y el propósito de éste. Escribir, al igual que hablar, siempre ocurre en un contexto comunicativo: un individuo comunica un mensaje a otro por alguna razón. Como ya se hizo ver, Ud. como escritor tiene que preguntarse: ¿Por qué escribo? Al mismo tiempo necesita preguntarse: ¿Y por qué va a leer esto alguien?

En algunas ocasiones, el contexto va a parecer muy obvio: se escribe sobre un tema seleccionado por el profesor y para el profesor, porque éste le ha pedido que lo haga. Pero tanto en este caso, como cuando se trata de escribir un autorretrato como parte de una solicitud, el lector tiene otros motivos más allá del simple deseo de que Ud. cumpla con cierta tarea o requisito. Puede que quiera descubrir lo que Ud. sabe u opina de algo (¿Ha entendido la novela lo suficientemente bien como para describir a la heroína?); puede que quiera asegurarse de que Ud. tiene ciertas cualidades o habilidades; puede que quiera tomar alguna decisión acerca de lo que Ud. describe.

Antes de escribir, piense en el contexto de lo que hace: ¿Para quién escribe? ¿Por qué va a leer esa persona lo que Ud. escribe? ¿Qué información busca? ¿Qué preguntas se va a hacer al respecto?

4. Escoja los detalles que mejor se presten para lograr la meta que Ud. ha identificado. Haga una lista de detalles sobre todo lo que recuerde. Luego, elimine aquéllos que no contribuyan a producir el tono que Ud. busca ni a mantener la descripción.

5. Ordene los detalles lógicamente, de acuerdo con la organización (espacio, tiempo, etcétera) que Ud. prefiera.

6. Escriba un borrador. Un *borrador* es la versión preliminar de un trabajo. Al escribirlo, experimente con la ordenación de los elementos y ponga atención a la impresión total que deja lo escrito.

Tarea

Escriba un borrador y luego una versión en limpio[1] de una descripción. Dirija su composición a su profesor. El propósito de su composición será darle a conocer algo que sea de importancia o de interés para Ud. Seleccione uno de los siguientes temas o escriba sobre un tema original.

1. Descripción de una persona

    a. un niño pequeño (hermano, sobrino, vecino)

    b. una persona de edad (un anciano, una anciana)

    c. un amigo íntimo

  ch. un profesor

    d. un personaje literario famoso

    e. un artista conocido

2. Descripción de un objeto

    a. un cigarro   **d.** una pintura

    b. una máquina de escribir   **e.** un vestido

    c. un automóvil   **f.** una camisa

  ch. un edificio   **g.** un platillo favorito

3. Descripción de un lugar

    a. un lugar a donde se va a pasar un día de campo

    b. una ciudad conocida

    c. un cuarto en donde alguien pasa mucho tiempo

---

[1]El paso entre el borrador y la versión final se describe en la tercera parte (*La revisión*) de este capítulo.

La revisión

En esta etapa Ud. revisará su borrador cuidadosamente antes de escribir la versión final de su trabajo. Hará lo siguiente en los pasos descritos a continuación.

1. Lea lo escrito, concentrándose en el contenido y en la organización.

2. Lea lo escrito, examinando detenidamente a la vez la estructura y los aspectos gramaticales que se repasarán a continuación.

3. Revise minuciosamente la ortografía, buscando errores ortográficos y de acentuación.

4. Escriba la versión final.

Primer paso: Revisión del contenido y de la organización

Revise la descripción ya escrita mediante las siguientes preguntas.

- ¿Cuál es la meta o propósito de la descripción?

- ¿Qué describe específicamente mi composición?

- ¿Qué impresión quiero dejar en el lector?

- ¿Qué detalles incluí en la descripción? ¿Cómo contribuye cada detalle a lograr lo que me propongo?

- ¿Hay en mi composición algún detalle que no contribuya lo suficiente a crear la impresión que quiero dejar?

- ¿Qué preguntas puede hacerse el lector con respecto al tema de que escribo? ¿Las he contestado todas?

- ¿Qué detalle escogí para terminar mi descripción? ¿Por qué lo escogí?

- ¿Utilicé un vocabulario claro y preciso, o utilicé términos generales y abstractos que no captan la esencia de lo que quiero describir?

Segundo paso: Revisión de los aspectos gramaticales

Dos estructuras gramaticales ocurren con particular frecuencia en el párrafo descriptivo: los adjetivos y los verbos **ser** y **estar.** Al revisar el borrador, se debe examinar cada adjetivo con cuidado para ver si su terminación concuerda con el sustantivo modificado.

la casa blanca   **el** apartament**o** pequeñ**o**
las cas**as** blanc**as**   **los** apartament**os** pequeñ**os**

Las reglas para el uso de **ser** y **estar** son más sutiles, ya que la selección del verbo puede depender no sólo de la estructura de la oración sino también de su significado.

Ser y *estar:* Usos de mayor frecuencia

Usos en que el juicio puede hacerse basándose en la estructura gramatical

En ciertos casos, el uso de **ser** o **estar** depende únicamente de la estructura gramatical de la oración. Para decidir cuál de los dos verbos se ha de usar, se analiza el predicado (lo que generalmente se encuentra a la derecha del verbo en una oración declarativa).

SUJETO	VERBO: **SER**	PREDICADO: UN NOMBRE SOLO O MODIFICADO
Juan	**es**	artista.
Luisa	**era**	mi fiel amiga.
		PREDICADO: UN ADVERBIO DE TIEMPO
La fiesta	**es**	a las ocho.
Las clases	**fueron**	por la mañana.

SUJETO	VERBO: **ESTAR**	PREDICADO: UN PARTICIPIO PRESENTE
Elena	**está**	cantando.
Mis hermanos	**estaban**	llorando mucho.

En los casos anteriores note que, si el predicado puede clasificarse entre uno de estos tres grupos (nombre, adverbio de tiempo, participio presente), no es necesario analizar el significado de la oración para escoger correctamente entre **ser** o **estar**.

Ejercicios

Lea con cuidado los siguientes pasajes. Establezca si en las oraciones indicadas el predicado es un 1) nombre, 2) adverbio de tiempo o 3) participio presente. Luego complete las oraciones con el presente de indicativo de los verbos **ser** o **estar** según lo pida la estructura gramatical.

A. Alicia ___$_1$___ una niña prodigio. ___$_2$___ violinista. En este momento, Alicia se ___$_3$___ preparando para un concierto. ___$_4$___ practicando con poco entusiasmo. Generalmente los conciertos ___$_5$___ en el verano, cuando Alicia preferiría jugar con sus amigas.

B. ___$_1$___ lunes. ___$_2$___ de noche. La obscuridad ha descendido sobre el valle. En este momento, los perros ___$_3$___ ladrando, los niños duermen, y sus padres se preparan para el día siguiente. Pedro ___$_4$___ policía. Su trabajo ___$_5$___ una contribución importante a la tranquilidad de todos. Hoy, como todas las noches, trabajará hasta que salga el sol.

Usos en que el juicio necesita hacerse basándose en el significado de la oración

En algunos casos es necesario analizar el significado de la oración para elegir correctamente entre los dos verbos. Esto sucede a menudo cuando el predicado es un adverbio de lugar o un adjetivo.

Cuando el predicado es un adverbio de lugar, se usa **ser** si el sujeto puede concebirse como un evento; de no ser un evento, se usa **estar.**

SUJETO: EVENTO	VERBO: **SER**	PREDICADO: UN ADVERBIO DE LUGAR
La fiesta	**es**	en la casa de Pedro.
El desayuno	**fue**	en el salón grande.

SUJETO: NO EVENTO	VERBO: **ESTAR**	PREDICADO: UN ADVERBIO DE LUGAR
María	**estaba**	en el rancho.
Los niños	**estuvieron**	aquí.
La biblioteca	**está**	cerca del parque.
La lancha	**estará**	en el río.

Cuando el predicado es un adjetivo, se utiliza **ser** si el adjetivo (o frase adjetival) sirve para clasificar el sujeto, es decir, si el adjetivo se refiere a una característica inherente que explica a qué clase pertenece el nombre.

Por otro lado, se utiliza **estar** si el adjetivo comenta sobre el estado o situación en que se encuentra el sujeto.

SUJETO	VERBO: SER	PREDICADO: UN ADJETIVO QUE CLASIFICA AL SUSTANTIVO
Marta	es	bonita. (*Es de la clase de mujeres bonitas.*)
Pedro	es	católico. (*Es de la clase de personas de religión católica.*)
Los guantes	son	de cuero. (*frase adjetival que describe la clase de guantes*)
Laura	es	de México. (*frase adjetival que describe a Laura como miembro de la clase de personas que provienen de México*)

SUJETO	VERBO: ESTAR	PREDICADO: UN ADJETIVO QUE COMENTA SOBRE EL ESTADO EN QUE SE ENCUENTRA EL SUJETO
Estela	está	enojada. (*Se encuentra en ese estado.*)
La leche	está	fría. (*Se encuentra en esa condición.*)
Amada	está	de luto. (*frase adjetival que comenta sobre el estado en que se encuentra*)

Ejercicios

A. Examine los siguientes pasajes y explique por qué se ha usado **ser** o **estar** cuando estos verbos se encuentren subrayados.

1. Margarita es profesora de música. Hoy está cansada porque ha trabajado mucho. Ayer tuvo una clase muy difícil. Su clase fue en la universidad.

2. La biblioteca está cerca del parque. Es un edificio grande de arquitectura colonial. Está abandonada porque está en una zona de la ciudad en que se construirá la nueva carretera.

3. El auto de Jorge es azul. Es un sedán de marca japonesa. Esta semana el auto está descompuesto y Jorge ha tenido que utilizar el autobús para ir y volver de la universidad. Sus clases son en el edificio de ingeniería.

B. Examine las siguientes oraciones, analizando con cuidado el predicado de cada una. Luego complételas con el presente de indicativo de **ser** o **estar** según lo pida su análisis.

1. La casa de mis tíos _____ en el estado de Misisipí. _____ pintada de blanco, pero originalmente _____ de ladrillo rojo.

2. Carlos _____ con su mamá. _____ un chico muy alegre, pero hoy _____ llorando porque no quiere ir a la escuela.

3. La sala de la casa _____ a la derecha de la entrada. La alfombra _____ verde, las cortinas _____ de un verde más obscuro y los muebles tapizados también _____ verdes.

4. El edificio _____ hecho de piedra. _____ uno de los monumentos históricos más importantes de la región.

Usos de *ser* y *estar* con adjetivos

Muchos adjetivos suelen usarse con uno u otro verbo: indican de por sí o una clasificación o un estado. El tamaño, la forma, el material y otros rasgos físicos, por ejemplo, suelen expresarse con **ser** porque se consideran clasificaciones: señalan características mediante las cuales se puede identificar y definir a una persona u objeto. Los estados de ánimo y de salud y la posición física se expresan con **estar** porque estos adjetivos por lo general describen la condición o el estado en que se encuentra la persona u objeto.

Por otro lado, hay varios adjetivos que pueden usarse con ambos verbos. En estos casos el significado del mensaje cambia de una clasificación a una descripción de estado según el verbo que se use.

SUJETO	SER/ESTAR	SIGNIFICADO
Estas manzanas	**son** verdes.	Clasificación (*Son de la clase de manzanas verdes.*)
Estas manzanas	**están** verdes.	Condición, estado (*Se implica que este color no es el que caracteriza a estas manzanas.*)
Violeta	**es** alegre.	Clasificación (*Tiene una disposición alegre, es ese tipo de persona.*)
Violeta	**está** alegre.	Condición, estado (*Acaba de ocurrir algo que la ha puesto de este humor.*)
Oscar	**es** aburrido.	Clasificación (*Tiene ese tipo de personalidad, es ese tipo de persona.*)
Oscar	**está** aburrido.	Condición, estado (*Describimos su estado de ánimo, no su personalidad.*)

Cuando un adjetivo puede usarse con ambos verbos, el uso de **ser** indica que el atributo se acepta como una característica objetiva e intrínseca del sujeto. Por otro lado, el uso de **estar** puede indicar que la característica se percibe subjetivamente: no forma parte del *ser* del sujeto, sino de su *condición* en determinado momento o en determinada circunstancia. En inglés se puede expresar esta diferencia de percepción por medio de los siguientes contrastes.

INGLES	SIGNIFICADO	ESPAÑOL
*This coffee **is** good.*	Clasificación (*característica intrínseca, objetiva*)	Este café **es** bueno.
*This coffee **tastes** good.*	Condición o estado (*percepción subjetiva*)	Este café **está** bueno.
*Mr. Carlo **is** old.*	Clasificación (*característica objetiva*)	El Sr. Carlo **es** viejo.
*Mr. Carlo **looks** old.*	Condición o estado (*percepción subjetiva*)	El Sr. Carlo **está** viejo.
*The prices **are** high.*	Clasificación (*característica intrínseca, objetiva*)	Los precios **son** altos.
*The prices **seem** high.*	Condición o estado (*percepción subjetiva*)	Los precios **están** altos.

Ejercicios

A. Explique la diferencia de significado que hay entre los siguientes pares de oraciones.

1. **a.** El flan es rico.
   b. El flan está rico.

2. **a.** ¡Qué guapa es!
   b. ¡Qué guapa está!

3. **a.** El examen fue largo.
   b. El examen estuvo largo.

4. **a.** El profesor es muy aburrido.
   b. El profesor está muy aburrido.

5. **a.** Esta falda es grande.
   b. Esta falda está grande.

B. Analice el siguiente diálogo, examinando con cuidado las características del predicado en cada oración. Luego complete las oraciones con el presente de indicativo de **ser** o **estar** según lo pida su análisis. Atención: si una oración puede completarse con ambos verbos, explique el cambio que ocurre en el significado al escoger uno u otro verbo.

— María, ¿qué _____ comiendo?

— _____ una ensalada de lechuga. Dicen que la lechuga _____ buena si uno _____ contando las calorías.

—Pero, ¿_____ tú a dieta? ¡No lo creo! ¡Tú no _____ gorda!

—Acabo de comprarme un nuevo vestido para una fiesta. [El vestido] _____ muy elegante, pero me queda un poco estrecho. Esto _____ una buena motivación para perder unos kilos.

—¿Cuándo _____ la fiesta?

—El sábado dentro de dos semanas. ¡Quiero _____ muy esbelta para entonces!

—Cuidado, o vas a _____ muerta también. La ensalada no _____ suficiente para darte las vitaminas que tu cuerpo necesita.

—Tú y tus vitaminas: _____ [tú] una fanática. Yo nunca me preocupo por esas cosas, o ¿es que _____ enferma? ¡No!

—No, pero sí _____ algo irritable. Pero, bueno, muéstrame tu nuevo vestido. ¿Dónde lo compraste?

—En esa *boutique* que _____ en la esquina de Washington y Bolívar. Su selección _____ muy grande y los precios en general _____ cómodos.

—Tienes razón; tu vestido _____ hermoso. ¿De qué material _____?

—De seda. _____ un vestido para una princesa, ¿no crees?

—Bueno, a lo mejor _____ [tú] exagerando un poco, pero [yo] _____ segura que vas a _____ la reina de la fiesta si usas ese vestido. Bueno, ya _____ tarde y debo _____ en casa. Nos vemos.

Tercer paso: Revisión de la ortografía

Después de revisar la gramática, repase lo escrito, buscando los errores de acentuación y de ortografía.

Cuarto paso: Redacción de la versión final

Escriba una versión final de su trabajo ya con las correcciones y los cambios necesarios.

Capítulo 2
La narración

Antes de redactar

LA NARRACION

La narración cuenta un cuento, narra un suceso; es decir, presenta una secuencia de eventos ya sean ficticios o verdaderos. Al escribir una narración, básicamente se habla de algo que ocurrió o que nos ha sucedido a nosotros o a otras personas. Los usos de la narración son muchos, así como los contextos en que se usa: hacemos una narración para recordar lo esencial del argumento de un cuento o de una novela; con una narración podemos divertir al recrear tanto la acción como la emoción de un momento importante; una narración, en forma de un relato biográfico, puede usarse tanto para explicar las acciones presentes o pasadas de un individuo, como para anticipar sus acciones futuras.

En general, cualquier narración puede dividirse en tres partes: *la presentación* de la situación, en donde se establecen los hechos en que se basa la acción; *la complicación*, en donde se presenta la acción principal y las tensiones que la rodean; y *el desenlace* o *resolución*, que como su nombre lo indica, presenta la resolución de las tensiones.

Una narración puede escribirse desde varios puntos de vista. Por ejemplo, generalmente se escribe en tercera persona cuando se cuenta a otro algo que ha sucedido. Pero si el narrador cuenta algo que le ha sucedido a él mismo, lo más usual es utilizar la primera persona.

Por ejemplo, para hablar de lo que le sucedió a un amigo se escribiría:

> Juan se levantó tarde ese día. Se vistió rápidamente. No desayunó. Sabía que faltaban exactamente siete minutos para que comenzara el examen. Mentalmente calculó lo que debía hacer: tenía dos minutos para llegar a la universidad, un minuto para estacionar el auto, tres minutos para llegar al edificio y un minuto para llegar al salón de clase.
>
> Al llegar vio a don Mauro. Como de costumbre, el profesor esperaba reloj en mano. El joven vaciló un instante. El viejo lo miró un segundo y, sin decir nada, cerró la puerta.

En este caso, la narración está escrita en tercera persona, pues se habla de Juan y del profesor, en otras palabras, de *ellos*. El mismo caso podría contarse en primera persona, desde la perspectiva de Juan, el protagonista de los hechos.

Me levanté tarde ese día. Me vestí rápidamente. No desayuné. Sabía que faltaban exactamente siete minutos para que comenzara el examen. Mentalmente calculé lo que debía hacer: tenía dos minutos para llegar a la universidad, un minuto para estacionar el auto, tres minutos para llegar al edificio y un minuto para llegar al salón de clase.

Al llegar vi a don Mauro. Como de costumbre, esperaba reloj en mano. Vacilé un instante. Me miró un segundo y, sin decir nada, cerró la puerta.

Como la narración está escrita aquí en primera persona, se omiten algunos detalles que se incluyeron en la narración en tercera persona. Por ejemplo, ya que no es necesario distinguir entre dos protagonistas masculinos, se eliminan las frases descriptivas como *el joven* y *el viejo*. Las dos narraciones, aunque similares, no son idénticas.

Al igual que en una descripción, lo esencial en una narración es seleccionar aquellos detalles que ayuden a crear el efecto que se desea. O sea que la selección de detalles depende del propósito del escritor. Existen dos propósitos comunes para hacer una narración, y para lograr cada propósito hay que aplicar una técnica narrativa específica. El primer propósito es el de informar: el escritor quiere referirle con claridad al lector cierta sucesión de eventos. Quiere que comprenda lo que pasó y al mismo tiempo el por qué de lo que pasó. Por eso es común que el escritor adopte una perspectiva omnisciente: presenta el por qué de las acciones mientras ocurren o aun antes que ocurran los sucesos que narra. Se puede ver el uso de esta técnica en la siguiente narración.

La mañana antes de salir de Montevideo, Enrique sintió una tristeza profunda. Dejaba el mundo de su niñez y de su juventud para ir en busca de lo desconocido. Poco sabía de los triunfos, honores y aplausos que lo esperaban. No podía ni imaginarse siquiera que llegaría un momento en que no querría volver a su tierra natal. Esa mañana sólo sabía que no le era posible volver atrás. Los trámites estaban hechos. La beca se había conseguido con muchos esfuerzos. Iba a estudiar, iba a realizarse.

Se despidió de todos. Abrazó a su padre y a su madre, le dio un beso a sus dos hermanas, y como pudo, se tragó las lágrimas que luchaban por brotarle a los ojos. Subió al avión. Desde la ventanilla alcanzó a ver el mar y la playa en la distancia.

El lector de esta narración en realidad sabe más que el protagonista, quien tiene que esperar hasta el final para saber lo que le va a pasar.

El segundo propósito de la narración es divertir al lector, captar su interés y hasta crear en él cierto suspenso. En este caso, saber ocultar será tan importante como saber revelar: el escritor quiere crear en el lector la misma tensión que experimenta el protagonista del cuento. A continuación se puede ver la aplicación de esta técnica a la misma sucesión de eventos.

Cuando se llegó el momento, me di cuenta de que no quería irme. Una cosa había sido ganar la beca y conseguir que me aceptaran en una de las mejores universidades de la capital; otra cosa era dejar atrás mi pueblo, mi familia y todo lo que hasta entonces había sido mi vida.

En la sala de espera, empecé a sudar frío. Vi la cara de mi madre y su tristeza y pensé: no me iré. Retiraré mi equipaje. Me quedaré en el pueblo y haré otra cosa. Algo. Pero no me iré.

Anunciaron el vuelo. Se pidió a los pasajeros que abordaran. Mi padre me abrazó. Vi que tenía los ojos llenos de lágrimas. Mi madre me tocó la cara dulcemente y me dio un beso.

—Sé que triunfarás, hijito, y sé que volverás.

La abracé, me agaché a besar a mis dos hermanitas y sin volver la vista atrás subí al avión. Sabía que no podría defraudar a todos los que creían en mí.

Vocabulario útil

Aunque en la narración se pueden presentar los hechos en varios órdenes, lo más frecuente es seguir el orden cronológico, es decir, contar los sucesos en el orden en que ocurrieron. Para ayudar al lector a seguir el desarrollo de la acción paso por paso, pueden usarse varios adverbios y otras expresiones como las que se dan a continuación, que establecen las relaciones temporales.

VOCABULARIO RELACIONADO CON LA CRONOLOGIA	
a partir de	después de (que), luego de (que)
al + *infinitivo*	durante
al cabo de	en aquel entonces
al (día, mes, año) siguiente	entonces
al final	luego
al mismo tiempo	mientras
al principio	mientras tanto
antes de (que)	por fin, finalmente
cuando	tan pronto como, en cuanto
	ya

MODELOS Y ANALISIS

MODELO I	La araña

Ya estaba obscuro cuando subí la escalera. Al entrar al cuarto encendí la luz y me desvestí rápidamente. Estaba cansada. Había trabajado todo el día y mi cuerpo me pedía descanso. Apagué la luz y me metí en la cama, subiéndome las cobijas hasta la nariz. Al moverme para acomodarme mejor, sentí unas cosquillas en la cara y me quedé paralizada. ¿Sería una araña? Sin querer me estremecí. No quería moverme. Traté de quedarme inmóvil, casi sin respirar. Pero algo se movía. ¿Qué hacer? ¿Gritar? ¿Darme un golpe en la cara? Por fin, desesperada, salté de la cama y encendí la luz. Me sacudí el camisón y el cabello, pero no encontré nada. Apresuradamente me dirigí de nuevo a la cama. Quería encontrar el animal y matarlo antes de que se me escapara. Sacudí la sábana, luego las cobijas y por último la almohada. Entonces se solucionó el misterio: de un pequeño agujero de la almohada salieron flotando plumas y más plumas. Mi araña imaginaria era una pluma.

(Nola Oviedo, 1980)

Tema y perspectiva

El tema de esta narración es sencillo. Se trata de contar una experiencia personal. Está escrita en primera persona singular. La acción se ve desde la perspectiva de la persona que cuenta el suceso. La narradora participa en la acción; es la protagonista.

Propósito

El propósito de la narradora no es solamente informar al lector de algo que le sucedió en el pasado. Note que si sólo quisiera informar, podría haber escrito su narración en pocas palabras:

> Anoche, cuando trataba de dormirme, creí sentir una araña en la cara pero resultó ser una pluma.

El propósito de esta narración es además despertar el interés del lector: desea recrear en él la misma tensión y ansiedad que sentía ella mientras sucedían los hechos relatados. Por eso, habla de lo ocurrido comunicando a la vez lo que sintió y experimentó en esos momentos. Para lograr esto, la autora ha anticipado estas preguntas de parte del lector: ¿Qué te pasó? ¿Qué sentiste? ¿Por qué sentiste eso? ¿Cómo reaccionaste al sentir eso? ¿Y luego qué?

La narradora habla sin pretensiones literarias; es decir, no ha intentado escribir una narración imitando a los grandes escritores. Pero al narrar el episodio paso a paso, incluyendo a la vez más detalles, crea el suspenso y dramatiza el momento. Los detalles que la escritora incluye—por ejemplo, me quedé *paralizada*; *me estremecí*; *desesperada, salté de la cama*; etcétera— hacen resaltar la tensión del relato y despiertan el interés del lector en encontrar la solución del misterio.

Organización

Esta narración tiene tres partes. *La situación* se establece en la primera parte. *La complicación* se inicia en la segunda parte y *el desenlace* o *resolución* ocurre en la tercera.

Situación: Ya estaba obscuro cuando subí la escalera. Al entrar al cuarto encendí la luz y me desvestí rápidamente. Estaba cansada. Había trabajado todo el día y mi cuerpo me pedía descanso. Apagué la luz y me metí en la cama, subiéndome las cobijas hasta la nariz.

Complicación: Al moverme para acomodarme mejor, sentí unas cosquillas en la cara y me quedé paralizada. ¿Sería una araña? Sin querer me estremecí. No quería moverme. Traté de quedarme inmóvil, casi sin respirar. Pero algo se movía. ¿Qué hacer? ¿Gritar? ¿Darme un golpe en la cara?

Desenlace: Por fin, desesperada, salté de la cama y encendí la luz. Me sacudí el camisón y el cabello, pero no encontré nada. Apresuradamente me dirigí de nuevo a la cama. Quería encontrar el animal y matarlo antes de que se me escapara. Sacudí la sábana, luego las cobijas y por último la almohada. Entonces se solucionó el misterio: de un pequeño agujero de la almohada salieron flotando plumas y más plumas. Mi araña imaginaria era una pluma.

MODELO II	El examen final

Empecé a estudiar como a eso de las diez de la noche. Estaba cansadísimo, pero sabía que si no estudiaba, no aprobaría el examen final. Acerqué la cafetera a mi escritorio y, sin parar, repasé todos mis apuntes y papeles hasta que dieron las seis de la mañana. A las ocho, la hora del examen, con gran entusiasmo, recogí mis papeles y me fui a la universidad. Estaba un poco nervioso, pero cuando por fin vi el examen, por poco brinco de gusto. ¡Estaba facilísimo! No había pregunta que no supiera contestar. Empecé a trabajar con furia. Después de un rato, como todo iba tan bien, decidí descansar un momento. Recargué la cabeza sobre el pupitre durante lo que me pareció sólo un instante. Cuando me desperté, eran las cuatro. El examen había terminado. El profesor había recogido todos los exámenes, incluyendo el mío, mientras yo dormía.

Tema y perspectiva

El tema de esta narración, como el de la primera, es sencillo y concreto: se basa en un episodio memorable en la vida del escritor. La acción, que se presenta desde la perspectiva de la persona que relata la experiencia, está escrita en primera persona singular. Al igual que en el primer modelo, el autor de esta narración es el protagonista de la acción.

Propósito

El escritor quiere informar y también interesar a su lector: comunica los datos poco a poco para crear un poco de tensión; sólo revela el infortunado final en la última oración del relato. Para que el lector aprecie la desilusión del protagonista, es necesario primero que sienta simpatía por éste y que se interese por el resultado de su examen. Para lograr esto, el escritor ha escogido detalles que dan a conocer sus emociones y su estado de ánimo en tal forma que le parezca simpático al lector: no se presenta como un estudiante extraordinario (si no estudia, no aprueba el examen), sino como un individuo trabajador y determinado (tomará cuanto café sea necesario para poder prepararse bien), humilde en vez de arrogante (aun después de haberse pasado la noche estudiando, se presenta al examen un poco nervioso). Así, cualquier lector que alguna vez haya fracasado en algo que quisiera haber superado, compadece al pobre estudiante al final.

Organización

Este escrito contiene las tres partes típicas de la narración. La situación se establece en las cuatro primeras oraciones en las que el protagonista describe sus preparativos para el examen final. La complicación se inicia con la oración «Después de un rato, como todo iba tan bien, decidí descansar un momento». La resolución de esta narración no es una solución al dilema presentado; es simplemente la aceptación resignada del estudiante de las consecuencias de sus acciones.

ASPECTOS ESTILISTICOS: USO DE LOS TIEMPOS VERBALES

En la primera narración se hace uso principalmente del pretérito y del imperfecto de indicativo. El pretérito se usa para adelantar la narración. Contesta la pregunta: ¿Qué hizo el personaje principal? Mediante la narración, la escritora contesta así.

- Subí la escalera.
- Encendí la luz.
- Me desvestí rápidamente.
- Apagué la luz.
- Me metí en la cama.
- Sentí unas cosquillas en la cara.
- Me quedé paralizada.
- Me estremecí.
- Traté de quedarme inmóvil.
- Salté de la cama.
- Etcétera.

El imperfecto se usa para describir la situación, es decir, el ambiente en que se desarrolla la acción o el estado mental y físico del personaje.

- Estaba obscuro.
- Estaba cansada.
- Mi cuerpo me pedía descanso.
- No quería moverme.
- Algo se movía.
- Etcétera.

El pluscuamperfecto se usa para describir una acción que ocurre *antes* de otra en el pasado.

- Estaba cansada. *Había trabajado* todo el día y mi cuerpo me pedía descanso.

ANTES DE ESCRIBIR: EJERCICIOS

A. *El propósito del escritor.* Lea los siguientes párrafos y diga cuál, de entre los que se dan en la lista a continuación, es el propósito (o los propósitos) del escritor. En cada caso, señale las características del texto (o de su contexto) que le ayudaron a Ud. a hacer su elección.

convencer	recordar	provocar una
entretener	informar	reacción emocional
captar el interés	explicar	resumir

1. El accidente ocurrió a las siete de la tarde. Estaba lloviendo y había empezado a obscurecer. El Mercedes Benz azul venía por la calle Revolución. Cambió de carril, moviéndose a la derecha, en el preciso momento en que intentaba rebasarlo por ese lado un Chevrolet verde. El Chevrolet se estrelló contra la parte de atrás del Mercedes, y los autos se detuvieron a unos 200 metros del sitio donde ocurrió el impacto inicial. Resultó herida la señorita Margarita Olivas, persona que acompañaba al chofer del automóvil Mercedes.

2. Margarita y yo veníamos por la calle Revolución en el automóvil de mi papá. Veníamos a una velocidad moderada ya que había empezado a llover. De repente vi por el espejo que se acercaba un auto verde. Noté que venía a una gran velocidad y que iba cambiando de carril para pasar a otros autos que iban con más deliberación. Pensando que sería mejor hacerme al carril derecho y darle paso, utilicé las luces direccionales para indicar que cambiaría de carril. Al hacerlo sentí el impacto. Vi como la cabeza de Margarita rompía el parabrisas y quise detenerla. Al mismo tiempo quise frenar y controlar el automóvil. Fue imposible. Acabamos en medio de la avenida Saldaña, con el Chevrolet incrustado en el auto de mi papá, con Margarita cubierta de sangre y con el chofer del Chevrolet sonriendo como si nada hubiera pasado.

3. ... Pero déjame contarte. Te perdiste la aventura del siglo. La noche antes del juego juntamos a un grupo de muchachos y decidimos secuestrar la mascota de nuestros rivales. Como sabes, la mascota es el oso disecado que ocupa un lugar importante en el vestíbulo del edificio de filosofía y letras en la Universidad Politécnica. Pensamos que la estarían cuidando, pero creerás que no fue así. Pedro, que parece tener las más increíbles habilidades, es experto en abrir puertas y candados. Entramos en el edificio en menos diez minutos, subimos los escalones y sacamos la bestia de la vitrina en que se encontraba.

Entre todos la bajamos, tapada con los abrigos de dos mucha-chas, y la subimos al automóvil de Rosaura. Nadie nos vio, ni sonó ninguna alarma. Ya te imaginarás los periódicos el siguiente día y la reacción de las dos universidades. Por el momento, el oso vive con Pedro. Ya pensaremos qué hacer con él.

4. *El fantasma de la ópera* es una obra musical que acaba de estre-narse en Broadway. Esta versión de *El fantasma* es un arreglo moderno de una obra muy conocida y muy vieja. La versión musical presenta, sin embargo, algo nuevo. Tuvo un éxito fabu-loso en Londres y se espera que lo tenga también en Nueva York.

   El argumento de la obra es sencillo: el fantasma (un genio musical que lleva una cicatriz horrorosa en el rostro) se ena-mora de Cristine, una cantante joven. La ayuda a convertirse en la estrella musical del momento. Impresionado por su belleza y talento, Raoul, un hombre guapo y apuesto, se enamora de ella también. Pronto se descubre que ese amor es mutuo: Cristine ama a Raoul. El fantasma, herido profundamente en sus sen-timientos, amenaza de muerte al galán. Cristine ofrece al fan-tasma entregársele con tal de que deje libre a su amado. El fan-tasma, comprendiendo que él es para ella sólo un ser grotesco, rechaza su oferta. Al terminar la obra, el fantasma queda solo, pero existe la esperanza de que llegue a encontrar el amor que desea.

   Visto superficialmente, el argumento es típico de las tra-gicomedias de otro siglo. Sin embargo, la actuación del fan-tasma (el actor inglés Michael Crawford), la música de Andrew Lloyd Webber, la letra de Charles Hart y la escenificación en su totalidad son sencillamente estupendas. Es una obra que me-rece los aplausos que ha recibido y que seguirá recibiendo.

5. El día que conocí a Javiera había ido a visitar a mi hermana. De regreso me detuve un momento en una juguetería. Quería ver los ferrocarriles en miniatura. De repente oí una voz que interrumpió mis pensamientos. Era Javiera. Recuerdo que me pareció guapísima. Tanto para esconder mi confusión como para alargar el encuentro, acabé por comprar un pequeño tren. Por su sonrisa sabía que no le había engañado en absoluto con mi truco.

B. *El propósito del lector: saber qué incluir y qué dejar fuera.* Roberto, un estudiante norteamericano típico, recibió una beca para estudiar en Lima, Perú. La pequeña historia que se ve en la sucesión a con-tinuación resume varias de las experiencias que tuvo durante un fin de semana en que hizo una excursión para visitar las ruinas de Machu Picchu. Al volver a Lima, Roberto escribe sobre esas expe-riencias. Trabajando con un compañero de clase, decida el impacto del lector en cada caso: ¿Cómo ha afectado la selección de detalles?

1. Roberto escribe un informe sobre sus actividades del fin de semana para su clase de español. ¿Cuál es el propósito del profesor de Roberto al leer su informe? ¿Qué querrá saber el profesor sobre su fin de semana? ¿Por qué? ¿Qué preguntas se hará? (Identifique cinco por lo menos.)

2. Roberto escribe una carta sobre su fin de semana; el destinatario (la persona a quien escribe) es un amigo íntimo en los Estados Unidos. ¿Qué querrá saber el amigo de Roberto sobre su fin de semana? ¿Por qué? ¿Qué preguntas se hará? (Identifique cinco por lo menos.)

3. Roberto escribe una carta a American Express en la cual pide una nueva tarjeta. ¿Qué querrá saber American Express sobre su fin de semana? ¿Por qué? ¿Qué preguntas se hará? (Identifique cinco por lo menos.)

C. **El propósito del escritor.** Analice las narraciones sugeridas en el Ejercicio B. ¿Tiene el escritor el mismo propósito en los tres casos? ¿Cuál de las técnicas narrativas (omnisciente o personal) parece ser la más apropiada para cada narración? ¿Por qué?

CH. **El análisis de la narración.** Analice las narraciones del Ejercicio A. ¿Cuál es el tema de cada una? ¿Desde qué perspectiva o punto de vista están escritas? ¿Quién parece ser el lector a quien se escribe?

D. **¿Qué temas se prestan para escribir una narración?** Escoja entre los temas que se presentan a continuación aquéllos que Ud. considere que se prestan para escribir una narración. Dé las razones que justifiquen su decisión.

1. El día que me quebré una pierna
2. Mi amigo más íntimo (Mi amiga más íntima)
3. Mi primer accidente automovilístico
4. El valor de una educación universitaria
5. *Alicia en el país de las maravillas*: Un resumen
6. Una aventura en el desierto
7. Los maravillosos reptiles
8. Cinco reglas para alargar la vida
9. La versión azteca de la creación del mundo
10. Cómo se hace una torta de chocolate

De los temas que se han identificado, ¿cuáles parecen tener por propósito informar? ¿Qué propósito(s) tendrán las otras narraciones?

E. **Lea el tema y las oraciones que le siguen.** Las oraciones que aquí se presentan, sin un orden lógico, forman parte de una narración. Estudie el tema y ordene los eventos de acuerdo con el orden temporal.

Tema: El día que compré mi primer automóvil

Eventos:
1. Firmé el contrato de venta.
2. Pasé dos semanas visitando agencias de automóviles.
3. Me había enamorado de un Ford azul del año 1985.
4. Hice algunas preguntas al agente.
5. Llegué a la agencia muy temprano.
6. Discutimos el precio.
7. Pedí las llaves para dar una vuelta en él.
8. Saludé al encargado.
9. Decidí no mostrar mucho interés en el Ford.
10. Pregunté el precio.
11. Pasé media hora mirando un Renault.
12. Indiqué que me parecía caro.
13. Por fin me encaminé hacia el Ford.

14. Permití que el agente me convenciera.
15. Quise gritar de gusto.
16. Para hacerlo más interesante, discutí un poco sobre el precio.

Una vez ordenadas las oraciones, identifique las tres partes principales de la narración: situación, complicación, resolución, desenlace. Escriba los eventos en forma de un párrafo, incorporando por lo menos cuatro de las palabras o expresiones del vocabulario de la página 28. Haga también los cambios gramaticales necesarios.

F. **Trabajo en pequeños grupos.** Divídanse en grupos de cuatro estudiantes.

1. Hable cada uno de Uds. de un episodio que haya experimentado en su propia vida. Utilice el siguiente cuadro para organizar una breve presentación personal.

Tema: El día que _____
(algo pasó)

Detalles que pueden incluirse

Situación: ¿Qué día era?
¿Dónde estaba Ud.?
¿Por qué recuerda Ud. el incidente (el día)?
¿Qué estaba haciendo Ud.?
¿Con quién estaba Ud.?

Complicación: ¿Qué ocurrió primero (después)?
¿Por qué ocurrió?
¿Por qué fue éste un suceso poco común?

*Resolución/
Desenlace:* ¿Qué pasó como resultado de la complicación?
¿Qué efecto tuvo lo ocurrido en Ud.?
¿Qué cambió como resultado de la acción?

2. En cada grupo escojan y analicen en detalle una narración de las cuatro que se presentaron. Un miembro de la clase debe escribir en la pizarra el orden en que sucedieron los eventos.

   a. Examinen el orden en que se han colocado los eventos para determinar si se ha captado la cronología, añadiendo a la vez adverbios de tiempo donde sea necesario.

   b. Eliminen los detalles que no sean necesarios para narrar lo sucedido.

   c. Agreguen detalles que ayuden a captar el interés del lector y a recrear la impresión que el episodio dejó en quien lo experimentó.

   ch. Escojan un título para la narración.

La redacción

COMO SE ESCRIBE UNA NARRACION

La narración más fácil de escribir es aquélla que presenta un hecho real de la vida del escritor mismo o de la vida de una tercera persona. Puede escogerse un suceso interesante, divertido, instructivo, o que simplemente sea importante para quien lo narra. El secreto de una buena narración consiste en escoger cuidadosamente aquellos detalles que comuniquen mejor la impresión que dejó el momento vivido en quien lo vivió.

El proceso de escribir una narración se basa en los pasos que se detallan a continuación. Estudie cada paso cuidadosamente antes de empezar a escribir su composición.

1. Escoja un incidente real que Ud. recuerde vivamente.

2. Escriba una oración que refleje la impresión que el incidente dejó en Ud. Por ejemplo: No olvidaré jamás el terror que sentí esa noche.

3. Recuerde y tome notas del incidente en su totalidad.

4. Escoja los detalles principales.

5. Decida cómo organizar la narración de modo que ésta tenga un principio, una complicación y una solución.

6. Decida qué tono tendrá la narración, es decir, cómo se creará el suspenso, la emoción, etcétera.

7. Decida qué resolución tendrá su narración. Dirija todos los detalles hacia tal resolución.

8. Escriba un borrador.

9. Revise el contenido. ¿Se ha transmitido la impresión que se deseaba?

10. Revise los aspectos gramaticales.

11. Pase el trabajo en limpio.

Tarea

Escriba una narración que tenga como mínimo unas 150 palabras. Antes de seleccionar un tema, note que hay muchos recuerdos que pueden servir de base de una narración; por ejemplo:

1. El día (la noche) en que...

   a. fui a mi primer baile.

   b. me nombraron el mejor jugador del equipo.

   c. ganamos (perdimos) el juego más importante de la temporada.

   ch. llegué a la universidad por primera vez.

   d. conocí a mi compañero de cuarto.

2. Cómo aprendí...

   a. a manejar un automóvil.

   b. a patinar.

   c. a andar en bicicleta.

3. Desde ese inolvidable día...

   a. nunca llego tarde.

   b. nunca estudio la noche antes del examen.

   c. nunca me acuesto sin examinar bien la cama.

La revisión

Primer paso: Revisión del contenido y de la organización

Revise la narración ya escrita mediante las siguientes preguntas.

- ¿Cuenta mi narración algo que sucedió?
- ¿A quién se la cuento? ¿Qué querrá saber mi lector?
- ¿Qué parte de mi narración contiene la situación?
- ¿Qué parte de mi narración contiene la complicación?
- ¿Qué parte de mi narración contiene el desenlace?
- ¿Mantuve la misma perspectiva a través de toda la narración?
- ¿Mantuve el mismo tono?
- ¿Capta la narración la impresión que dejó en mí el incidente?
- ¿Contribuyen todos los detalles que incluí a dejar esa impresión?
- ¿Puede seguirse cronológicamente la narración? ¿Utilicé el vocabulario que indica cronología?
- ¿Qué estrategias utilicé para despertar el interés del lector?

Segundo paso: Revisión de los aspectos gramaticales

Una narración puede escribirse en el tiempo presente o en el pasado. Cuando se escribe en el pasado, los tiempos que se usan con más frecuencia son el pretérito y los tiempos perfectos (el presente perfecto y el pluscuamperfecto) para referirse a acciones terminadas, y el imperfecto simple y el imperfecto progresivo para describir acciones o situaciones que ocurren al ocurrir otros.

El pretérito y los tiempos perfectos

Estos tres tiempos verbales se refieren a acciones que se completaron en el pasado. El pretérito y el presente perfecto describen acciones que ocurrieron antes de un momento en el presente. El pluscuamperfecto describe una acción que ocurrió antes de un momento en el pasado.

	PUNTO DE REFERENCIA	EJEMPLOS	ANALISIS
PRETERITO	Presente	Ayer **fuimos** al teatro y **vimos** una obra trágica.	Las dos acciones ocurrieron antes del momento actual.
PRESENTE PERFECTO	Presente	¿**Ha visto** Ud. esta obra? No **he ido** al teatro recientemente.	Se habla de acciones que ocurrieron antes del momento actual.
PLUSCUAM-PERFECTO	Pasado	Ya **habíamos comido** cuando ellos llegaron.	La acción de *llegar* ocurrió en el pasado; la acción de *comer* ocurrió en un momento anterior.

En la mayoría de los casos, el uso del presente perfecto es igual en español que en inglés: se refiere a una acción que ocurrió antes del momento actual. Como el pretérito también tiene esta función, son frecuentes los casos en que los dos tiempos se sustituyen libremente en ambas lenguas.

¿Ha visto Ud.
¿Vio Ud. } esa obra?

¿Has comido
¿Comiste } ya?

El presente perfecto *no* puede reemplazar al pretérito si la acción se asocia explícitamente con un momento pasado.

En 1941 $\left\{ \begin{array}{l} \text{fuimos} \\ \text{*hemos ido}^1 \end{array} \right\}$ a Europa. $\begin{array}{l} \text{Me corté} \\ \text{*Me he cortado} \end{array} \Big\}$ el dedo ayer.

✓ Este verano

Por otro lado, el presente perfecto se usa con mucha frecuencia para indicar que cierta acción anterior tiene alguna importancia o impacto especial en las acciones o las emociones actuales.

¡Qué susto! ¿Por qué **has gritado?**   (*El grito tiene un impacto emocional en el presente.*)

Porque me **he cortado** el dedo.   (*La acción tiene un impacto actual.*)

¡Levántate! **Ha entrado** el rey.   (*Su entrada tiene la importancia especial de motivar la acción actual: levantarse.*)

Ejercicios

A. Explique el porqué del uso de los tiempos pasados en los siguientes casos.

1. Me *matriculé* en la universidad hace dos años pero ya *había visitado* el *campus* varias veces antes.

2. ¿Qué *has hecho* para ayudar a un amigo recientemente?

3. Mis padres se *casaron* en 1950.

4. No querían comer porque ya *habían comido.*

5. ¿*Has oído* semejante tontería en tu vida?

B. Decida si es posible reemplazar, en los siguientes casos, el presente perfecto por el pretérito y viceversa.

1. La semana pasada *estudiamos* la descripción.

2. Ud. no *ha dicho* nada todo el día.

3. Ud. no *ha dicho* nada en todo el día y eso me preocupa mucho.

4. ¿*Aprendieron* Uds. a usar la computadora?

5. ¡Dios mío! ¿Qué *has hecho?*

6. Lo *conocí* durante mi primer año aquí.

_____

[1] Se emplea el asterisco (*) para señalar una forma defectuosa.

El uso del pretérito y del imperfecto en la narración

Los dos tiempos más comunes en la narración son el pretérito y el imperfecto. En la narración se usan de acuerdo con el siguiente cuadro.

TIPO DE ACCION	TIEMPO

1. Una acción que adelanta la narración
    Tocó la puerta. **Entró. Saludó** a su madre.
 	
2. Una acción limitada en el tiempo
    Estudió toda la noche.
    Llamó mil veces.
 	
3. Un hecho empezado o completado en el pasado (*no* la descripción de una escena)
    Cerró el libro.
    Empezó a llover a las ocho.
    Se **fue** inmediatamente.
 	
4. Un cambio emocional, físico o mental (*no* la descripción de una condición o un estado)
    Todos se **alegraron** al oír las noticias.
    Se **puso** pálido.
    Supo que murió el niño.
	PRETERITO

TIPO DE ACCION	TIEMPO

1. Una expresión que describe la situación o que pinta el cuadro en el que tiene lugar lo narrado
    Era tarde. **Hacía** mucho frío.
 	
2. Una acción continua interrumpida por otra acción
    Mientras **cantaba**, llegó mi hermano.
    Mirábamos la televisión cuando sonó el teléfono.
 	
3. Una acción continua o repetida sin límite de tiempo
    De niña, **trabajaba** en una pequeña tienda.
    Ibamos todos los veranos.
 	
4. La descripción de un estado emocional, físico o mental
    Quería casarme con ella aunque **estaba** gravemente enferma.
    Creía en Dios, pero no **pensaba** en eso.
 	
5. Una acción anticipada desde un punto de vista pasado
    Al día siguiente **iba** a tener una fiesta.
    Como **tenía** un examen la próxima semana, no había tiempo para divertirme.
	IMPERFECTO

Ejercicios

A. Complete el siguiente pasaje con la forma correcta de los verbos indicados. El tiempo debe escogerse de acuerdo con la función indicada a la izquierda.

Función del verbo

1. descripción
2. descripción
3. acción continua interrumpida por otra
4. acción completada
5. descripción
6. descripción
7. cambio mental
8. estado mental
9. anticipación
10. acción continua
11. acción completada
12. acción completada
13. acción limitada en el tiempo
14. acción completada
15. acción continua interrumpida por otra
16. acción completada que adelanta la narración
17. acción empezada en el pasado

En una ciudad lejana, _____ un castillo muy (*haber*[1])

antiguo. _____ un edificio enorme, hecho de (*Ser*[2])

piedra negra. Una noche, cuando todos en el

castillo _____, _____ un hombre que _____ (*dormir*[3]) (*llegar*[4]) (*vestir*[5])

todo de azul. Al ver que el castillo _____ en (*estar*[6])

silencio, _____ esperar hasta que amaneciera (*decidir*[7])

para acercarse a la puerta. _____ que su (*Saber*[8])

llegada ____ a ser una sorpresa desagradable (*ir*[9])

para los que _____ en la gran fortaleza. Se (*vivir*[10])

_____ debajo de un árbol y _____ la cabeza (*sentar*[11]) (*apoyar*[12])

en el tronco para descansar. Así _____ por (*permanecer*[13])

varias horas. Cuando _____ los ojos, el sol ya (*abrir*[14])

_____. _____ las piernas y _____ hacia el (*salir*[15]) (*Estirar*[16]) (*caminar*[17])

castillo.

B. Siguiendo el ejemplo del ejercicio anterior, identifique la función de cada verbo indicado en el siguiente pasaje.

María *empezó*[1] a cansarse después de pasar el palo que *marcaba*[2] la milla veinte. *Sintió*[3] miedo de no poder terminar la carrera. *Quería*[4] ganar. Se *imaginaba*[5] lo que dirían todos sus amigos. Pero no *podía*[6] moverse. *Sentía*[7] una pesadez increíble en las dos piernas. No *tenía*[8] fuerzas ni para dar un paso más. Llorando, casi temblando, se *dejó*[9] caer sobre el pavimento frío.

C. Lea el siguiente pasaje y luego complételo con la forma correcta de los verbos indicados, ya sea el pretérito, el imperfecto o el pluscuamperfecto, según el contexto.

Cuando (*despertarme*)[1] _desperté_, ya (*saber*)[2] _sabía_ que algo (*estar*)[3] _estaba_ mal. Mi pequeño cuarto, que siempre (*estar*)[4] _estaba_ obscuro cuando (*levantarme*)[5] _me levantaba_ a las cinco para poder coger el tren de las seis, ahora (*estar*)[6] _estaba_ lleno de una terrible alegre luz. La noche anterior yo (*llegar*)[7] _había llegado_ tarde y, cansada, (*acostarme*)[8] _me acosté_ inmediatamente. Por la luz que ahora (*jugar*)[9] _jugaba_ en las paredes, (*saber: yo*)[10] _supe_ que no (*poner*)[11] _había puesto_ el despertador. Enderezándome en la cama, (*mirar*)[12] _miré_ el reloj. ¡(*Ser*)[13] _Eran_ las nueve y media! ¿Qué (*ir*)[14] _iba_ a hacer? ¿Llamar y fingir enfermedad? En realidad no (*sentirme*)[15] _me sentía_ muy bien. ¿Levantarme y vestirme? Quizás nadie (*darse*)[16] _se había dado_ cuenta que yo no (*estar*)[17] _estaba_ en mi oficina. ¿Volver a dormir? No, ya (*estar*)[18] _estaba_ despierta. (*Levantarme*)[19] _Me levanté_, todavía indecisa.

El uso del imperfecto progresivo en la narración

El imperfecto simple y el imperfecto progresivo describen acciones que están en progreso en un momento determinado en el pasado. Por eso, muchas veces es posible alternar las dos formas en una narración para lograr más variedad estilística:

> **Estaba lloviendo.** El perro **ladraba.** Los niños **estaban llorando.** La abuela **rezaba.**

Por lo general, se usa la forma progresiva y *no* la forma simple en tres situaciones específicas: 1) para enfocar o hacer destacar el hecho de que la acción está ocurriendo, 2) para indicar que la acción lleva una carga emocional y 3) para señalar que la acción—esté o no esté sucediendo en ese momento—está fuera de lo normal. Sólo en el tercer caso es posible usar la forma progresiva para referirse a acciones que no están en progreso en el momento de que se habla.

IMPERFECTO SIMPLE	IMPERFECTO PROGRESIVO
Llovía. El perro **ladraba.** Los niños **lloraban.** La abuela **rezaba.** (*Indica que las acciones están en progreso en el pasado.*)	**Estaba lloviendo.** El perro **estaba ladrando.** Los niños **estaban llorando.** La abuela **estaba rezando.** (*Pone énfasis en el hecho de que las acciones están en progreso.*)
Pero, ¿en qué **pensabas?** (*No produce impacto emocional alguno.*)	Pero, ¡¿en qué **estabas pensando?!** (*Expresa emoción.*)
Tuvieron que emplear a otra maestra porque los niños **faltaban** mucho a clase. (*La acción de faltar se repetía.*)	Tuvieron que emplear a otra maestra porque los niños **estaban faltando** mucho a clase. (*La acción de faltar está fuera de lo normal, es sorprendente.*)

(handwritten: artificial)

(handwritten: Énfasis → acción de Emoción: ¡! pensar)

(handwritten: Énfasis - se repetía mucho la acción)

(handwritten: ¡Estaba hablando tanto que quedó afónico!)

Hay algunas restricciones importantes sobre el uso de la forma progresiva. Excepto en el caso antes mencionado de indicar anormalidad, la forma progresiva sólo se usa para expresar acciones que se llevan a cabo en el momento de que se habla; no se usa para referirse a acciones habituales ni para anticipar acciones. La forma progresiva sólo se forma con verbos de acción o proceso; no se construye con verbos como **ser, estar, tener, poseer, saber, conocer, poder,** etcétera, ni con los verbos **ir** y **venir.**

(handwritten marks: (a), (b))

USO DEL IMPERFECTO	USO INAPROPIADO DEL PROGRESIVO
Todos los días me **levantaba** a las ocho.	*Todos los días me **estaba levantando** a las ocho. (*acción habitual*)
Mañana **empezaban** las ceremonias. *(handwritten: (iban a empezar))*	*Mañana **estaban empezando** las ceremonias. (*acción anticipada*)
Desde la ventana se **veían** las montañas.	*Desde la ventana se **estaban viendo** las montañas. (**Ver** *no se refiere a una acción que ocurre en ese momento.*)
Había mucha gente en la sala.	***Estaba habiendo** mucha gente en la sala. (**Haber** *no es un verbo de acción.*)

(handwritten: ya no van a darse)

Ejercicio

Examine el siguiente pasaje. ¿En qué casos es posible sustituir el imperfecto por el imperfecto progresivo? ¿Qué cambio ocurre en el significado al hacer tal sustitución? Si hay casos en que el reemplazo no es posible, explique por qué.

> Mis padres dormían en el cuarto grande que estaba al fondo de la casa. Tenían una ventana grande que daba al jardín. Un día muy temprano entré a buscar a mamá. Vi que leía un libro con mucha atención. No quise interrumpirla. Me dirigí a la ventana desde la cual se veía a mis hermanos. Jugaban en el jardín. Uno fingía ser piloto de avión, mientras que el otro manejaba la torre de control. Sentí una grandísima ternura. ¿Cómo podía ser que pronto no los volvería a ver? Cerré los ojos contra las lágrimas que empezaban a nublarlos y me volví de nuevo hacia mamá.

Ahora, explique el porqué de los usos del imperfecto y del pretérito en el pasaje anterior.

Tercer paso: Revisión de los aspectos gramaticales estudiados en los capítulos anteriores

Después de revisar el uso del pretérito y del imperfecto, revise los usos de **ser** y **estar**. Si es necesario, repase las reglas incluidas en el capítulo anterior.

Cuarto paso: Revisión de la ortografía

Después de revisar los aspectos gramaticales estudiados, repase lo escrito, buscando los errores de acentuación y de ortografía.

Quinto paso: Redacción de la versión final

Escriba una versión final de su trabajo ya con las correcciones y los cambios necesarios.

Antes de redactar

EL CUENTO: EL USO DEL DIALOGO Y DE LA DESCRIPCION EN LA NARRACION

Al pensar en un cuento, muchos inmediatamente pensamos en la literatura, la cual representa un modelo bastante difícil de imitar. Pero en realidad todos contamos cuentos. A nuestros conocidos y familiares les contamos cuentos de sucesos cómicos, tristes o de miedo que nos han pasado, inventamos historias para entretener al hermanito o para despistar al profesor con respecto al trabajo tardío, y relatamos anécdotas para aclarar un punto importante en un debate. Narrar cuentos es una de las actividades lingüísticas más básicas.

Como Ud. ya sabe, la descripción pinta el cuadro de una persona, objeto o lugar. La narración, en cambio, cuenta un suceso, habla de algo ocurrido. Es posible hacer descripciones que no narran y narraciones que no contienen descripción alguna, pero lo más común es unir las dos. La descripción pinta el cuadro dentro del cual se realiza la acción, presenta a los personajes, su personalidad y sus motivaciones al igual que su aspecto físico. El narrador se vale de la descripción de la escena tanto como de la de los personajes para crear ciertas expectaciones en el lector. A veces el narrador decide confirmar estas expectaciones, a veces prefiere sorprender al lector con desenlaces inesperados.

Vocabulario útil

Contar una historia oralmente no es lo mismo que escribirla, ya que hay que buscar la manera de expresar en lengua escrita lo que en lengua hablada se indica mediante el tono de voz, el énfasis, las pausas y los gestos. Parte de la solución para el escritor está en escoger las palabras que expresen con precisión tanto sus ideas como sus actitudes. Las palabras a continuación representan varias alternativas para referirse al diálogo en un cuento.

VOCABULARIO PARA REPORTAR EL DIALOGO	
contestar:	replicar, responder
decir:	admitir, anunciar, contar, exclamar, gritar, gruñir, lamentar, murmurar, ofrecer, prometer, recomendar, relatar, sugerir
pedir:	implorar, rogar, suplicar
preguntar:	demandar, interrogar

MODELOS Y ANALISIS

MODELO I	El viaje

Mi mamá tuvo la brillante idea de que fuéramos a Europa sin gastar mucho dinero.

—Es muy fácil—insistió—. Es cuestión de alquilar un automóvil en Alemania y de ahí iremos adonde queramos.

Había descubierto el libro Europe on $20 a Day y estaba segura de que podríamos hacer el viaje ella, mi hermano y yo muy económicamente.

—El chiste es quedarse en las pensiones, comprar queso y pan para comer al lado del camino y sólo hacer una comida pesada al día. Lo más caro serán los pasajes de avión.

Mi hermano y yo tratamos de disuadirla.

—¿Por qué no vamos en una excursión?

—Porque es muy caro —respondió impaciente—. Y además viajar a lo pobre es una aventura.

Todo quedó decidido. No había más que decir. Saldríamos en julio de Nueva York rumbo a Frankfurt. Pasaríamos tres semanas en Europa viajando en un pequeño automóvil de alquiler.

¡Y qué aventura fue! Alquilamos el auto, pero resultó que al agente de viajes con quien hicimos la reservación se le olvidó decirnos que en Europa todos los autos económicos de alquiler tienen transmisión estándard. Mi mamá desafortunadamente rara vez había manejado un automóvil de cambios. Poco le pudimos ayudar mi hermano y yo. A los dieciséis años, él era todavía menor de edad; y yo, a los diecinueve, apenas si había aprendido a conducir.

Por dos semanas, mi hermano y yo rezamos y temblamos mientras mi mamá se equivocaba al hacer los cambios, rechinaban los frenos y por fin seguía adelante. Cuando nos veía desalentados nos decía:

—Ya verán como al pasar el tiempo tendremos muy bonitos recuerdos de este viaje.

Y así fue. Viajamos por los autobanes alemanes, fuimos a Suiza y pasamos cinco días en París. Nos perdimos muchas veces, dormimos en el auto una noche en que no encontramos alojamiento y con frecuencia cenamos queso y pan. Las pensiones no tenían ascensor y nuestras maletas pesaban una tonelada. Los cuartos no tenían baño.

Sin embargo, lo desagradable lo recuerdo poco. Lo que sí recuerdo es la puesta de sol que vimos en Versalles, la carretera a Berlín, el castillo del rey Ludwig en Bavaria y los miles de momentos de risa y felicidad que pasamos juntos. Fue un viaje extraordinario. Vimos muchas cosas, sacamos muchas fotos y yo aprendí, de mi mamá, lo que es ser valiente, ser atrevida y creer que todo es posible.

Tema

Esta narración es un ejemplo del tipo de cuento, historia o anécdota que muchas veces se comparte con los amigos. Aquí se recuerda un viaje a Europa y se refleja la interacción entre la narradora y su hermano con su madre.

Propósito

El propósito de esta narración es recrear una experiencia significativa, compartiéndola con otras personas. Se comparte no solamente lo relacionado con el itinerario del viaje, sino también aspectos de la personalidad de la madre, su fuerza y su determinación. También se comparten las emociones de la narradora y su actitud hacia su madre.

Organización

La primera oración intenta captar el interés del lector. Inmediatamente después se presenta el enfoque del cuento (cómo viajar a Europa con poco dinero). También se presenta a los protagonistas (la madre, el hermano y la narradora). Parte de la acción que sigue se comunica por medio del diálogo y parte por las explicaciones de la narradora. Estas complementan el diálogo y reflejan la personalidad de la madre. La conclusión presenta una resolución de los hechos y casi una moraleja derivada del cuento.

Muchas veces se usa el cuento como parte de una composición más larga. Lea el siguiente artículo, escrito por una periodista argentina. ¿Cuál es el tema del artículo? ¿Cuál es el propósito de la periodista al incluir el cuento dentro del artículo? ¿Para qué sirve? En su opinión, ¿es efectivo? ¿Qué otras alternativas tiene la periodista para comunicar la misma idea? ¿Por qué cree Ud. que decidió usar la narración? ¿Cuál es el propósito del escrito en su totalidad?

MODELO II	En ruta hacia Chachapoyas

Me sentía fatigada por el largo viaje y aún estaba a mitad de camino. No había aeropuerto en Chachapoyas. El trayecto debía hacerse en tren o en autobús y siempre iban abarrotados de gente. Había comprado un billete de segunda clase para estar más cerca de las gentes que quería entrevistar. Iba a ser un reportaje que reflejara al máximo la realidad de la vida en los Andes. El tren estaba llegando a otra de las muchas estaciones de pueblo por donde pasábamos. Las caras oliváceas de los indígenas se acercaron al tren para abordarlo o para ofrecer sus productos a los viajeros. Un muchacho joven me habló desde el andén.

—¿Un poco de pollo, señora? ¿Quesito fresco?

No me extrañé al oírme llamar señora. Sabía que en estas regiones apartadas la gente no concibe que una mujer joven y soltera viaje sola.

—¿Quesito? ¿Quesito, señora?

Apenas si destacaba su voz entre el ruido en los andenes, los nuevos viajeros que se incorporaban al trayecto y los pitidos del tren. Le sonreí y dije no con la cabeza.

Cerré los ojos y me transporté a mi casa en Buenos Aires. Me sentía en el otro extremo del mundo. ¿Lo estaba? De repente alguien me habló muy cerca.

—¿Hay alguien aquí, señora? ¿Está ocupado el asiento?

La mujer, cargada de canastos y de objetos envueltos en tela trataba de acomodarse junto a mí. Tenía ojos negros y brillantes. Era tal vez de mi edad, de veinte a veinticinco años. Y entre sus bolsas y trapos sucios pude distinguir la forma redonda del hijo, que resignado a su suerte, dormía a pesar del bullicio general.

—No, no, está libre, ¿puedo ayudarla?

—Gracias, ya estamos bien...

—¿Va muy lejos?

—Sí, señora. Voy pa' Iquitos. Allí vive una hermana y voy a acompañarla porque está enferma. Su marido trabaja en el campo. Tienen cinco hijitos. Yo siempre le dije que no se fuera tan lejos ella sola. Toda la familia vivimos en Arequipa. Y ahora la pobrecita está enferma y sin nadie que la cuide. Yo ya le dije... El tren seguía serpenteando por las montañas, dejando ver interminables precipicios. Ríos de plata que se perdían en la distancia. Diminutos sembrados de maíz, de papa... Otra vez recordé el viaje en avión desde Buenos Aires a Lima. En el avión no había animales. Allí no se veían niños envueltos en trapos sucios ni este ruido de palabras y llanto, de los rujidos incesantes y ensordecedores del tren hacia su destino. Los pasajeros del jet vivían en otro mundo. Era un mundo de azafatas bien peinadas, cocteles, películas en tecnicolor y compras de lujo. En ese momento sentí verdaderamente y por primera vez la realidad de dos mundos absolutamente aparte que comparten el espacio físico de esta tierra, pero que están separados por eternidades de tiempo. Son los mundos de la existencia infrahumana y del desarrollo, de la ignorancia y del progreso, del pasado y del futuro. Dos experiencias opuestas del concepto de vida, aún hoy, en la década de los ochenta, sin vías de reconciliación.

(de <u>En marcha</u>, Valencia y Bacon)

ESTRATEGIAS DEL ESCRITOR: PUNTO DE VISTA Y TONO

La información descriptiva, junto con los eventos de la narración, ayudan al lector a comprender el porqué de la historia. Al mismo tiempo, establecen el tono y el punto de vista de la historia, lo cual pone al descubierto los propósitos del narrador.

Punto de vista. Cuando se usa el término *punto de vista*, se habla de la relación del narrador con respecto a lo que narra o describe. En el caso de la descripción, el punto de vista del narrador se refiere generalmente al punto visual desde el cual éste contempla la situación, lugar o cosa. Por ejemplo, al describir una casa, su punto de vista puede ser el de un observador que se encuentra directamente enfrente de ella. Sin embargo, la misma casa puede describirse desde otro punto visual: viendo hacia afuera o desde alguno de los pisos de la casa vecina. En este caso, *«punto de vista»* se refiere a la situación física del narrador en relación con lo que describe.

No obstante, el *punto de vista* incluye mucho más. No solamente importa en una descripción decidir desde qué perspectiva física se observará un objeto o un lugar, sino que es importante también determinar cuál es la relación de quien describe con lo descrito. ¿Lo conoce bien? ¿Lo observa objetivamente? ¿Es algo que le afecta emocionalmente? El punto de vista indica, pues, no sólo la situación física del narrador, sino también su actitud hacia lo que describe.

En la narración, el término *punto de vista* tiene un significado similar. Aquí se habla, ya no de la relación física que tiene el narrador con lo que describe, sino de su participación o relación con la acción misma. El punto de vista en el género narrativo, entonces, refleja dos aspectos fundamentales: 1) quién es el narrador y 2) cuál es la participación del escritor en la acción.

Como Ud. ya sabe, en general la narración puede escribirse en *primera persona*, o sea, desde la perspectiva de una persona que participa en la acción, o en *tercera persona*, o sea, desde la perspectiva de alguien que sólo cuenta lo que le ha sucedido a otro.

Dentro de estas dos perspectivas generales hay otras posibilidades. La narración en primera persona, por ejemplo, puede contarse desde el punto de vista de un observador que no participa en la acción o puede incluir al narrador como personaje principal.

También existen varias posibilidades al presentar la narración en tercera persona. Por ejemplo, puede contarse un suceso desde un punto de vista omnisciente, o sea, desde una posición en que se conocen los pensamientos y acciones de todos los personajes; o puede narrarse desde un punto de vista limitado dentro del cual el narrador demuestra tener solamente un conocimiento parcial de aquéllos.

¿Cuál es la perspectiva o punto de vista de la narradora de *El viaje*? ¿Participa la narradora en la acción? ¿Es una observadora imparcial? ¿Cómo lo sabe Ud.? ¿Cómo quiere la narradora que el lector reaccione en cuanto al viaje y en cuanto a su familia? ¿de manera positiva o negativa? ¿Qué hay en el cuento que se lo señala? ¿Cuál es la perspectiva de la narradora de *En ruta hacia Chachapoyas*?

Antes de escribir una narración, el escritor ha de decidir qué punto de vista utilizará. También necesita considerar la acción misma, la impresión que desea dejar en el lector y el impacto que puede tener sobre lo narrado un determinado punto de vista. Finalmente, debe asegurarse de mantener constantes tanto la perspectiva como el punto de vista a través de toda la narración.

Tono. El término *tono* tiene un significado parecido al de la palabra *tono* cuando se habla de *tono de voz*. El tono refleja la actitud emocional que se tiene hacia el tema: uno puede hablar con un tono sarcástico, por ejemplo, o con un tono entusiasta. El tono también varía según la relación que exista entre el que habla y quienes le escuchen: un tono informal es más apropiado para hablar con un amigo que para dirigirse a un desconocido.

Al escribir, el tono se establece por medio del vocabulario que se utiliza (*una mesa pequeña* no es lo mismo que *una mesita*) y también mediante las estructuras gramaticales (uso de las formas de *tú* para referirse al lector en vez de una presentación impersonal). Como Ud. ya sabe, una misma escena puede describirse en varios tonos, y el tono que se escoge influye en gran parte en la interpretación que el lector dé a lo escrito.

¿Cuál es el tono del cuento sobre el viaje a Europa? ¿sarcástico? ¿respetuoso? ¿admirativo? ¿impersonal? ¿afectuoso? ¿crítico? ¿Es formal o informal? Comente el tono de la lectura sobre el viaje a Chachapoyas.

Antes de decidir qué tono ha de emplear, el escritor debe hacerse primero las siguientes preguntas: 1) ¿Cuál es mi actitud hacia lo ocurrido? y 2) ¿A quién se lo cuento?

ANTES DE ESCRIBIR: EJERCICIOS

A. *Vocabulario vivo.* En las siguientes oraciones se han usado varios verbos para expresar no sólo lo que dijo alguien, sino también algo de la manera en que lo dijo. Analice las oraciones y explique cómo afecta el significado de la oración el cambio de verbo.

1. Ana miró por la ventana.

   a. —Esto puede ser un desastre —*dijo*.
   b. —Esto puede ser un desastre —*admitió*.
   c. —Esto puede ser un desastre —*anunció*.
   ch. —Esto puede ser un desastre —*murmuró*.

2. Antonio entró primero. El baúl estaba vacío.

   a. —¿Quién lo dejó abierto? —*preguntó*.
   b. —¿Quién lo dejó abierto? —*insistió*.
   c. —¿Quién lo dejó abierto? —*musitó*.
   ch. —¡Quién lo dejó abierto! —*exclamó*.

3. Aurita lo miró.

   a. —Es tan pequeño —*observó*.
   b. —Es tan pequeño —*susurró*.
   c. —Es tan pequeño —*se quejó*.
   ch. —¡Es tan pequeño! —*gritó*.

   ¿Qué tono se asocia con los varios verbos? ¿Hay algunos que pueden usarse para producir una reacción negativa en el lector? ¿una reacción positiva?

B. *Vocabulario vivo.* ¿Qué alternativas léxicas tenemos para indicar las siguientes ideas? Trabajando con los otros compañeros de clase, hagan una lista de todas las maneras (incluyendo adverbios además de verbos) que se les ocurran.

1. maneras de hablar: con tristeza, con alegría, con remordimiento, con ira, con sorpresa, con urgencia, con ternura

2. maneras de caminar: con (sin) velocidad, con intención (propósito), con (sin) facilidad, con personalidad

C. *La descripción en la narración*

Lea la versión A de la narración. Luego note la impresión que deja cuando se utiliza la descripción en la versión B:

Versión A

Un día la madre mandó a su hijita a que le llevara una cesta de comida a su abuela enferma. Le advirtió a la niña que no se desviara de la senda. La niña tomó la cesta y se puso en camino. Pronto se distrajo con las muchas flores que crecían al lado del sendero.

Hacía tiempo que el lobo venía observando a la niña sin que ella lo percibiera. Esta vez, al verla, corrió a la casa de la abuela, forzó la puerta y devoró a la anciana. Se puso el camisón y el gorro de la difunta y se acostó en la cama para esperar la llegada de su víctima.

Versión B

En una pequeña casa al lado del bosque vivía una mujer joven y su hijita de seis años. El nombre de la niña era Carolina pero en realidad nadie la llamaba así. Todo el mundo la conocía por «Caperucita Roja» por la capa con caperuza roja que solía llevar. Era una niña dulce y alegre a quien le encantaba jugar en los amplios prados que rodeaban su hogar.

Un día de mucho sol la madre se enteró de que la abuela, cuya casa quedaba a cierta distancia dentro del bosque, se había enfermado. Decidió mandar a su hijita a que le llevara una cesta de comida. Abrochándole la capa roja, le advirtió a la niña que no se desviara de la senda, ya que por el bosque andaban animales feroces. Asintiendo con la cabeza, la niña tomó la cesta y se puso en camino. A pesar de la advertencia de su mamá, pronto se distrajo con las muchas flores que crecían al lado del sendero.

Vivía en el bosque un terrible lobo negro, con enormes dientes afilados y garras crueles. Hacía tiempo que el lobo venía observando a la niña sin que ella lo percibiera. Dentro de su mente ya se había formado un plan malévolo. Esta vez, al ver a la niña, corrió a la casa de la abuela, forzó la puerta y devoró a la anciana en un abrir y cerrar de ojos. Para disfrazarse, se puso el camisón y el gorro de la difunta y carcajeándose con anticipación, se acostó en la cama para esperar la llegada de su víctima.

Trabajando con uno o dos compañeros, hagan descripciones para dar más sustancia a las siguientes narraciones. Utilicen descripciones de personas, del ambiente que rodea la acción o de los sentimientos de los protagonistas según se indica.

1. Oí sonar el teléfono. Subí a mi cuarto. Prendí la luz. Cerré la ventana. Contesté el teléfono. Sentí que unos ojos me miraban desde el edificio de enfrente.

   a. Haga una descripción del ambiente (hacía frío, calor, viento; llovía, brillaba el sol, etcétera).

   b. Haga una descripción del estado mental y físico del protagonista.

2. El hombre abrió la puerta. Se dejó caer en el sofá. Levantó el periódico. Leyó por unos instantes. Dejó caer el periódico. Cerró los ojos.

   a. Haga una descripción física del protagonista.

   b. Haga una descripción del estado mental y físico del protagonista (venía cansado, deprimido, ansioso; se sentía mal, triste, preocupado, etcétera).

3. Juan es el hermano de Patricia. Los dos llegaron juntos a la fiesta. Pronto se les acercó Francisco, también conocido como El Oso. Patricia quiso quedarse ahí con El Oso, pero Juan la cogió del brazo y se la llevó a casa.

   a. Haga una descripción física de los personajes.

   b. Haga una descripción del ambiente.

CH. *Descripción y narración.* Los siguientes trozos forman parte de narraciones más grandes. Señale las partes descriptivas y las secciones en que hay más narrativa. En cada caso, comente:

1. **el propósito de la descripción:** ¿Presenta el escenario? ¿Presenta a los personajes? ¿Presenta el conflicto? ¿Qué impresión deja en el lector? ¿Qué expectativas crea acerca de lo que va a pasar?

2. **el punto de vista del trozo:** ¿Quién es el narrador? ¿Participa en la acción? ¿Cómo?

3. **el tono del trozo:** ¿Cuál es la actitud del narrador hacia lo que describe? ¿Cómo lo da a conocer?

   a. La casa sólo tiene una ventana. Creo que da a la sala. Allí no hay luz. La puerta de la sala da al patio y coincide con la ventana a través de la cual observo. Estoy en la acera de enfrente, y miro al fondo de la casa. Detrás de la sala oscura, hay luz en el patio. Allí está ella leyendo. Sólo veo sus cabellos. La línea de su frente se recorta sobre la página blanca. La calle es sombría. El cuadrito luminoso que veo a través de la ventana me llena de felicidad. Me gusta verla leyendo. También quisiera que volteara. No sabe que estoy allí, enfrente de su casa. ¿Por qué no voltea? Sus cabellos le cubren la espalda. La luz los enciende, matizándolos. De pronto, el cuadro desaparece. Es la madre que se ha dado cuenta de mi asedio y cierra la ventana.

(de *La feria*, Juan José Arreola)

b. Esta noche a la estación han llegado dos viajeros: son una señora y una niña. La señora lleva un ancho manto de luto; la niña viste un traje también de luto. Casi no se ve, a través del tupido velo, la cara de esta dama. Pero si la pudiéramos examinar, veríamos que sus ojos están enrojecidos y que en torno de ellos hay un círculo de sombra. También tiene los ojos enrojecidos la niña. Las dos permanecen silenciosas esperando el tren. Algunas personas del pueblo las acompañan.

El tren silba y se detiene un momento. Suben a un coche las viajeras. Desde allá arriba, desde la casa ahora cerrada, muda, si esperáramos el paso del tren, veríamos cómo la lucecita roja aparece y luego, al igual que todas las noches, todos los meses, todos los años, brilla un momento y luego se oculta.

(de *Una lucecita roja*, Azorín)

c. La primera sospecha surgió en la deficiente cabeza de la vieja Trinidad. La vieja Trinidad vivía con una nieta de cinco años en una choza pegada como un tumor a la casucha del indiano. Ocupaba aquella pobre habitación a cambio de limpiar la casa y de hacer, en fin, todo el trabajo de una criada.

Trinidad fue a llevar el desayuno a Gorbea, y nadie respondió a su llamada. Volvió a la hora de almorzar, y el silencio que siguió a los golpes que dio en la puerta comenzó a parecerle espantoso. Al día siguiente don Ezequiel aún no había dado señales de existencia. Trinidad marchó al pueblo y preguntó por su señor. No le habíamos visto. Al volver, preocupada e inquieta, a su choza, se fijó en que había una mancha de sangre en la orilla del camino, frente a la puerta de la casa. Llamó a unas vecinas, hicieron conjeturas, trataron de mirar a través de los cristales llenos de polvo. Silencio y misterio. La vieja Trinidad volvió al pueblo, esta vez seguida de algunos vecinos, y manifestó sus temores ante el sargento de la Guardia Civil de Gramina.

(de *Un error judicial*, Wenceslao Fernández Flórez)

ch. La automovilista (negro el vestido, negro el pelo, negros los ojos, pero con la cara tan pálida que a pesar del mediodía parecía que en su tez se hubiese detenido un relámpago), la automovilista vio en el camino a una muchacha que hacía señas para que parara. Paró.

—¿Me llevas? Hasta el pueblo, no más —dijo la muchacha.

—Sube —dijo la automovilista. Y el auto arrancó a toda velocidad por el camino que bordeaba la montaña.

(de *La muerte*, Enrique Anderson Imbert)

d. Frente al establecimiento de baños de Fitero, y sobre unas rocas cortadas a pico, a cuyos pies corre el río Alhama, se ven todavía los restos abandonados de un castillo árabe, célebre en los fastos gloriosos de la Reconquista, por haber sido teatro de grandes y memorables hazañas, así por parte de los que lo defendieron, como de los que valerosamente clavaron sobre sus almenas el estandarte de la cruz.

De los muros no quedan más que algunos ruinosos vestigios; las piedras de la atalaya han caído unas sobre otras al foso y lo han cegado por completo; en el patio de armas crecen zarzales y matas de jaramago; por todas partes adonde se vuelven los ojos no se ven más que arcos rotos, sillares oscuros y carcomidos: aquí un lienzo de barbacana, entre cuyas hendiduras nace la hiedra; allí un torreón, que aún se tiene en pie como por milagro; más allá los postes de argamasa, con las anillas de hierro que sostenían el puente colgante.

Durante mi estancia en los baños, ya por hacer ejercicio que, según me decían, era conveniente al estado de mi salud, ya arrastrado por la curiosidad, todas las tardes tomaba entre aquellos vericuetos el camino que conduce a las ruinas de la fortaleza árabe. Allí me pasaba las horas y las horas escarbando el suelo por ver si encontraba algunas armas, dando golpes en los muros para observar si estaban huecos y sorprender el escondrijo de un tesoro, y metiéndome por todos los rincones con la idea de encontrar la entrada de algunos de esos subterráneos que es fama existen en todos los castillos de los moros.

Mis diligentes pesquisas fueron por demás infructuosas.

* * *

Sin embargo, una tarde...

(de *La cueva de la mora*, Gustavo Adolfo Bécquer)

D. *Entre todos*

1. Comenten los cuentos presentados en los dibujos que aparecen a continuación. ¿Quiénes son los protagonistas? ¿Cómo son y qué cualidades tienen? ¿Qué ocurre en la historia? ¿Cuál es el conflicto? ¿Cómo se resuelve?

2. En estos casos, el artista desempeña el papel del narrador. ¿Cuál es el punto de vista de cada cuento? ¿y el tono? ¿Desde qué otros puntos de vista se podría contar cada historia? ¿Cómo cambiaría la historia en cada caso?

3. ¿Cómo comunica el artista información sobre la personalidad de los protagonistas? ¿Qué vocabulario puede usarse para expresar la misma información en una narración escrita?

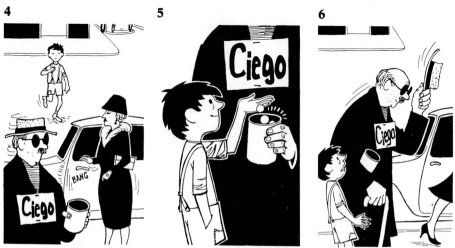

From *Composition through Pictures*, by J. B. Heaton, Longman House, 1966.

4. ¿Sería posible incorporar uno de los cuentos en un escrito más largo? ¿Cuál parece prestarse a este propósito más fácilmente? ¿Por qué?

© Quino

E. *Trabajo en pequeños grupos.* Divídanse en grupos de tres o cuatro estudiantes. Preparen narraciones basadas en los dibujos.

1. Dos grupos de cuatro estudiantes deben escribir sobre el mismo cuento. Su profesor les indicará desde qué punto de vista deben presentar la acción.

2. Antes de empezar a escribir, pónganse de acuerdo sobre el propósito de lo que van a escribir (¿entretener? ¿enseñar una moraleja? ¿hacer un comentario?) y escojan al lector más indicado. Luego, comenten en detalle los personajes y los eventos del cuento. Identifiquen la información que necesitan incluir en la presentación y la complicación. Decidan cuál va a ser el desenlace de la historia.

3. Escriban un borrador rápidamente.

F. *Entre todos.* Analicen las narraciones del ejercicio F una por una. Hagan comentarios sobre los puntos siguientes.

1. La secuencia de eventos: la presentación, la complicación y el desenlace o resolución.

2. La información descriptiva: ¿Para qué sirve? ¿Qué ayuda a establecer en la historia? ¿Crea ciertas expectativas en el lector acerca de lo que va a ocurrir en la historia?

3. El punto de vista: ¿Cuál es en cada caso? ¿Cómo se establece?

4. El tono: ¿Cuál es? ¿Cómo se establece?

5. El vocabulario: Analice los verbos específicamente. ¿Cuáles podrían sustituirse por otros más vivos?

6. El propósito de la narración: ¿Se presta esta narración a los propósitos del escritor? ¿Por qué sí o por qué no?

La redacción

COMO SE ESCRIBE UNA DESCRIPCION DENTRO DE UNA NARRACION

El proceso de escribir una descripción dentro de una narración se basa en los pasos que se detallan a continuación. Estudie cada paso cuidadosamente antes de empezar a escribir su composición.

1. Escoja un incidente real que Ud. recuerde vivamente y anote los eventos.

2. Decida por qué lo quiere contar. ¿Cuál es su propósito? ¿Va a formar parte de un escrito más largo?

3. Decida desde qué punto de vista escribirá su narración. ¿Participó Ud. en la acción? ¿Conocerá Ud. los pensamientos de todos sus personajes?

4. Decida qué tono debe adoptar. Imagínese un lector ideal y diríjale su narración. Determine cuál es la actitud suya hacia lo que ocurrió. ¿Le causa a Ud. risa, tristeza, o le es indiferente? Intente reflejar esta actitud al narrar lo sucedido.

5. Resuma en una oración la impresión que Ud. quiere dejar en el lector. Por ejemplo: «Esa fue una noche extraordinariamente feliz».

6. Ponga un marco visual alrededor de la acción. Incluya detalles descriptivos. ¿Cómo era el lugar en donde ocurrieron los hechos? ¿Qué se oía? ¿Qué se sentía? ¿Quiénes estaban presentes? ¿Cómo eran?

7. Escriba un borrador.

8. Revise el contenido. ¿Se ha transmitido la impresión que se deseaba? ¿Es vivo el vocabulario?

9. Revise los aspectos gramaticales.

10. Pase el trabajo en limpio.

Tarea

Escriba una narración, de unas 150 palabras como mínimo, que contenga una descripción. Antes de seleccionar un tema, recuerde que los temas que se prestan para escribir una narración con descripción son los mismos que se prestan para escribir una narración simple: en ambos casos se trata de contar algo ocurrido. La descripción, como ya se dijo anteriormente, se usa para complementar el relato, para pintar el marco dentro del cual se lleva a cabo lo sucedido. Se puede describir la apariencia física, el olor, los sonidos, etcétera, del lugar en donde se desarrolla la acción, o las características de los personajes que participan en la acción. El único requisito es que lo descrito debe relacionarse claramente con lo que se narra. Describir *no* quiere decir inundar un relato con detalles sin importancia. Recuerde que el propósito de la narración con descripción es narrar y no describir.

La revisión

El siguiente proceso de revisión puede aplicarse tanto al escrito de un compañero como a su propia composición. El proceso consiste en una serie de preguntas un poco más detalladas que las que se han presentado en los dos capítulos anteriores. Estas enfocan los diferentes aspectos de la narración que contiene descripción. Para utilizar este proceso, Ud. debe examinar el escrito que intenta revisar, contestando cada una de las preguntas.

Resumen: Contenido y organización

A. Estructura de la narración

- ¿Qué es lo que sucede en su narración?
- Resuma la presentación de la situación.
- Resuma la complicación.
- Resuma el desenlace.

B. La descripción dentro de la narración

- ¿Qué describió Ud. en su narración?
- ¿Qué impresión se propuso Ud. dejar en el lector?
- ¿Qué detalles específicos utilizó para transmitir tal impresión?
- ¿Es vivo el vocabulario? ¿Contribuye a crear la impresión deseada?

C. Perspectiva y tono

- ¿A quién va dirigida su narración? ¿Cómo es su lector imaginario?
- ¿En qué persona gramatical escribió la narración?
- ¿Refleja el punto de vista que escogió algo sobre su relación con los sucesos que cuenta?
- ¿Intentó comunicar su actitud hacia lo narrado? Resuma esa actitud.
- ¿Qué estrategias utilizó para establecer el tono? ¿Se valió del vocabulario? ¿de ciertas formas gramaticales?

Resumen: Aspectos gramaticales y ortográficos

A. El uso de **ser** y **estar**

- ¿Ha analizado Ud. todos los usos del verbo **ser** que se encuentran en su composición?

- ¿Ha analizado todos los usos del verbo **estar**?

B. El uso del pretérito y del imperfecto

- ¿Ha analizado Ud. todos los usos del pretérito que se encuentran en su composición?

- ¿Ha analizado todos los usos del imperfecto de indicativo?

- ¿Ha analizado todos los usos del imperfecto progresivo?

C. Errores de ortografía

- Anote las palabras dudosas que ha encontrado al revisar su composición.

- Anote los cambios hechos después de consultar un diccionario.

Segunda parte

Proceso: Exposición

Capítulo 4

La exposición

HUGH ROGERS/MONKMEYER

Antes de redactar

LA EXPOSICION

En la descripción y la narración, el escritor desea crear una imagen visual o recrear una experiencia personal para el lector. En el contexto académico, sin embargo, la redacción puede tener otros propósitos, por ejemplo: informar, aclarar, explicar, analizar, definir, evaluar, probar, discutir y recomendar. El tipo de redacción que se utiliza para lograr estos propósitos se llama la exposición.

La exposición típicamente incluye dos componentes: una declaración general (la tesis) y la evidencia específica para apoyarla. La manera en que el escritor organiza y presenta la evidencia depende de la tesis, del propósito específico que tiene como escritor y de las características del lector. Por ejemplo, digamos que un estudiante quiere escribir sobre el tema de la Inquisición española. Podría el estudiante abordar el tema con la intención de explicar cómo funcionaba esa institución. Para hacerlo, podría utilizar la técnica de *análisis* (la descripción de las partes o componentes de una entidad) para presentar su información. En este caso haría su enfoque en el personal de la Inquisición, sus métodos, sus procedimientos. Por otra parte, podría parecerle al estudiante más eficaz explicar el funcionamiento de la Inquisición comparándolo con algo que su lector ya conoce. En este caso utilizaría la técnica de *comparación y contraste*: el funcionamiento de la Inquisición española en comparación con el de la Inquisición romana, o el funcionamiento de la Inquisición en comparación con el funcionamiento de la policía secreta de una sociedad totalitaria.

Pero si al estudiante le interesara no el funcionamiento de la Inquisición sino el efecto que tuvo en la sociedad y la cultura de esa época, para la organización de sus datos podría valerse, entre otras técnicas, de *la clasificación*. La clasificación consiste en enfocar las distintas clases o categorías relacionadas con el tema que se presenta. En este caso, por ejemplo, podría desarrollarse una clasificación del impacto que tuvo la Inquisición en diferentes campos: sociológico, artístico, económico, etcétera. El estudiante también podría examinar el impacto de la Inquisición por medio de *la comparación y el contraste*: por ejemplo, comparar y contrastar el impacto general de la Inquisición española con el de la Inquisición romana, o comparar y contrastar sus efectos verdaderos con los que le han atribuido varios autores.

Dependiendo de su propósito, entonces, el estudiante podría utilizar muy distintas técnicas para hablar de un solo tema. En los siguientes capítulos de *Composición: Proceso y síntesis* Ud. tendrá la oportunidad de poner en práctica éstas y otras técnicas de organización. Por ahora, hay que comenzar con algo más fundamental: ¿cómo encontrar las ideas? ¿cómo empezar?

Generar ideas para una exposición sobre la Inquisición puede parecer difícil, ya que el tema es bastante amplio; generar ideas con el objeto de responder a preguntas específicas es mucho más fácil. Por ejemplo, con respecto al tema de la Inquisición, las exposiciones descritas anteriormente responden a preguntas como éstas:

- ¿Cómo funcionó la Inquisición?

- ¿Qué impacto tuvo la Inquisición en la sociedad y cultura de su época?

- ¿Cuáles fueron las semejanzas entre la Inquisición española y la Inquisición romana? ¿Cuáles fueron las diferencias?

- El impacto de la Inquisición española, ¿fue tan negativo como lo han pintado a través de la historia?

La exposición, entonces, puede conceptualizarse como la respuesta a una pregunta específica. Tomemos esta vez como ejemplo el tema «La electricidad». Para enfocar el tema y generar ideas, conviene hacer preguntas específicas como las que siguen:

- ¿Para qué sirve la electricidad?

- ¿Cómo se descubrió la electricidad?

- ¿Cómo funciona la electricidad?

- ¿Cuál es el origen de la palabra *electricidad*?

- ¿Qué importancia tiene la electricidad en la vida moderna?

- ¿Cómo se produce la electricidad?

- ¿Cuál es el costo de producir la energía eléctrica?

Para poder responder a cada una de las preguntas anteriores, sería necesario que la explicación o presentación enfocara un aspecto diferente en cada caso.

Escribir una exposición, entonces, es conceptualizar un tema de manera que lo escrito logre contestar una pregunta específica. El secreto de escribir una buena exposición reside en saber limitar el tema y en saber enfocar una pregunta determinada.

Vocabulario útil

Como se verá en los próximos capítulos, hay varias maneras de desarrollar el tema de una exposición: definición, análisis, clasificación, comparación, contraste. No obstante el método, casi todas las exposiciones empiezan con una breve introducción y terminan con un párrafo o unas oraciones de conclusión.

Tanto la estructura de la introducción como la estructura de la conclusión se tratarán con detalle en el Capítulo 6. A continuación, sin embargo, se presentan algunas expresiones que pueden ser útiles al empezar y concluir una exposición.

VOCABULARIO PARA INTRODUCCIONES Y CONCLUSIONES			
Las introducciones			
conviene		aclarar	investigar
es forzoso, conveniente, necesario, preciso, buena idea	+	conocer	poner de relieve, destacar
		examinar	precisar
		hacer notar	reconocer
importa		implicar, dar a entender	repasar
no vendría mal			responder a
			ver de cerca
con respecto a	se trata de	hay que tener presente, hay que tener en cuenta	
en cuanto a	tiene que ver con	por lo que se refiere a	
en conexión con	(no) viene al caso	en lo tocante a	
Las conclusiones			
a fin de cuentas			
al fin y al cabo		en el fondo	
bien pensado		en realidad	
como consecuencia, en consecuencia		en resumidas cuentas	
comoquiera que se examine el hecho		en resumen	
con todo		en todo caso	
de lo anterior... se deduce que		hay que tener en cuenta que, hay que tener presente que	
de lo dicho... se desprende que			
de todos modos		por consiguiente	
después de todo		por lo tanto	
en conclusión		resumiendo brevemente	
en definitiva		se desprende que...	

MODELOS Y ANALISIS

MODELO I	Los idiomas en la vida del hombre moderno

El hombre es un ser social en gran parte porque dispone de un lenguaje que le permite comunicar a sus semejantes tanto sus ideas como sus sentimientos. El aislamiento que prevaleció entre los hombres hasta hace unos cuantos siglos favoreció la existencia de una multiplicidad asombrosa de lenguas e idiomas que contribuyó a distanciar más a los pueblos. Sin embargo, a medida que los seres humanos entraron en relaciones de tipo internacional, hubo necesidad de aprender otros idiomas además del propio. Así hemos llegado a la época presente en la cual se advierte el predominio de unos pocos idiomas, como el inglés, el francés, el ruso, el chino y el español, que sirven, por ahora, como idiomas universales. Prueba de ello es que todas las grandes obras literarias se traducen inmediatamente a estos idiomas. Además no debemos olvidar que, con el propósito de lograr la unidad idiomática en el mundo entero, existen grupos en casi todos los países que divulgan el esperanto, lengua híbrida que unifica varios idiomas.

(de <u>Hoy en la historia</u>, Blackaller y Ramírez)

Tema

Se trata un tema general: los idiomas. El escritor luego lo enfoca en relación con las necesidades actuales del hombre moderno.

Propósito

El propósito del escritor es establecer que los idiomas desempeñan una importante función en la vida del hombre moderno. El escritor tiene un punto de vista o una opinión que quiere comprobar por medio de una serie de ejemplos.

Organización

Esta exposición, aunque consta de un solo párrafo, ejemplifica la estructura típica del género: declaración de la tesis, seguida de la evidencia que la apoya. La primera oración sirve de tesis, o de idea principal. Las demás oraciones sirven para desarrollar esta idea directamente.

Punto de vista y tono

El escritor trata de justificar su tesis manteniendo una perspectiva objetiva. Aunque utiliza la primera persona (hemos llegado, no debemos olvidar), desarrolla su tema no como quien expresa una opinión o una experiencia personal, sino como quien presenta cierta información objetiva, basada en hechos.

Note que, para distanciarse de lo que escribe, el autor de una exposición muchas veces puede recurrir a construcciones pasivas o impersonales. O sea, en vez de escribir «yo pienso que... » o «en mi opinión... », el escritor observa que «se advierte» o que «se opina». Otras veces el escritor desea acercarse al tema y presentarlo de manera que el lector también sienta un interés personal. En estos casos puede utilizarse, como aquí, la primera persona plural. En esta exposición se ve el uso de «hemos llegado a la época presente» y «no debemos olvidar», en lugar de «el hombre ha llegado a la época presente» y «no se debe olvidar». Esta estrategia le permite al autor sugerir que tanto él como el lector examinan el tema desde la misma perspectiva.

MODELO II	La computadora en la vida estudiantil

Cada vez más estudiantes universitarios descubren las muchas ventajas de la computadora personal. La mayoría de los estudiantes comienza usando computadoras con un fin específico, como la utilización de un procesador de palabras para la redacción y corrección de tareas escritas. Sin embargo, muchos alumnos descubren que hay programas que permiten trabajos avanzados en áreas tales como diseños gráficos, cálculo y administración de empresas. En realidad casi no hay curso universitario en que no pueda encontrarse alguna aplicación de la computación, y las clases que requieren su uso son cada vez más numerosas.

Pero el estudiante que se familiariza con la computadora personal obtiene, indirectamente, ventajas adicionales. El hecho de trabajar con su propia computadora le sirve al estudiante de entrenamiento para el uso de otros servicios en la universidad, como las búsquedas computarizadas de información y bibliografía. Muchos estudiantes comprueban además que es más fácil encontrar empleo cuando saben utilizar computadoras personales. Finalmente, los hábitos de organización y razonamiento desarrollados al trabajar con una computadora son siempre de gran utilidad.

Como resultado de todos estos factores, nadie duda que la computadora personal tiene un papel importante en la vida estudiantil.

Tema

Aquí se trata un tema general: las computadoras personales. Sin embargo, como este tema es demasiado amplio, la exposición se ha limitado a responder a la pregunta: «¿Qué importancia tienen las computadoras personales para el estudiante universitario?» La tesis, o sea, la idea principal de la exposición, contesta esta pregunta diciendo: «Cada vez más estudiantes universitarios descubren las muchas ventajas de la computadora personal».

Propósito

El escritor piensa que las computadoras desempeñan un papel importante para los estudiantes y busca justificar esta opinión por medio de varios ejemplos concretos.

Organización

Esta composición ejemplifica la estructura típica de una exposición: declaración de la tesis, seguida de la evidencia que la apoya. La primera oración sirve de tesis, o de idea principal. El primer párrafo desarrolla la idea de la importancia de las computadoras con respecto a los cursos académicos; el segundo párrafo describe las otras ventajas de la computadora no relacionadas con específicas tareas académicas. El último párrafo resume la idea principal con una paráfrasis de la tesis.

Punto de vista y tono

En esta composición, como en la anterior, el escritor trata de mantener una perspectiva objetiva. Para ayudar a crear este tono impersonal, el autor ha escrito la exposición en tercera persona.

ESTRATEGIAS DEL ESCRITOR: EL ESCRITOR Y EL TEMA

Antes de que el escritor comience a escribir una exposición, tiene que haber una primera fase de interacción entre éste y lo que va a escribir. Es decir, el escritor tiene que escoger, limitar y enfocar su tema para que se preste a una exposición de determinada longitud.

Escoger

El primer paso es escoger un tema global o general: una amplia categoría temática que sea de interés especial para el escritor y sobre la cual sepa lo bastante como para desarrollar la exposición de una manera completa e inteligente.

Limitar

El segundo paso requiere que se limite el tema escogido. Obviamente, si se desea escribir una exposición de unas doscientas cincuenta palabras y se ha escogido un tema muy amplio, ocurrirá una de dos cosas: o la exposición resultará demasiado general y vaga, o el escritor sobrepasará el límite de palabras impuesto.

Limitar un tema global o general es dividirlo en partes, seleccionar una de ellas y limitar más aún la parte seleccionada. Al limitar un tema, pri-

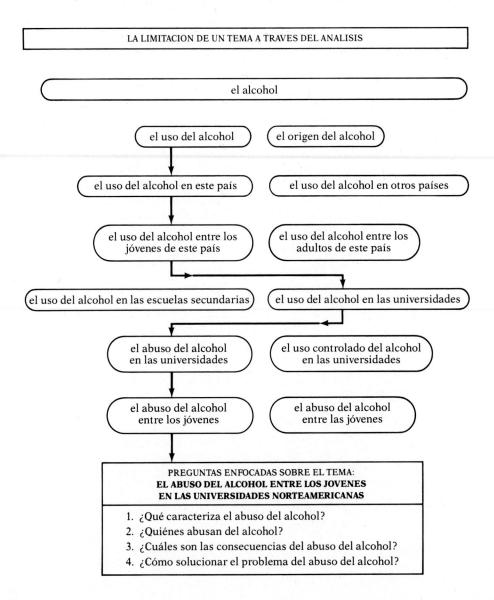

LA LIMITACION DE UN TEMA A TRAVES DEL ANALISIS

el alcohol

el uso del alcohol — el origen del alcohol

el uso del alcohol en este país — el uso del alcohol en otros países

el uso del alcohol entre los jóvenes de este país — el uso del alcohol entre los adultos de este país

el uso del alcohol en las escuelas secundarias — el uso del alcohol en las universidades

el abuso del alcohol en las universidades — el uso controlado del alcohol en las universidades

el abuso del alcohol entre los jóvenes — el abuso del alcohol entre las jóvenes

PREGUNTAS ENFOCADAS SOBRE EL TEMA:
EL ABUSO DEL ALCOHOL ENTRE LOS JOVENES EN LAS UNIVERSIDADES NORTEAMERICANAS

1. ¿Qué caracteriza el abuso del alcohol?
2. ¿Quiénes abusan del alcohol?
3. ¿Cuáles son las consecuencias del abuso del alcohol?
4. ¿Cómo solucionar el problema del abuso del alcohol?

mero se piensa en las posibles subdivisiones del mismo y se sigue subdividiendo hasta dar con un tema que parezca encajar entre los límites fijados para la exposición. El cuadro que se incluye en la página anterior ilustra cómo se puede dividir un tema general en aspectos cada vez más limitados y, finalmente, cómo se enfoca un aspecto específico mediante preguntas.

Enfocar

Se enfoca el tema limitado haciendo preguntas específicas para lograr encontrar un aspecto reducido del mismo. Las preguntas sirven para subdividir el tema limitado más todavía. Como paso final, se selecciona una sola pregunta, cuya respuesta dé como resultado una exposición de la extensión deseada. Note que en el cuadro anterior, varias de las subdivisiones del tema global «el alcohol» pudieron haberse usado como temas de una exposición de gran extensión.

Para enfocar un tema, importa saber hacer preguntas que abarquen los diferentes aspectos del mismo. Por ejemplo, si se quisiera escribir sobre cierta condición, la respuesta a las siguientes preguntas pondría al descubierto sus diferentes componentes.

1. ¿Cómo se define la condición?

2. ¿Cuáles son las causas de la condición?

3. ¿Cuáles son los efectos de la condición?

El cuadro que aparece a continuación contiene ejemplos de algunas preguntas de enfoque que pueden utilizarse para captar los diferentes aspectos de varios tipos de temas.

PREGUNTAS DE ENFOQUE	TIPO DE TEMA
¿Qué es? ¿Cómo es? ¿Para qué sirve? ¿Dónde se encuentra? ¿Cuál es su origen? ¿Cómo se hace?	cosa
¿Por qué es (fue) importante? ¿Qué papel desempeña (desempeñó)? ¿Cómo es (fue) su vida? ¿Qué problemas tiene (tuvo)?	persona

PREGUNTAS DE ENFOQUE (continuado)	TIPO DE TEMA
¿Qué significa? ¿Cómo se define? ¿Por qué es importante? ¿Quiénes comparten esta idea? ¿Qué ejemplos hay de esta idea?	idea
¿Por qué y cómo (*opcional*) ocurre (ocurrió)? ¿Qué consecuencias tiene (tuvo)? ¿Quiénes participan (participaron)?	acción/evento

Durante el proceso de enfocar un tema, es importante no ser demasiado estricto al juzgar el valor o utilidad de las preguntas de enfoque que vienen a la mente. Esta actitud en realidad puede crear obstáculos mentales que impedirán una exploración cabal del tema. Conviene mejor anotar todas las ideas y asociaciones que vengan a la mente; habrá tiempo luego para evaluar la lista y eliminar las ideas que no sean útiles. En inglés este proceso libre de exploración se llama «*brainstorming*». En algunas partes del mundo hispano se le llama «hacer una lluvia de ideas» o «generar ideas» y el proceso se caracteriza por esta simple regla: primero pensar, luego repasar y revisar.

La elaboración de la tesis

Después de limitado el tema y enfocado un aspecto específico del mismo, se elabora la tesis. Generalmente la tesis se escribe como respuesta a una pregunta de enfoque. Por ejemplo, supongamos que el escritor ha decidido ya escribir sobre el fútbol. De allí necesita pasar a limitar el tema. El proceso puede ser el siguiente:

Como el escritor enfoca su interés en los gastos que ocasiona el fútbol, buscará una respuesta a la pregunta: «¿Cuál es el costo de mantener un equipo de fútbol?» Según lo que le revelen sus investigaciones sobre el asunto, su tesis podría tomar una de las siguientes formas:

1. Es sumamente caro mantener un equipo de fútbol.
2. El costo de mantener un equipo de fútbol no es excesivo.

A veces el escritor obtiene la información necesaria para contestar la pregunta de enfoque por medio de varios tipos de investigación, como en el ejemplo anterior que trata de los costos de mantener un equipo de fútbol. En otros casos, el escritor puede recurrir al mismo proceso de la «generación de ideas» para encontrar ideas que se relacionen con su tesis. Y, al igual que antes, importa controlar la tendencia a ser demasiado estricto durante este proceso: primero pensar, luego repasar y revisar.

Según la información y las ideas que ha reunido, el escritor selecciona y organiza los datos para desarrollar su tesis para que, en la versión final de la exposición, se incluyan sólo aquellos detalles que contribuyan a defender la idea principal. Algunos escritores prefieren organizar los datos mediante un bosquejo (*outline*) formal, que luego les sirve de guía mientras escriben. Otros empiezan con un plan más esquemático y siguen explorando el tema mientras escriben. En ambos casos, son muy pocos los escritores, incluyendo a los profesionales, cuyos borradores resultan ser idénticos a la versión final. En la gran mayoría de los casos, hay muchos cambios entre la primera y la última versión de una exposición. El proceso de escribir, es decir, de poner por escrito los pensamientos, ayuda al escritor a descubrir qué es lo que intenta establecer y lo que quiere comunicar al respecto.

PENSANDO EN EL LECTOR: LA CARACTERIZACION DEL LECTOR

Anticipar las preguntas del lector también ayuda al escritor a enfocar su tema. Esta anticipación puede ocurrir en casi cualquier momento del proceso de composición: cuando se están generando ideas, cuando se decide el plan de organización a seguir, cuando se escribe, cuando se corrige el borrador. No importa cuando suceda, el escritor siempre quiere asegurarse de que su exposición toma en cuenta estas preguntas referentes a su lector:

1. ¿Qué sabe ya acerca del tema?
2. ¿Cuál puede ser su actitud al respecto?
3. ¿Qué necesita saber?

Analizar la información o el conocimiento que el lector ya pueda tener sobre algún tema ayuda al escritor a tomar decisiones importantes: ¿Cuántos detalles necesita incluir? ¿Qué debe dejar fuera? ¿Qué tipo de terminología es apropiado—el que entiende un público general o el que sólo usan los especialistas? ¿Es necesario incluir alguna información histórica para establecer un contexto? Volviendo al ejemplo anterior de la Inquisición española, si el lector no sabe nada de esta institución una exposición sobre su impacto sociocultural tendrá que incluir también alguna información histórica sobre la época en que existió y cómo funcionaba.

Reconocer por anticipado la actitud que el lector pueda tener hacia el tema también ayuda con respecto a la información que debe incluirse en una exposición. Por ejemplo, si el propósito del escritor es convencer al lector de que lleve a cabo alguna línea de acción y sospecha que el lector se opone a ésta, tendrá que presentar información para contrarrestar esta actitud. O si su propósito es informar y a los ojos del lector el tema es aburrido o de poca importancia, el escritor tendrá que tomar medidas para captar su interés.

Pensar en las necesidades del lector equivale a pensar en su propósito como lector: ¿Por qué lee el escrito? ¿Qué información busca? ¿Por qué la busca? Si el lector lee una exposición sobre los costos de un programa de fútbol para decidir si éste debe eliminarse, no viene al caso explicarle cómo se decidió escribir sobre este tema ni qué se hizo para reunir los datos. Tampoco debe hablarse del origen del deporte en general o de los jugadores más famosos. Sin embargo, sí sería de utilidad comparar los costos de un programa de fútbol con los beneficios que de él se derivan.

ANTES DE ESCRIBIR: EJERCICIOS

A. *La limitación de un tema.* Los temas que siguen son muy generales y por lo tanto no se prestan para hacer una exposición clara en una o dos páginas. Discuta con sus compañeros cómo se pudiera limitar cada uno de ellos. Luego en la pizarra hagan un esquema tal como el que aparece en las páginas 75–76. Después de anotados los temas más limitados, escojan aquéllos que más se presten para escribir una exposición.

Temas:	El comercio	Los medios de comunicación
	El arte	La educación
	La moda	La mujer

B. *La elaboración de preguntas de enfoque sobre un tema limitado.* Para enfocar los siguientes temas limitados, es necesario que Ud. y sus compañeros de clase elaboren preguntas de enfoque. Anoten en la pizarra un mínimo de cuatro preguntas de enfoque para cada tema.

Temas: Las películas de ciencia ficción

Los trabajadores indocumentados

La idea del machismo

Don Quijote

C. *La elaboración de la tesis tomando como base las respuestas a las*

preguntas de enfoque. Examine el siguiente tema limitado y las preguntas de enfoque que lo acompañan. Después de haber contestado las preguntas, seleccione *una* respuesta que pudiera servirle como tesis de una exposición. Puede agregar más preguntas.

Temas: La energía nuclear

Preguntas: ¿Cómo se produce la energía nuclear?

¿Cuáles son los peligros asociados con la producción de la energía nuclear?

¿Por qué se cree que se necesita la energía nuclear en este país?

¿Por qué se oponen algunas personas a la energía nuclear?

CH. *Generalizaciones e ideas específicas.* Las tesis que se dan a continuación representan ideas generalizadas acerca de la familia. Les sigue una lista de ideas específicas, algunas de las cuales apoyan estas tesis.

Lea las tesis y la lista de ideas específicas. Escoja aquéllas que mejor apoyen las tesis. Hay algunas ideas que se podrían colocar bajo más de una tesis, y otras que verdaderamente no deben colocarse bajo ninguna.

Tesis:
- La familia hispana es muy unida.
- La familia hispana es más unida que la familia norteamericana.
- Mi familia es muy importante para mí.

Ideas específicas:
- Los hijos de una familia norteamericana típica dejan la casa de sus padres a los dieciocho años.
- Mis padres siempre me han tratado con amor y paciencia.
- Tengo cinco hermanos y somos como amigos íntimos pues compartimos nuestros secretos y nuestros problemas.
- Los abuelos y los tíos son parte esencial de la familia hispana, pero no lo son tanto de la familia norteamericana.
- El padre, sin duda, es el jefe de la familia, mientras que la madre es su ayudante sumisa.
- Haría cualquier cosa por mis padres porque sé que ellos harían lo mismo por mí.

- En la familia hispana hay mucha dependencia entre padres e hijos.

- Muchos políticos hispanos ofrecen puestos importantes en el gobierno a sus familiares.

- Todos los domingos y los días de fiesta nos reunimos a comer y a conversar.

- Los padres norteamericanos pasan menos tiempo en la casa que los hispanos.

- La mujer hispana, una vez que es abuela, deja de llevar una vida propia y empieza a vivir para sus nietos; la abuela norteamericana vive una vida más independiente pero también más separada de sus nietos.

- Las familias hispanas suelen ser más numerosas que las familias norteamericanas.

- Los hijos en los hogares hispanos tienen más libertad que las hijas.

- Aunque muchos de mis parientes viven en Puerto Rico, los visito cada dos o tres meses.

- Los padres norteamericanos quieren que sus hijos sean independientes; los padres hispanos, en cambio, quieren que sigan ligados emocionalmente a la familia y a sus tradiciones.

D. ***Pensando en el lector.*** Ud. va a redactar una exposición para desarrollar las tesis indicadas a continuación. Trabajando con un compañero de clase, contesten las siguientes preguntas referentes al lector señalado para cada tesis:

¿Qué sabe ya del tema?
¿Cuál es su actitud?
¿Qué necesita saber?

1. Tesis: En el idioma inglés hay muchos términos
                  prestados de otros idiomas.
   Propósito: informar
   Lector: compañeros de clase

2. Tesis: Mi trabajo como gerente de un Mc Donald's ha
                  sido una experiencia valiosa.
   Propósito: explicar
   Lector: compañeros de clase

3. Tesis: Los medios de comunicación acarrean más daños
                          que beneficios al proceso político.
    Propósito: convencer, justificar
    Lector: compañeros de clase

4. Tesis: *Cien años de soledad* es una de las novelas más
                          importantes de la época contemporánea.
    Propósito: evaluar
    Lector: profesor de literatura hispanoamericana del siglo
                          XX

5. Tesis: El ambiente competitivo de la universidad es
                          contraproducente.
    Propósito: informar
    Lector: compañeros de clase

6. Tesis: El ambiente competitivo de la universidad es
                          contraproducente.
    Propósito: informar, explicar
    Lector: profesores y maestros

E. Vuelva a examinar los dos modelos expositorios de este capítulo
   (páginas 71 y 72).

   1. ¿Qué puede Ud. deducir de la relación entre el escritor y el lector
      en cada caso? ¿Qué se habrá imaginado el escritor con respecto
      al conocimiento previo de su lector? ¿a su actitud referente al
      tema? ¿a su propósito como lector?

   2. ¿Cómo se tendría que cambiar la composición sobre las computa-
      doras si el lector fuera... ?

      a. una persona que pensara que las computadoras son
         antiintelectuales?

      b. un padre que pensara comprar una computadora para su hijo,
         un estudiante preuniversitario?

      c. una persona que no supiera nada (o que supiera muy poco) de
         las computadoras?

F. *Trabajo en pequeños grupos.* El siguiente ejercicio es un ejercicio en
   cadena en el cual todos Uds. tendrán la oportunidad de poner en
   práctica cada uno de los procesos que preceden el acto de redactar
   una exposición. Como resultado de este ejercicio en cadena, también
   obtendrán el beneficio de analizar el trabajo de otros.

   1. Entre todos: Apliquen la técnica de la generación de ideas a las
      fotos que se presentan a continuación. El objeto de esto es identi-
      ficar tantos temas generales como sea posible.

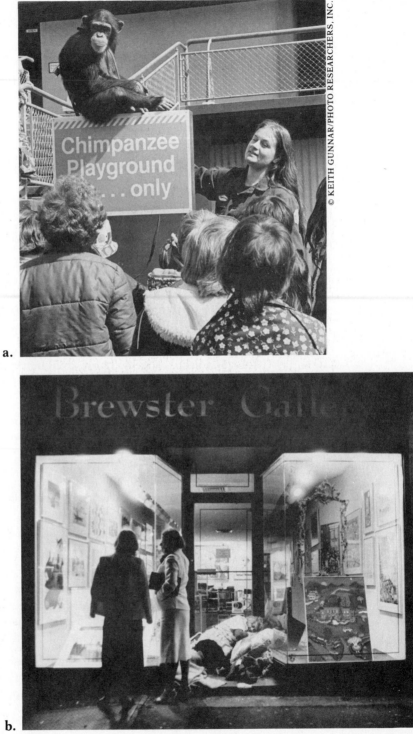

a.

b.

2. Divídanse en grupos de tres o cuatro. Cada grupo debe escoger un tema global e identificar un propósito específico para la composición. Los lectores en cada caso serán los compañeros de clase. Limiten el tema y luego pásenlo al grupo de la izquierda.

3. Hagan preguntas de enfoque sobre el tema limitado. Pasen todo el trabajo al grupo de la izquierda.

4. Lean el tema limitado y las preguntas de enfoque. Seleccionen una tesis apropiada. Pásenlo todo al grupo de la izquierda.

5. Lean el tema, las preguntas y la tesis. Utilizando la técnica de la «generación de ideas», hagan una lista de detalles y datos que se relacionen con la tesis. Pásenlo todo al grupo de la izquierda.

6. Lean el tema, las preguntas, la tesis y los detalles sugeridos. Pensando en el lector (conocimientos, actitud, necesidades), revisen y corrijan la lista anterior, eliminando o modificando el enfoque de algunos detalles y sugiriendo otros detalles.

7. Entre todos: Presenten el resultado de cada uno de los pasos del tema por la cadena. Comenten todos los detalles recibidos y revisen cada lista para eliminar lo superfluo.

La redacción

COMO SE ESCRIBE UNA EXPOSICION

El proceso de escribir una exposición se basa en los pasos que se detallan a continuación. Estudie cada paso cuidadosamente antes de empezar a escribir su composición.

1. Escoja un tema general. Subdivida el tema hasta que esté de acuerdo ya sea con la extensión del trabajo que se intente preparar o con el tiempo que piense dedicar a su investigación y redacción. Utilice la técnica de análisis que se estudió en este capítulo.

2. Elabore preguntas de enfoque. Asegúrese de que cada una de las preguntas de enfoque ilumine un aspecto diferente del tema ya limitado.

3. Escoja una de las preguntas para contestarla en su exposición.

4. Busque información referente al tema limitado y anote todos los datos que encuentre.

5. Examine los datos reunidos y escriba una oración que conteste la pregunta escogida. Esta oración servirá de tesis de su exposición.

6. Identifique cuál es su propósito al escribir la exposición.

7. Identifique al lector a quien dirige la exposición.

8. Haga una lista de la información que puede ser de interés para este lector tomando en cuenta su conocimiento previo del tema, su actitud y sus necesidades (su propósito como lector).

9. Elabore un esquema en el cual se presente la tesis y los detalles que se utilizarán para apoyarla.

10. Asegúrese de que todos los detalles se relacionen con la idea principal eliminando los datos que no contribuyan directamente a establecer la tesis.

11. Escriba la exposición en borrador, poniendo atención al punto de vista que se tomará y al tono que se quiere adoptar.

12. Revise el contenido y los aspectos gramaticales.

13. Pase el trabajo en limpio.

Tarea

Escoja uno de los siguientes temas generales para limitarlo y luego escribir una exposición de un sólo párrafo. Escoja un tema de interés personal que Ud. pueda desarrollar con facilidad en español. Además de la exposición, incluya:

1. La división del tema general para llegar al tema limitado

2. Las preguntas de enfoque sobre el tema limitado

3. La pregunta a la cual responde la tesis

4. La tesis y el esquema de los detalles de apoyo

Temas

la comida	la muerte	el dinero
la belleza	la amistad	la educación
la universidad	la política	los compañeros de cuarto
las dietas	la religión	el sexo opuesto
la música	los sueños	la mariguana
el alcohol	los atletas	el matrimonio
la guerra	las clases	los exámenes
los animales	un gran hombre	la televisión
el tabaco	el cine	los automóviles
la pobreza	el baile	el prejuicio
el amor	la violencia	las mujeres

el feminismo   Latinoamérica   Africa
el suicidio   Nueva York   España
la literatura   el español   la moda

La revisión

Primer paso: Revisión del contenido y de la organización

Revise la exposición ya escrita mediante las siguientes preguntas.

- ¿Cuál es el tema de mi exposición?

- ¿Cuál es la tesis de mi exposición?

- ¿Qué pregunta específica contesta la tesis?

- ¿Cuál es mi propósito al redactar esta exposición?

- ¿Enfoqué sólo un aspecto del tema general?

- ¿Limité el tema lo suficiente?

- ¿Quién es el lector? ¿Lo tomé en cuenta al reunir los datos?

- ¿Cuántos detalles escogí para apoyar la tesis?

- ¿Agrupé los detalles lógicamente?

- ¿Escribí en tercera persona?

- ¿Mantuve una actitud neutral hacia el tema?

- ¿Utilicé expresiones que demuestran mi objetividad?

Segundo paso: Revisión de los aspectos gramaticales

Una de las maneras de variar el estilo de una exposición es utilizar la voz pasiva. Por medio de la voz pasiva el énfasis de la oración recae sobre el recipiente de la acción más que sobre quien la hace. La voz pasiva en español tiene dos formas: la voz pasiva con **ser** y la voz pasiva refleja.

I. La voz pasiva con *ser*

La voz pasiva es una construcción en la cual el sujeto no ejecuta la acción del verbo (es decir, no es el *agente* de la acción), sino que la recibe (es el recipiente).

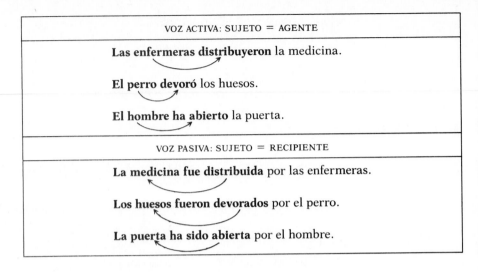

Como lo demuestran los ejemplos anteriores, la construcción pasiva con **ser** consta de tres partes:

sujeto/recipiente	**ser** + participio pasado	**por** + agente

El verbo **ser** concuerda en número con el sujeto. Puede ocurrir en cualquier tiempo gramatical, aunque el uso del presente o del imperfecto es poco frecuente. El participio pasado funciona como adjetivo en esta construcción: concuerda en número y género con el sujeto. No es necesario incluir la frase **por** + *agente* a menos que se quiera identificar al agente. Presente o no en la frase, el agente queda implícito en la estructura de la voz pasiva: el lector comprende que *alguien* o *algo* es responsable de la acción.

Ejercicios

A. Convierta a la voz pasiva con **ser**.

1. El dueño vendió la casa.

2. Los relámpagos encendieron los árboles.

3. Felipe devolverá el regalo.

4. Los criados habían preparado la cena.

5. Los cristianos vencieron a los moros.

6. La clase ha presentado varias obras de García Lorca.

B. Complete las siguientes oraciones con expresiones pasivas.

1. Mi libro favorito...

2. Nuestro mejor presidente...

3. La Tercera Guerra Mundial...

4. Mi pintura favorita...

5. El aparato más útil de este siglo...

Restricciones sobre el uso de la voz pasiva con *ser*

Hay tres restricciones sobre el uso de la voz pasiva en español que la distinguen de la voz pasiva en inglés.

1. Generalmente los verbos de percepción (**ver, oír, escuchar, sentir,** entre otros) no se usan en la voz pasiva con **ser**. Tampoco se acostumbra usar en la voz pasiva con **ser** los verbos de emoción (**querer, odiar, temer,** etcétera).

2. No se puede construir una oración pasiva con un tiempo progresivo (**estar** + participio presente).

3. Sólo el complemento directo (C.D.) de un verbo activo puede ser el sujeto (S.) o recipiente (R.) de una oración pasiva con **ser**.

C.D.

María escribió **la carta.**

↓

La carta fue escrita por María.

S./R.

No obstante, si hay un complemento indirecto (C.I.) en la misma oración, ya no es posible construir una oración pasiva con el complemento directo.

C.I.   C.D.

María **le** escribió **la carta**

↓

***La carta** le fue escrita por María.

Si se quiere dar más énfasis al complemento directo, es posible hacerlo con una oración activa en la cual el complemento directo ocurre dos veces.

María le escribió **la carta.**

↓

La carta se **la** escribió María. (varo)

Mi tío me regaló **este suéter**.

↓

Este suéter me **lo** regaló mi tío.

El complemento indirecto nunca puede ser el sujeto/recipiente de una oración pasiva. En este caso la oración activa no admite otra alternativa.

C.I.

Jorge le dio un regalo a **Inés**.

↓

*__Inés__ fue dada un regalo por Jorge.

ORACION ACTIVA	ORACION PASIVA INACEPTABLE	ALTERNATIVA
Los estudiantes odiaron el libro.	*El libro fue odiado por los estudiantes. (*verbo de emoción*)	oración activa
El niño estaba cantando los villancicos.	*Los villancicos estaban siendo cantados por el niño. (*forma progresiva*)	oración activa
El profesor les mostró las diapositivas.	*Las diapositivas les fueron mostradas por el profesor. (*presencia de un complemento indirecto*)	Las diapositivas se las mostró el profesor.
Guadalupe le compró el vestido a Patty.	*Patty fue comprada el vestido por Guadalupe. (*recipiente es un complemento indirecto*)	oración activa

Ejercicios

A. Determine cuáles de las oraciones a continuación no se pueden expresar en la voz pasiva con **ser** e indique por qué.

1. El maestro me dio el libro.

2. Oyeron la campana a medianoche.

3. El niño pronunció la palabra.

4. Los Maldonado compraron el barco.

5. El mesero estaba escribiendo el menú.

6. Quieren a Magdalena.

7. Los soldados perdieron la batalla.

8. El guardia abrió el banco.

   9. Ya hablaron con el presidente.

  10. Fernando encontrará el gato.

B. Convierta a la voz pasiva con **ser** todas las oraciones del ejercicio anterior que se presten a esta construcción.

C. Exprese las siguientes ideas en español. *Atención:* no es posible usar la voz pasiva con **ser** en todos los casos.

   1. The children were given milk and cookies.

   2. Milk and cookies were given to the children.

   3. The Constitution is being revised by the Congress this year.

   4. The Constitution was drafted in 1787.

   5. These plates were made by hand (**a mano**) by the Indians of Guatemala.

   6. The film was seen by more than two million people.

   7. Many buildings were destroyed by the storm (**la tempestad**).

   8. Clothing and medicine were sent to the poor.

   9. The chair was broken by the fat man.

  10. The grain was harvested (**cosechar**) in the fall.

II. La voz pasiva refleja

En español, las muchas restricciones impuestas sobre el uso de la voz pasiva con **ser** impiden que se use con frecuencia en la lengua hablada y limitan también su uso en la lengua escrita. En cambio, la voz pasiva refleja se usa mucho—tanto en la lengua hablada como en la escrita—para expresar aquellas acciones en que no existe un agente específico o el agente no es parte esencial del mensaje.

VOZ PASIVA REFLEJA	ANALISIS
El agua **se compone** de oxígeno e hidrógeno. *Water is composed of oxygen and hydrogen.*	No existe un agente específico en este caso.
~~La pasiva con~~ *ser* ~~no se usa con frecuencia.~~ *The passive with ser is not used frequently.*	El agente—o sea, quien usa o no usa la pasiva—no es parte esencial del mensaje.

Aquí se habla inglés.

[nota manuscrita: Construcción refleja ↓ no hay agente.]

Como ya se hizo notar, aunque el agente no siempre se menciona en la construcción pasiva con **ser**, su presencia siempre se implica. En cambio, en la construcción refleja no hay ningún agente involucrado, ya sea implícita o explícitamente. Compare los ejemplos siguientes:

PASIVA CON **SER**	PASIVA REFLEJA
El vaso **fue roto.** (*Se sobreentiende que alguien o algo, aunque no identificado aquí, lo rompió.*)	El vaso **se rompió.** (*No implica la presencia de agente alguno.*)
Los libros **fueron escritos** en el siglo XV. (*Hay un autor implícito.*)	**Se escribieron** los libros en el siglo XV. (*El agente no es parte importante del mensaje:* **libros** *es el foco de interés.*)

La pasiva refleja se construye con el pronombre reflexivo **se** más la tercera persona de la voz activa del verbo. Cuando el sujeto/recipiente (S./R.) es una cosa (un ente inanimado) el verbo concuerda en número con el sujeto/recipiente. Cuando el sujeto/recipiente es un ente animado (una persona o un animal específico), le precede la preposición **a**, y el verbo se conjuga en singular.

[nota manuscrita: sujeto/objeto ← el sujeto/recipiente]

PASIVA CON ENTE INANIMADO	ANALISIS
Se **abren las puertas** a las cinco.	s./R. plural → verbo plural
Antes no se **comía carne** los viernes.	s./R. singular → verbo singular
¿Ya no se **ofrecen tapas** a los clientes?	s./R. plural → verbo plural
Se **bebe vino blanco** con el pollo, ¿no?	s./R. singular → verbo singular

[notas manuscritas: - En España se ve muchos turistas. EXC. - Se habla varias lenguas aquí. - Se escucha todas las emisiones de radio aquí. ↓ Casi idiomáticas]

PASIVA CON ENTE ANIMADO	ANALISIS
Se **ve a los niños** desde la ventana.	s./R. animado → preposición **a** + verbo singular
No se **debe** hablar **al guardia**.	s./R. animado → preposición **a** + verbo singular
En esta barra se **ataba a los caballos.**	s./R. animado → preposición **a** + verbo singular

[nota manuscrita: En esta barra se atan los caballos. no es voz pasiva.]

Ejercicios

A. Convierta a la voz pasiva refleja.

1. Vieron al soldado. *Se vio al soldado*
2. Hablan español aquí. *Se hable esp. aquí*
3. Vendieron más autos este año que el año pasado. *Se vendieron + autos.*
4. ¿Traerán más comida mañana? *Se traerá + comida mañana*
5. No entienden a los inmigrantes. *No se entiende a la imprs*
6. Visitaron los museos. *Se visitaron la museos*
7. Visitaron a los enfermos. *Se visitó a los enf.*

B. Exprese las siguientes oraciones en español, escogiendo la voz pasiva con **ser** o la voz pasiva refleja según sea apropiado.

1. These books were bought by John.
2. Several watches were bought with the money that was received.
3. Many things were said that day that will never be forgotten.
4. The soldiers were paid after the arms were obtained.
5. The pedestrian (**peatón**) was killed by the car.
6. The men were observed through the mirror.
7. The chicks were incubated (**incubar**) electronically.

Restricciones sobre el uso de la voz pasiva refleja

En la mayoría de los casos, cuando no se acepta la voz pasiva con **ser**, la voz pasiva refleja sí es aceptable.

Verbo de percepción:	**Se vio** la película varias veces.
Verbo de emoción:	Es obvio que **se quiere** mucho a Doña Amalia.
Tiempo progresivo:	**Se está usando** menos petróleo últimamente.
Complemento directo con un complemento indirecto presente:	**Se le dijeron** las palabras mágicas.

Sólo hay dos restricciones sobre el uso de la voz pasiva refleja.

1. El complemento indirecto no puede ser el sujeto/recipiente de una construcción pasiva refleja. En este caso las alternativas son o una oración activa o una oración pasiva refleja en que el complemento directo sea el sujeto/recipiente de la acción.

2. No se debe usar la voz pasiva refleja si el agente queda mencionado explícitamente en la oración. En este caso es preferible el uso de la voz pasiva con **ser**.

ORACION ACTIVA	ORACION REFLEJA INACEPTABLE	ALTERNATIVA
Mandaron las flores a Inés. *c.i.*	*Se mandó a Inés las flores. *no puede ser s/recip.*	Se mandaron las flores a Inés. (*El complemento directo es el s./R.*)
Los niños rompieron la taza.	*Se rompió la taza por los niños.	La taza fue rota por los niños. (*voz pasiva con* **ser**)

(handwritten) A los niños se les rompió la taza

(handwritten) [A Inés se le mandaron las flores] s/recip.

Ejercicio

Exprese las siguientes ideas en español. *Atención:* Hay que escoger entre la voz pasiva con **ser** y la pasiva refleja; no es posible usar una construcción pasiva en todos los casos.

1. The children were given special help in the afternoons.

2. These stories were read last semester; what is being read this term?

3. During the holiday season (**fiestas**), the houses will be decorated and traditional foods will be prepared by the women of the village.

4. Nothing like that had ever been seen before.

5. The government was toppled (**derribar**) by leftist forces (**las fuerzas izquierdistas**).

6. This sweater was made for me by my grandmother.

7. All of my friends were invited to the party; even Puccini the dog was invited!

8. The invitations were sent out on Friday.

9. The sun and the moon have always been worshipped (**adorar**) by primitive peoples.

10. The rest of the money has not been discovered.

IV. La reflexiva impersonal

La reflexiva impersonal es una construcción que equivale a las construcciones indefinidas inglesas *one, they, it* y *you* coloquial. Utiliza el pronombre reflexivo **se** y el verbo en tercera persona singular. Uno de los usos más importantes de la reflexiva impersonal es su empleo para dar un tono formal y objetivo a un escrito: reemplaza las expresiones informales como **mucha gente, las personas** y evita el uso de un pronombre personal: **Ud.** piensa, **tú** sabes.

REFLEXIVA IMPERSONAL	ANALISIS
Se piensa que el hombre murió en la guerra. *It is believed [they believe] that the man died in the war.*	El sujeto es general, impersonal— no se refiere a ninguna persona o grupo en particular.
Se vive bien ahí. *People [one, you] live well there.*	Aquí también el sujeto no es una persona específica, sino un sujeto general, impersonal.
Primero **se va** a la derecha y luego **se va** a la izquierda. *First you go to the right and then you go to the left.*	El sujeto no se refiere a una persona determinada [**Ud.**] sino a cualquier persona.

Ejercicios

A. Exprese en español usando la construcción reflexiva impersonal.

1. One can see the moon from here.
2. People think that Tom is a genius.
3. A lot is heard about war and violence.
4. They say that she is his mother.
5. It is the classic dilemma: You don't ask questions because you don't know enough to know what you don't understand.
6. You can't learn unless you practice.

B. Examine las siguientes oraciones. Reemplace los sujetos personales informales con el **se** impersonal y haga todos los cambios que sean necesarios en el verbo. Comente los cambios de sentido que estos reemplazos sugieren.

1. Tú sabes que el dinero es una fuerte motivación: tú no haces nada sin recompensa.

2. Mucha gente dice que esas personas no pueden resolver el problema.

3. Ellos no han puesto suficiente énfasis en los estudios científicos.

4. Cada año la gente recibe más ayuda del gobierno y cada año la gente necesita aún más.

5. Ud. debe usar la voz pasiva si no tiene un sujeto específico para la oración.

Tercer paso: Revisión de los aspectos gramaticales estudiados en los capítulos anteriores

Después de revisar los usos de la voz pasiva con **ser**, la voz pasiva refleja y la construcción reflexiva impersonal, revise también: 1) el uso de **ser** y **estar** y 2) el uso del pretérito y del imperfecto.

Cuarto paso: Revisión de la ortografía

Después de revisar los aspectos gramaticales estudiados, repase lo escrito, buscando los errores de acentuación y de ortografía.

Quinto paso: Redacción de la versión final

Escriba una versión final de su trabajo ya con las correcciones y los cambios necesarios.

La definición

Antes de redactar

LA EXPOSICION CON BASE
EN LA DEFINICION

A la exposición que define se le da el nombre de *definición*. Definir, según el *Diccionario de la lengua española* de la Real Academia, es «fijar con claridad, exactitud y precisión la significación de una palabra o la naturaleza de un concepto». Por lo general, se usan definiciones breves en cualquier tipo de ensayo para aclarar algún término o concepto que se considere que el lector pueda desconocer. En este caso, además de aclararle el tema al lector, ayuda al escritor a fijar los límites del asunto que trata.

En contraste, en una definición extendida el autor pretende informar al lector sobre la naturaleza de una entidad o de un concepto global y no sobre el significado de una sola palabra. La definición contesta la pregunta: «¿Qué es?» y también busca explicar los aspectos que le dan su carácter único o especial.

Para escribir una definición, ya sea ésta breve o extendida, pueden utilizarse cuatro técnicas diferentes.

Técnica 1: El uso de clase + diferenciación

En esta estructura se sitúa el concepto dentro de una *clase*, por ejemplo: *El perro es un animal* y luego se explica en qué sentido(s) este concepto se diferencia de otros de la misma clase. El cuadro que se incluye a continuación contiene varios ejemplos de esta técnica.

PALABRA	CLASE	DIFERENCIACION
Matrimonio	Relación humana	Tiene fundamento legal y religioso, y existe exclusivamente entre un hombre y una mujer.
Compadrazgo	Relación humana	Tiene fundamento social y religioso, y existe entre los padres de una criatura y su(s) padrino(s).
Hermandad	Relación humana	Parentesco de sangre que existe entre seres que comparten uno o ambos padres.

Técnica 2: El uso de la ilustración

La ilustración puede ser muy breve, limitándose a nombrar sólo unos ejemplos específicos del concepto, o más extensa, hasta llegar a la narración de un episodio que ejemplifique lo que se está definiendo.

Ejemplos: *El poema del Mío Cid, Beowulf* y *La Chanson de Roland* son ejemplos del poema épico.

No hay mejor explicación del *narcisismo* que el mito griego del cual el término se deriva. Narciso era un joven conocido por su gran belleza física. Habiendo rechazado el amor de varias ninfas, se vio un día reflejado en las aguas de un río. Se enamoró de sí mismo y por fin murió sin poder apartar la mirada de las aguas que reflejaban su propia imagen.

Técnica 3: El uso de sinónimos

Esta manera de definir se parece mucho a la técnica que se usa en los diccionarios. En las obras menos formales, sin embargo, el autor tiene que hacer el esfuerzo de usar sinónimos comunes o de fácil comprensión para el lector a quien se dirige.

Ejemplos: Fundar es edificar o establecer.

Un ángulo es la abertura formada por dos líneas que parten de un mismo punto llamado vértice.

Al utilizar esta técnica es importante evitar el uso de frases como «es cuando» o «es donde»; conviene definir un sustantivo con otro sustantivo.

No: La paranoia es cuando una persona piensa que otros le están persiguiendo insistentemente.

Sino: La paranoia es un desorden mental que se caracteriza por un complejo de persecución.

Tampoco se debe construir una definición que contenga formas derivadas de la misma palabra que se define.

No: La censura es el proceso de censurar selecciones lingüísticas o visuales o aquellas partes de las mismas que puedan ofender la sensibilidad del que censura.

Sino: La censura es el proceso de eliminar o quitar selecciones
lingüísticas o visuales o aquellas partes de las mismas que
puedan ofender la sensibilidad de una comunidad
específica.

Técnica 4: El uso de la etimología

Este tipo de definición explica el origen o la historia de un término con el
fin de mostrar su significado original y cómo éste pudo haberse modificado
a través del tiempo.

Ejemplo: **caballero:** persona de alguna consideración o de buen
porte (antiguo, soldado de a caballo, del latín *caballa-
rius*, que cabalga o va a caballo)

A pesar de sus diferencias, todas estas técnicas para desarrollar una
definición comparten un mismo propósito: aclarar y concretizar un concepto para hacer más fácil su comprensión al lector.

Vocabulario útil

Las palabras y expresiones que se incluyen a continuación se utilizan con
frecuencia al escribir una definición.

VOCABULARIO PARA DEFINIR	
aclarar	
ejemplificar	
especificar	
el (la) ____ consiste en ____	se conoce popularmente
consta de ____	como ____
es de (color, forma,	se emplea en ____
tamaño, apariencia)	se parece a ____
____	significa, quiere decir ____
es originario	sirve para ____
(originaria) de ____	sugiere ____
se caracteriza por	
____	

MODELOS Y ANALISIS

MODELO I	Las algas

Las algas son plantas que viven en el agua. Pertenecen al tipo de vegetales conocidos con el nombre de talofitas. Carecen de tejidos y de órganos. Su cuerpo está constituido por el talo, el cual desempeña las funciones de nutrición y reproducción.

Las algas están provistas generalmente de clorofila. Esta se encuentra enmascarada por sustancias colorantes que comunican a las algas su color, siempre distinto del verde. Son de color azul, pardo, amarillo y rojo.

Algunas algas viven en lugares húmedos, pero la mayor parte de ellas vive en el agua, tanto salada como dulce, a profundidades variables, pero inferiores a los cuatrocientos metros. El mar de los Sargazos, en la mitad del Océano Atlántico, está formado por conglomerados de algas que, arrastradas por la corriente del Golfo, se estacionan en una zona de calma.

Hay algas comestibles; en Oriente se consumen grandes cantidades de algas rojas desecadas, que, aunque son escasamente nutritivas, contienen gelatinas que se usan en sopas, confituras y mermeladas. Algunas variedades de algas también se usan como abono, mientras que otras tienen la propiedad de segregar una sustancia que mata las larvas de los mosquitos y que permitirá luchar eficazmente contra estos transmisores de la fiebre amarilla y del paludismo.

(Adaptada de <u>Curiosidades y ejemplos</u>, Santiago Hernández Ruiz)

Tema

Se trata de lo que son las algas.

Propósito

En este caso, como en casi todos los ejemplos de exposiciones que definen, el propósito es explicar o simplemente definir.

Organización

En este caso, la definición no forma parte de una exposición, sino que la exposición es, en sí, una definición extendida que consta de cuatro párrafos. Los detalles de su organización se presentan en el siguiente esquema:

Párrafo 1:	Definición: utiliza la técnica de clase + diferenciación
Párrafo 2:	Extensión de la diferenciación: las algas no son verdes
Párrafo 3:	Los lugares en donde se encuentran las algas
Párrafo 4:	Los usos de las algas

Punto de vista y tono

Aquí el tono es absolutamente neutral. No se alcanza a adivinar la actitud del escritor hacia el tema ni su actitud hacia el lector. Se trata sencillamente de una presentación objetiva hecha en tercera persona. Después de leer el siguiente modelo, analice su estructura utilizando las preguntas que se incluyen al final.

MODELO II	La tecnología educativa o pedagógica

Un concepto tan complejo como el de la tecnología educativa o pedagógica requiere una definición igualmente compleja. La siguiente definición—con todas sus partes—se presenta como conjunto indivisible; ninguna de estas partes constituye por sí sola una definición adecuada de la tecnología educativa.

Primeramente, la tecnología educativa o pedagógica es un proceso integrado y complejo que reúne ideas, instrumentación, planes y organización con el esfuerzo humano para analizar, identificar, implementar y evaluar soluciones a los problemas que se relacionan con todos los aspectos del aprendizaje en el ser humano. En la tecnología educativa, las soluciones a estos problemas son todos aquellos recursos que se han diseñado, seleccionado o utilizado para llevar a cabo el aprendizaje mismo. La tecnología educativa es una teoría sobre la identificación y resolución de los problemas que afectan el aprendizaje, un ramo académico e intelectual que se dedica a la aplicación de procesos integrados y analíticos para solucionar las dificultades que surgen, y una profesión que lleva a cabo un esfuerzo organizado para implementar la teoría, técnica intelectual y aplicación práctica de la tecnología educativa.

La tecnología educativa o pedagógica no debe confundirse con «la tecnología en la educación». Esta última es la aplicación de la tecnología a cualquiera de los procesos que se desempeñan en el funcionamiento de los planteles en que se lleva a cabo la instrucción académica. Incluye la aplicación de la tecnología a la organización de los servicios alimenticios, de los servicios relacionados a la salud estudiantil, de la planificación de horarios y de la administración, cuantificación y archivo de las calificaciones. El uso de la tecnología en la educación no es lo mismo que la tecnología educativa.

Con frecuencia también se confunde la tecnología educativa o pedagógica con la tecnología instructiva. La tecnología instructiva es una subdivisión de la tecnología educativa. Tiene como objetivo el analizar, crear, implementar, evaluar y administrar las soluciones a aquellos problemas que se encuentran dentro de contextos en los cuales el aprendizaje tiene un propósito claro y funciona como actividad controlada. Por ejemplo, un laboratorio de lenguas es un tipo de tecnología instructiva, el cual soluciona el problema con que se encuentra el profesor de lenguas cuando intenta corregir la pronunciación de 30 estudiantes en una misma clase. La tecnología instructiva que utiliza la grabación magnetofónica y la capacidad de enfocar la producción de un solo estudiante a la vez, le permite al profesor dar atención individual a problemas distintos en el aprendizaje de una lengua extranjera.

En contraste, la tecnología educativa funciona dentro de lo que se puede llamar educación en su sentido más amplio. Se define como teoría ya que lo es dentro de los criterios normales, los cuales incluyen: la existencia de un fenómeno a explicar, la explicación, el resumen, la orientación, la sistematización, la identificación de lagunas, la generación de estrategias para la investigación y la existencia de un número de principios básicos. Se define como ramo académico e intelectual porque consta de técnicas únicas para la aproximación a los problemas del aprendizaje; y se define como profesión ya que establece las pautas para el entrenamiento y la certificación de las personas que llevan a cabo el trabajo de la tecnología educativa en sus varios enfoques y dimensiones.

Tema

¿Cuál es el tema de este escrito?

Propósito

¿Cuál es el propósito de este escrito? ¿A qué tipo de lector cree Ud. que va dirigido? ¿Qué información o conocimiento supone el escritor que posee el lector?

Organización

¿Cuántos párrafos contiene este escrito? ¿Cómo se utilizan? ¿Qué estructura tiene esta definición? ¿De cuántas partes consta? ¿Qué función tienen estas partes?

PENSANDO EN EL LECTOR: LA ORGANIZACION DEL ESCRITO

El escritor tiene que anticipar las preguntas de su lector, no sólo en cuanto a la información que incluye en su escrito, sino también con respecto a su organización. Para asegurar que el lector comprenda la relación entre una idea y otra y que aprecie la relativa importancia de las varias ideas (cuál es la idea principal y cuáles son las ideas de apoyo), el escritor le deja al lector una serie de indicaciones o señales retóricas. Estas incluyen, por ejemplo, las frases de introducción y de transición que se estudiarán en el próximo capítulo. Otro recurso del escritor es establecer una organización clara dentro de cada párrafo de su escrito. Algunas de estas técnicas de organización se presentan a continuación.

La organización del párrafo

Un párrafo consiste en una serie de oraciones relacionadas entre sí y que tratan el mismo tema. El párrafo se considera la unidad básica del escrito. Al dividir una exposición en párrafos, el escritor indica al lector que cada una de estas subdivisiones presenta una idea diferente. Esta división tiene utilidad práctica para el escritor, ya que le obliga a agrupar todas las ideas que tratan de un mismo aspecto del tema y a separar aquéllas que no se relacionan. También es útil para el lector porque le facilita la comprensión de lo que lee.

Un párrafo bien escrito consta de tres características esenciales:

1. Habla de un solo aspecto de un tema general.

2. Expresa en una oración temática la idea principal que se enfoca.

3. Contiene oraciones que desarrollan la idea principal expresada por la oración temática, formando así una unidad coherente.

La oración temática

Las oraciones de un párrafo enfocan o explican la idea principal de éste. Esta idea principal se presenta generalmente en una oración a la cual se le da el nombre de *oración temática*.

En una exposición, la oración temática de cada párrafo habla de un *solo* aspecto del tema general que se comenta. Por ejemplo, si escribiéramos una exposición de varios párrafos que tratara de la estructura de la Comunidad Económica Europea, podríamos organizarla como sigue.

Tesis de la exposición:	La Comunidad Económica Europea está formada por cuatro instituciones básicas: la comisión, el consejo de ministros, el parlamento europeo y el tribunal.
Párrafo 1, Oración temática:	La comisión es el cuerpo ejecutivo de la Comunidad y tiene dos funciones principales.
Párrafo 2, Oración temática:	El consejo de ministros complementa la función de la comisión.
Párrafo 3, Oración temática:	El parlamento europeo no es un cuerpo legislativo.
Párrafo 4, Oración temática:	El tribunal tiene poderes exclusivos.

Cada uno de los párrafos de esta exposición habla de uno de los aspectos que se señalaron en la tesis. La oración temática de cada párrafo se limita a presentar una sola idea; en este caso habla de *una* de las cuatro instituciones de la Comunidad.

Una oración temática, entonces, limita el tema que se va a tratar en un párrafo, y a la vez, permite al lector determinar el contenido del conjunto.

La mayoría de los párrafos empiezan con una oración temática, aunque a veces ésta se expresa en dos o más oraciones. En algunos casos también aparece al final del párrafo como resumen del mismo. Con gran frecuencia, los escritores de mucha experiencia no incluyen una oración temática como tal. Organizan sus párrafos utilizando una *idea* temática, pero no la expresan. En estos casos es posible adivinar cuál sería la oración si se hubiera incluido.

Al escritor de menos experiencia se le recomienda siempre elaborar oraciones temáticas para cada uno de sus párrafos. Así podrá examinar su estructura y determinar la función de cada oración de apoyo.

La unidad en el párrafo

El párrafo debe reflejar una unidad de pensamiento. Es decir, cada una de sus oraciones debe mantener una relación estrecha con la idea principal que se intenta presentar. Esta idea, expresada a través de la oración temática, contiene un resumen de lo que tratará el párrafo en su totalidad.

En el ejemplo que se presenta a continuación se encuentra subrayada la oración temática. Note cómo todas las oraciones contribuyen a desarrollar esta idea principal.

> **(1)** <u>Hay varias razones por las cuales algunos estudiantes sacan malas calificaciones.</u> **(2)** Muchos estudiantes simplemente no estudian bastante. **(3)** Pierden demasiado tiempo en otras actividades y rara vez se acercan a los libros. **(4)** Algunos, aunque pasan mucho tiempo estudiando, no logran identificar los aspectos importantes de la materia. **(5)** Ponen demasiado interés en detalles insignificantes. **(6)** Otros estudiantes no quieren investigar, aprender o estudiar más de lo que se requiere para salir aprobados. **(7)** No se esfuerzan en sobresalir.

En este párrafo, cada una de las oraciones contribuye a la presentación de la idea principal. Las oraciones **2** y **3** hablan de una de las razones por la cual los estudiantes sacan malas calificaciones: no estudian. Las oraciones **4** y **5** exponen otra razón: la falta de identificación de los aspectos importantes de la materia. Finalmente, las oraciones **6** y **7** presentan una tercera razón: la falta de interés en sobresalir. Cada una de las oraciones de este párrafo enfoca el tema. Se mantiene, pues, una unidad en el párrafo.

El párrafo que sigue no mantiene esta misma unidad. Note que aunque la oración temática indica que se hablará de los diferentes tipos de romances, algunas oraciones se apartan de este tema.

> **(1)** <u>Hay diferentes tipos de romances españoles.</u> **(2)** Estos son composiciones poéticas escritas en versos de ocho sílabas con rima asonante. **(3)** Los romances viejos se dividen en romances históricos, fronterizos y moriscos, y romances caballerescos. **(4)** Todos éstos se caracterizan por su anonimato y fragmentarismo. **(5)** Los romances antiguos se relacionan con las crónicas y son producto del siglo XVI. **(6)** Los romances descienden de las antiguas gestas. **(7)** Los romances artísticos fueron escritos por poetas de los siglos XVI y XVII.

En este párrafo hay dos oraciones, la **2** y la **6**, que no se relacionan con la oración temática. La oración **2** podría ser parte de un párrafo que presentara una definición del romance como tal. La oración **6** lógicamente pertenecería a un párrafo que hablara sobre los orígenes del romance. Para mantener la unidad de este párrafo, sería necesario limitar su contenido a la presentación de los diferentes *tipos* o *clases* de romances.

ESTRATEGIAS DEL ESCRITOR: COMO MANEJAR LAS DIFICULTADES EN EXPRESARSE

Tanto los escritores con mucha experiencia como los menos expertos pueden encontrarse con dificultades al tratar de comunicar sus ideas por escrito. Lo que suele distinguir a los dos grupos es la manera en que manejan estas dificultades. Las investigaciones sobre el proceso de la redacción indican que los escritores inexpertos utilizan estrategias ineficientes e incluso contraproducentes para escribir, las que en efecto intensifican sus problemas. Por ejemplo, los escritores con poca experiencia se aproximan a la redacción con una actitud perfeccionista; tienden a abordar la tarea de escribir insistiendo en «hacerlo bien de una vez». Estos escritores muchas veces pasan tanto tiempo tratando de encontrar la palabra precisa, redactando y volviendo a redactar cada oración, que terminan abandonándolo todo. Para los escritores que usan una segunda lengua o lengua extranjera, la sensación de que no saben suficientemente bien el idioma o de que carecen del vocabulario adecuado para escribir bien puede ser muy intensa. No obstante, *el preocuparse por la corrección gramatical, por cosas como si se usa o no la palabra exacta, es de poca utilidad en las primeras etapas del proceso de redacción.* De hecho, cuando los escritores se concentran demasiado en la forma de lo escrito con frecuencia pierden el hilo de lo que realmente quieren decir.

A continuación se dan algunas estrategias que pueden ayudar al escritor principiante a manejar las dificultades que se le presenten al intentar expresar lo que piensa.

1. ***La redacción de un texto bilingüe.*** Cuando se está escribiendo y no se puede encontrar la palabra o la expresión en español que se quiere, es preferible utilizar el inglés en vez de detenerse a buscar la palabra en un diccionario. Lo más importante es dejar fluir las ideas. Siempre es posible corregir y cambiar una palabra inglesa al terminar de escribir, pero no es tan fácil volver a captar una idea que se ha escapado de la mente mientras se busca el diccionario.

2. ***El uso de los comodines.*** Cuando se está escribiendo y la palabra *exacta* se escapa, conviene utilizar un «comodín». Un comodín, en la redacción, es una palabra que no encaja perfectamente o que no expresa precisamente lo que se quiere, pero que por el momento puede servir de relleno. A veces un comodín puede ser una sola palabra («cosa»), pero también puede ser una frase que le recuerde al escritor incluir algo que falta, por ejemplo, «aquí necesito un ejemplo específico». El comodín llena el vacío en la oración o en el párrafo y le permite que siga escribiendo sin interrumpir el curso de sus ideas. Y, claro está, la redacción se puede pulir más tarde.

3. ***La redacción de las ideas en el orden en que se le ocurren al escritor.*** Si un escritor no puede crear una introducción a su escrito y sin embargo tiene varias ideas para el párrafo siguiente, conviene que empiece allí en vez de que espere a que le llegue la inspiración para el encabezamiento. Si mientras trabaja en la conclusión se le ocurren ideas para una introducción de gran impacto, no debe hacerlas a un lado. Conviene anotar estas ideas cuanto antes, quizás solamente como notas en el margen, y luego continuar escribiendo. No debe descartarse una buena idea sólo porque «llegó fuera de turno».

ANTES DE ESCRIBIR: EJERCICIOS

A. *Trabajo en pequeños grupos.* Divídanse en grupos de cuatro.

1. Escojan tres de los temas que aparecen a continuación y escriban *cuatro* definiciones para cada uno de ellos. Utilicen una de las cuatro técnicas de desarrollo al escribir cada definición.

   Temas:

El nepotismo	El machismo
el feminismo La novela	El pánico
Halloween	La cultura
El existencialismo	La censura
La agresividad	La ciencia ficción
El liberalismo	Los mamíferos

2. Lean una o dos de sus definiciones a los otros grupos. Estos identificarán el tipo de técnica que Uds. utilizaron al desarrollar la definición.

3. Entre los temas elegidos por su propio grupo, escojan uno para desarrollarlo como sigue.

   a. Escriban una oración temática.

   b. Anoten ideas que se relacionen con el tema.

   c. Decidan cuáles apoyan la oración temática.

   ch. Preparen una lista de ideas de apoyo en el orden en que se usarían al escribir una definición.

B. *Trabajo en parejas o trabajo de la clase entera*

1. Escriba una oración temática para los siguientes párrafos. Ponga atención a los detalles de apoyo antes de escribirla. Compare su oración con la de su pareja y opine cuál de las dos es la mejor.

   a. _____. El mayor terminó sus estudios universitarios este año. Siguió el programa de arquitectura durante los últimos tres años y ahora piensa buscar empleo en Texas. La menor también está asistiendo a la universidad, pero todavía le falta un año para terminar. Estudia sicología y tendrá que hacer estudios graduados antes de poder encontrar un buen trabajo. Estoy muy orgulloso de los dos.

   b. _____. Es posible llorar una hora y reírse a carcajadas en la próxima. Una hora se podrá aprender algo de historia y luego habrá un concierto. Todo esto en su propia casa, sin tener uno que vestirse y salir. ¡Qué más se puede desear!

c. _____. Hay volúmenes y volúmenes por todos lados. Hay libros, revistas, periódicos, discos, cintas magnetofónicas y archivos de manuscritos antiguos. No hay tema que uno no pueda investigar. Todo estudiante puede servirse de ella, no sólo para buscar libros, sino para estudiar, y aun para conocer a otros. Si no tienen lo que uno necesita, se lo pueden pedir a otra universidad.

2. Después de leer los párrafos que se dan a continuación, coméntelos con un compañero haciéndose estas preguntas:

- ¿Está completo el párrafo?
- ¿Tiene unidad? ¿Hay una idea central?
- Si no, ¿qué se pudiera eliminar? ¿Qué ideas se pudieran agregar?
- ¿Se han presentado las ideas en un orden lógico?

a. El amor no tiene el mismo significado para todos. Hay personas que usan esta palabra sólo para referirse al amor romántico entre dos personas. No puede una vivir sin la otra. También hay quienes extienden el significado hasta incluir la amistad y la caridad. Estos últimos tienen la definición más amplia de todas. Para otros, el amor tiene un significado un poco más extenso: además del amor romántico, incluye el amor familiar.

b. La rosa es una flor que se halla en varios tamaños y colores. Hay rosas tan pequeñas que cuando se abren no miden más de media pulgada. Estas miniaturas son bastante raras. Es difícil cultivarlas. La mayoría de los rosales crecen hasta tres o cuatro pies de alto y sus flores, cuando están abiertas, miden cerca de tres pulgadas. Las rosas más grandes pueden llegar a medir de siete a ocho pulgadas. Lo más notable de una rosa es el color. Varía del blanco hasta un rojo tan obscuro que casi se cree que es negro. La rosa es verdaderamente una de las maravillas de la naturaleza.

c. El curso de sociología trata dos temas. Uno de ellos es la comunidad y el otro es la sociedad. Se explica qué es y cómo funciona. Se estudian varias comunidades para poder comprender cuáles son las semejanzas y las diferencias. Es un curso sumamente interesante.

3. Escoja uno de los temas que aparecen a continuación. Trabaje con un compañero siguiendo el proceso que se indica paso por paso. Al terminar, intercambien su trabajo con otro par de estudiantes y comenten el trabajo de ellos.

Temas: La democracia   La moda

La antropología   El plagio

El ateísmo   La filatelia

El *punk*   Las cruzadas

Los sueños   Las fiestas

La electricidad

a. Enfoquen el tema usando las técnicas que se estudiaron en el Capítulo 4. El tema enfocado debe incluir una definición como parte de la presentación del mismo.

b. Escriban una tesis.

c. Escojan el lector y el tono con que se le dirigirá el escrito.

ch. Escriban una definición utilizando una de las cuatro técnicas presentadas en este capítulo.

d. Escriban una oración temática para cada uno de los párrafos de apoyo y un mínimo de dos detalles que a su vez apoyen la oración temática.

La redacción

COMO SE ESCRIBE UNA EXPOSICION CON BASE EN LA DEFINICION

Para escribir una definición, así como cualquier otro tipo de exposición, se necesita seleccionar un tema. Al escribir la definición, ya sea sola o como parte de un ensayo más grande, lógicamente debe escogerse una idea, objeto o concepto que se preste para este tipo de presentación. Una definición contesta la pregunta «¿Qué es?».

Para escribir una exposición cuyo propósito sea definir, siga los pasos a continuación.

1. Seleccione un tema general que pueda tratarse contestando la pregunta «¿Qué es?».

2. Si es posible, limite el tema para enfocar un solo aspecto. Por ejemplo, si se selecciona como tema general «La computadora», el tema puede limitarse si se decide hablar exclusivamente sobre la microcomputadora.

3. Decida a quién dirigirá su exposición y anote ideas acerca de lo que su lector pueda saber ya del tema, de su probable actitud al respecto y del propósito que tendrá al leer su exposición. ¿Qué información buscará?

4. Escriba una tesis en la cual indique el término o concepto que intenta definir. Por ejemplo, si se va a hablar de la computadora, la tesis podría escribirse así:

> En la actualidad se oye hablar cada vez más de la computadora, de sus asombrosas capacidades y de su ilimitado número de usos y aplicaciones. Sin embargo, esta familiaridad con su uso no parece extenderse a la comprensión de su naturaleza y de lo que *es* una computadora realmente.

5. Escoja una técnica de definición y desarróllela seleccionando todos los detalles posibles para aclarar el concepto definido. Si se escogiera la técnica de clase + diferenciación, la definición podría escribirse así:

> La computadora es una máquina que tiene la capacidad de hacer cálculos numéricos a gran velocidad.

6. Escoja los detalles que han de desarrollar la definición. Estos formarán la base de los párrafos de apoyo. Por ejemplo, partiendo de la definición de la computadora, se pueden seleccionar los siguientes detalles para amplificarla:

   a. La computadora es una máquina electrónica.

   b. La computadora va mucho más allá que una máquina calculadora sencilla.

   Cada uno de estos detalles puede servir como oración temática de los párrafos de apoyo.

7. Escriba la definición utilizando el siguiente formato:

   Párrafo 1:   Incluye la tesis, o sea, la identificación del término (o términos) que se va a definir, con alguna indicación de que el propósito del ensayo es la definición del mismo.

   Párrafo 2:   La definición

   Párrafo 3:   Un detalle que desarrolle o amplíe la definición

   Párrafo 4:   Otro detalle

   Párrafo n: Conclusión

Tarea

Escriba la definición de algún concepto que Ud. haya estudiado ya. Este puede ser un concepto literario, un término científico o sociológico, o una idea histórica o filosófica. Siga estas indicaciones:

1. Haga de cuenta que Ud. habla de algo que el lector no conoce.

2. Informe al lector mediante una definición extensa acerca de lo que Ud. desea presentar.

3. Incluya *dos* detalles, que formarán *dos* párrafos de apoyo para ejemplificar su concepto.

Siga este formato en su composición:

1. La identificación de cada una de las partes: párrafo **1**, **2**, etcétera

2. La tesis subrayada e identificada

3. La oración temática de cada párrafo subrayada e identificada

La revisión

Primer paso: Revisión del contenido y de la organización

La organización del escrito en su totalidad

Revise la definición ya escrita mediante las siguientes preguntas.

- ¿Cuál es el tema de mi escrito?
- ¿Cuál es la tesis de mi escrito?
- ¿Cuál es mi propósito al redactar esta exposición?
- ¿Presenté la tesis en la introducción?
- ¿Indica la tesis el propósito del escrito?
- ¿Qué intento definir?
- ¿Utilicé una de las cuatro técnicas estudiadas para escribir la definición?
- ¿Qué técnica utilicé?
- ¿Incluí dos detalles de apoyo para ejemplificar el concepto?

- ¿Quién es el lector? ¿Lo tomé en cuenta al reunir/escoger los datos?

- ¿Resume la conclusión brevemente lo dicho?

- ¿Mantuve el mismo tono en todo el escrito?

La organización a nivel del párrafo

Examine cada uno de los párrafos del escrito mediante las siguientes preguntas.

- ¿Contiene cada uno de los párrafos una oración temática?

- ¿Se relacionan directamente todas las demás oraciones con la oración temática?

- ¿Cuántas oraciones contiene cada párrafo?

- ¿Contienen los párrafos oraciones superfluas, es decir, que contribuyan poco a reforzar la idea que expresa la oración temática?

- ¿He eliminado todas las oraciones superfluas?

Segundo paso: Revisión de los aspectos gramaticales

El uso del artículo definido

El artículo definido tiene forma masculina (**el**), femenina (**la**) y neutra (**lo**). Las formas masculinas y femeninas concuerdan en número con el sustantivo que modifican: **el** libro, **los** libros; **la** casa, **las** casas. La excepción a esta concordancia es el uso del artículo masculino singular ante un sustantivo femenino singular que empiece con **a** acentuada.

> **El águila** es bell**a**.   **El agua** está fría.

Note que el uso del artículo masculino no afecta la concordancia del sustantivo.

> **El hacha** buen**a** vale mucho.   Están en **el aula** pequeña.

Se usa el artículo femenino cuando el sustantivo es plural: **Las** águil**as** son bell**as**.

Se emplea el artículo neutro ante el adjetivo, el participio perfecto y el adjetivo posesivo para sustantivarlos (convertirlos en sustantivos).

> **Lo** bueno de esto es que nos   *The good thing about this is*
>   permite practicar.   *that it permits us to practice.*

Lo escrito presenta una historia de una época.

What has been written provides a history of an epoch.

Todo **lo** mío es tuyo.

Everything that is mine is yours.

Cuando el adjetivo ocurre con el artículo neutro, demuestra concordancia con el sustantivo a que se refiere.

Deberían de ver lo roj**as** que se pusieron **las** niñ**as**.

You should have seen how red the girls turned.

Por lo general, el artículo definido se usa más en español que en inglés. Estudie el cuadro a continuación donde se resumen los casos en que se usa o se omite el artículo definido.

EL ARTICULO DEFINIDO: USOS DE MAYOR FRECUENCIA	
Los usos	*Las omisiones*
1. Se usa ante un sustantivo empleado en sentido general.	Se omite cuando se implica *some, any, each* o *many.*
Con **el** dinero no viene **la** felicidad. *Happiness does not come with money.*	Necesito dinero para comprar carne. *I need (some) money to buy (some) meat.*
El ruido me molesta mucho. *Noise (in general) bothers me a lot.*	Siempre hacen ruido cuando juegan. *They always make (some) noise when they play.*
	Se omite después de las preposiciones **de** y **para** en frases que modifican un sustantivo.
	Es un estante **para libros**. *It is a bookcase.*
	La gorra era **de lana**. *The cap was made of wool.*
2. Se usa ante un sustantivo empleado en sentido específico cuando se modifica.	
Pago la matrícula con **el dinero que mis padres** me mandan. *I pay tuition with the money that my parents send me.*	
En **la España medieval** los nobles tenían más poder que el rey. *In medieval Spain the nobles had more power than the king.*	

EL ARTICULO DEFINIDO: USOS DE MAYOR FRECUENCIA *(continuado)*	
Los usos	*Las omisiones*
3. Se usa ante cada sustantivo en una serie. Pongan **los** libros, **los** papeles y **las** plumas en el suelo. *Put the books, papers, and pens on the floor.* Visitó **al** hermano y **al** padre de su amigo. *He visited his friend's brother and father.*	Se puede omitir el artículo si los sustantivos se refieren a una característica abstracta, o si los sustantivos se consideran una sola entidad. **La** belleza y talento de la artista impresionó a todos. *The beauty and talent of the artist impressed everyone.*
4. Se usa ante los sustantivos que se refieren a las partes del cuerpo y a las prendas de vestir. Miguel tiene **las** manos sucias. *Miguel's hands are dirty.* Tengo frío porque no traje **el** abrigo. *I am cold because I didn't bring my coat.*	Cuando existe una posibilidad de ambigüedad, se usa el adjetivo posesivo. Los niños miraron **mis** manos con fascinación. *The children looked at my hands in fascination.* **Tu** abrigo está en la silla; el **mío** está en el sofá. *Your coat is on the chair; mine is on the sofa.*
5. Se usa ante los títulos que indican posición social o profesión cuando se habla de una persona. **La** señora Morales no tiene hijos. *Mrs. Morales doesn't have any children.* Mi profesor favorito es **el** Dr. Sánchez. *My favorite professor is Dr. Sánchez.*	Se omite ante los títulos cuando se le habla *a* una persona. Sra. Morales, ¿cuándo pudiera Ud. venir a cenar? *Mrs. Morales, when could you come to dinner?* Gracias, Dr. Sánchez, por su ayuda. *Thank you, Dr. Sánchez, for your help.* Se omite ante los títulos **don**, **doña**, **Santo**, **Santa** y **San**. Fuimos a visitar a **don** Miguel. *We went to visit don Miguel.* **Santa** Clara es la patrona de este pueblo. *Saint Clara is the patron of this town.*
6. Se usa ante los nombres geográficos (mares, ríos, lagos, océanos, montañas, desiertos, etcétera). **El** Misisipí es larguísimo. *The Mississippi is very long.* En la frontera entre los dos países queda **el** lago Titicaca. *Lake Titicaca is located on the border between the two countries.*	Por lo general no se usa con los nombres de países y ciudades. Existe un pequeño número de países cuyos nombres suelen ir acompañados de un artículo definido (la Argentina, el Perú, los Estados Unidos, la China), aunque hoy se usan los artículos cada vez menos, especialmente después de las preposiciones.

(continuado)

EL ARTICULO DEFINIDO: USOS DE MAYOR FRECUENCIA *(continuado)*	
Los usos	*Las omisiones*
	Los Estados Unidos y **la** China acaban de normalizar sus relaciones. *The United States and China have just normalized their relations.* Salen **de** Perú y van **para** Estados Unidos. *They are leaving Peru and heading toward the United States.*
7. Se emplea ante un nombre propio modificado. **La** pequeña Susana viene también. *Little Susan is coming, too.* El uso de un artículo ante un nombre propio no modificado connota desprecio hacia esa persona. **La** Susana estuvo por aquí, ¿verdad? *That Susan was around here, right?* Se emplea **los** ante el apellido de una familia para referirse a sus miembros. **Los** Anaya ya no viven aquí. *The Anaya family (the Anayas) no longer live here.*	Por lo general se omite ante el nombre propio de una persona. Susana viene también. *Susana is coming too.*
8. Se usa ante los nombres de las lenguas. Pedro no comprende **el** griego. *Peter does not understand Greek.* Habla muy bien **el** francés. *She speaks French very well.*	Se omite cuando el nombre ocurre directamente después de las formas de **hablar**, **escribir**, **enseñar** y **aprender**, o después de las preposiciones **de**, **en** y **a**. Ese profesor enseña griego. *That professor teaches Greek.* El libro está escrito en francés. *The book is written in French.*
9. Se usa ante los nombres de los días de la semana, las estaciones del año y las expresiones para dar la hora. **El** domingo es el primer día de la semana. *Sunday is the first day of the week.* **El** otoño es mi estación favorita. *Fall is my favorite season.* Son **las** tres y media, ¿verdad? *It's three-thirty, right?*	Se omite cuando el nombre viene después de una forma de **ser** si no se modifica ni se habla de cuándo tiene lugar un evento. Si hoy es domingo, mañana será lunes. *If today is Sunday, then tomorrow must be Monday.* *Pero:* Hoy es **el** último domingo del mes. *Today is the last Sunday in the month.*

(continuado)

EL ARTICULO DEFINIDO: USOS DE MAYOR FRECUENCIA *(continuado)*	
Los usos	*Las omisiones*
	El examen es **el** martes. *The test is on Tuesday.* Se omite ante los nombres de los meses. Octubre y noviembre son meses del otoño. *October and November are fall months.*
10. Se usa ante los sustantivos de peso y medida. Las manzanas están a $0,69 **la** libra. *Apples are 69¢ a pound.* Mi tía compró esa tela a $7,99 **la** yarda. *My aunt bought that fabric at $7.99 a yard.*	Se omite cuando se refiere a una cantidad general, no específica. Venden las manzanas por libra. *They sell apples by the pound.* Mi tía compra telas por yarda. *My aunt buys fabric by the yard.*
11. Se usa en frases con **a**, **de**, **en** + **clase**, **casa**, **misa** si el sustantivo se modifica o si se refiere a una clase, casa o misa específica. Va a **la** misa **de las siete**. *She's going to the seven o'clock Mass.* El profesor está **en la clase**. *The professor is in the class. (A specific class has been mentioned previously.)* Los niños están jugando **en la casa**. *The children are playing in the house. (A specific house is being indicated.)*	En general se omite en frases con **a**, **de**, **en** + **clase**, **casa**, **misa**. Va a clase. *She's going to class.* Viene de casa. *He's coming from home.* Están en misa. *They're at Mass.*

Ejercicios

A. Agregue el artículo definido donde haga falta en las oraciones que siguen.

1. _____ perros son buenos compañeros para _____ niños.
2. Ella creía que _____ matrimonio ofrecía más seguridad.
3. En _____ inglés no hay tal palabra.
4. Mis tíos iban a visitar a _____ García.
5. Hay que cruzar _____ Atlántico para llegar a _____ Europa desde aquí.
6. ¿Dónde dejaste _____ sombrero?

7. _____ Sr. Montaño, ¿piensa Ud. que _____ agricultura puede resolver _____ problema de _____ hambre?

8. ¡Qué bien hablan ellos _____ japonés!

9. Ayer fue _____ sábado más frío del año.

10. Me parece que _____ profesor Miranda siempre espera _____ mejor de sus estudiantes.

11. ¿Es la fiesta _____ martes?

12. _____ gastado no se puede recobrar.

13. Siempre le duele _____ cabeza cuando hay mucha humedad.

14. Ese vapor se pasea por _____ mar Mediterráneo.

15. Todos podemos contar con _____ muerte.

16. ¿Quiere Ud. _____ helado?

17. _____ domingos, siempre va a _____ misa.

18. _____ español, _____ francés y _____ italiano son lenguas romances.

19. _____ petróleo se agotará más rápido que _____ energía solar.

20. En _____ países tropicales, _____ ropa suele ser de _____ algodón.

B. Lea los párrafos que siguen y note las palabras subrayadas. Indique por qué se ha usado o se ha omitido el artículo definido.

1. Los¹ Gomez llegaron el² lunes. Habían viajado por muchos días. Fueron a³ California para visitar las misiones. Siempre les ha interesado lo⁴ religioso y en este viaje aprendieron muchísimo. Los⁵ señores Lucero los acompañaron. Pasaron tantos días en el camino que les dolía la⁶ espalda cuando volvieron a⁷ casa. Los⁸ viajes pueden causar⁹ problemas a los¹⁰ viejos.

2. Era¹ viernes y el² profesor Despistado había preparado el³ examen semanal. Cuando llegó al⁴ aula vio que no había nadie en⁵ clase. Se enojó un poco porque creía que los estudiantes llegarían tarde. «Los⁶ estudiantes siempre tienen miedo de las⁷ pruebas», él pensó para sí. Entonces miró su⁸ reloj y se dio cuenta de que eran solamente las⁹ nueve y media. Su clase no empezaría hasta dentro de dos horas. Decidió volver a¹⁰ casa a leer el periódico y a tomarse otra taza de¹¹ café.

El uso del artículo indefinido

El artículo indefinido tiene una forma masculina (**un**) y una femenina (**una**); ambas concuerdan en número con el sustantivo que modifican: **un** libro, **unos** libros; **una** casa, **unas** casas. La excepción a esta concordancia es el uso del artículo masculino singular ante un sustantivo femenino que empiece con **a** acentuada: **Vieron un águila enorme.**

Note que el uso del artículo masculino no afecta la concordancia del adjetivo: **un hacha nueva.**

Se usa el artículo femenino cuando el sustantivo es plural: **unas águilas enormes.**

Por lo general, el artículo indefinido se usa más en inglés que en español. Estudie el cuadro a continuación donde se resumen los casos en que se usa o se omite el artículo indefinido.

EL ARTICULO INDEFINIDO: USOS DE MAYOR FRECUENCIA	
Los usos	*Las omisiones*
1. Se usa para referirse a entidades no específicas. Hay **una** mujer en la sala. *There is a woman in the room.* Debes comprar **un** diccionario. *You should buy a dictionary.*	
2. Por lo general, se usa ante un sustantivo modificado. Es **un** médico famoso. *He is a famous doctor.* ¿Tienes **un** reloj nuevo? *Do you have a new watch?*	Se omite ante los nombres de profesión, ocupación, religión y nacionalidad. Ella es médica; es católica; es norteamericana. *She is a doctor; she is Catholic; she is an American.*
3. Se usa para expresar el concepto de **número.** ¡Apresúrense! Sólo nos queda **una** hora. *Hurry up! We only have one hour left.* ¿Tiene Ud. **una** reunión mañana? *Do you have a (single) meeting tomorrow?* Se usa la forma plural para expresar la idea de *some, a few, several.* En la mesa había **unos** libros viejos. *On the table were several old books.*	Se omite des ués de los verbos **tener, buscar, encontrar** y **haber** si no se modifica el sustantivo, ni se implica el concepto de número. Buscan casa. *They are looking for a house.* ¿Tiene Ud. reloj? *Do you have a watch?* ¿Hay solución? *Is there a solution?* *(continuado)*

EL ARTICULO INDEFINIDO: USOS DE MAYOR FRECUENCIA *(continuado)*	
Los usos	*Las omisiones*
4. Se usa después de **sin**, **con** y en las expresiones negativas cuando se quiere dar énfasis al concepto de número. No tiene ni **un** solo amigo. *He doesn't have a single friend.* No han dicho ni **una** palabra. *They haven't said one word.*	Se omite después de **sin**, **con** y en construcciones negativas. Vino sin abrigo; salió con paraguas. *He came without a coat; he left with an umbrella.* No han dicho palabra. *They haven't said a word.*
5.	Se omite antes de cualquier forma de **otro** o **cierto** y antes de **mil**, **cien/ciento** y **medio**. Necesito **otro** bolígrafo; éste ya no funciona. *I need another pen; this one is no longer working.* Hay **cierto** número de personas que nunca viene. *There is a certain number of people who never come.* Puede que vengan **mil** o **cien**. *Perhaps a thousand or a hundred will come.* Se omite después de **tal** y **qué** en exclamaciones. No sé lo que haría si **tal** cosa me ocurriera. *I don't know what I would do if such a thing happened to me.* ¡**Qué** fiesta! *What a party!*

Ejercicios

A. Decida si se necesita un artículo indefinido en los siguientes casos y complete la oración con la forma correcta.

1. ¡Qué _____ músico! Tiene _____ talento enorme.

2. ¿Hay _____ problemas? ¿No tienen Uds. ni _____ pregunta?

3. Mi padre es _____ dentista; mi madre es _____ contadora.

4. Sin _____ corbata, no le podemos servir.

5. Yo creo que podríamos aprender más con _____ otro libro.

6. No hay _____ persona que lo entienda.

7. El lago es todavía puro; tiene _____ agua cristalina.

8. Hay _____ estudiante que habla tal _____ lengua en nuestra clase.

9. No hubo _____ manera de hacerle cambiar de opinión, aunque se lo dijimos _____ mil veces.

10. Hay _____ otra cosa que me molesta mucho: ¡el fumar!

B. Exprese en español.

1. Do you have a brother?

2. She is a Democrat; her husband is a Republican.

3. Mr. Molina is a very good teacher.

4. They didn't understand a word. Without an interpreter, they were lost.

5. I don't have a single cent.

6. What a bargain! I just paid $100 for a Picasso!

7. They are looking for a secretary. They need a person who understands computers.

8. A computer is another thing we need; a lot of things are easy with a computer.

Tercer paso: Revisión de los aspectos gramaticales estudiados en los capítulos anteriores

Después de revisar los usos del artículo definido e indefinido, también revise:

- El uso de **ser** y **estar**
- El uso del pretérito y del imperfecto
- El uso de la voz pasiva con **ser**, la voz pasiva refleja y la construcción pasiva impersonal

Cuarto paso: Revisión de la ortografía

Después de revisar los aspectos gramaticales estudiados, repase lo escrito, buscando los errores de acentuación y de ortografía.

Quinto paso: Redacción de la versión final

Escriba una versión final de su trabajo ya con las correcciones y los cambios necesarios.

Capítulo **6**

El análisis y la clasificación

Antes de redactar

LA EXPOSICION CON BASE EN EL ANALISIS Y LA CLASIFICACION

Dos técnicas que se usan con frecuencia en la exposición son la técnica del análisis y la técnica de la clasificación. La exposición analítica, o sea el análisis, tiene como propósito el exponer o presentar un tema por medio del estudio de cada una de sus partes. Por ejemplo, una exposición analítica sobre las flores hablaría de las partes de la flor, es decir, de la raíz, del tallo y de los pétalos. Una exposición analítica sobre la novela hablaría de los personajes, del argumento, del punto de vista y demás elementos que la componen. Analizar significa «distinguir y separar las partes de un todo hasta llegar a conocer sus principios o elementos». Una exposición, entonces, que utiliza la técnica del análisis es la presentación de un objeto, institución, proceso, etcétera, con atención a sus aspectos constitutivos. La exposición que utiliza el análisis contesta la pregunta: «¿De qué partes o elementos se compone la entidad que se presenta?»

En contraste, la clasificación contesta la pregunta: «¿Qué clases existen y cómo se relacionan?» Clasificar es, en su sentido más básico, ordenar o agrupar conceptos o entidades para lograr identificar las características que unen o separan los diferentes grupos. Una exposición sobre las flores, por ejemplo, que tuviera como propósito clasificarlas, hablaría de los diferentes tipos de flores utilizando algún criterio específico para dividirlas en clases. Una exposición clasificatoria sobre la novela latinoamericana quizás presentaría las características de la novela romántica, de la novela realista, de la novela modernista, etcétera.

En resumen, el análisis empieza con *una* entidad y la divide en varias partes según ciertos criterios; en cambio, la clasificación parte de *muchas* entidades y acaba por agruparlas según algún orden específico. El análisis de un poema, por ejemplo, podría hablar de su tema, de su rima, de sus imágenes y de sus metáforas, mientras que la clasificación de un poema hablaría de poemas épicos, líricos, narrativos, etcétera y explicaría qué características del poema permiten situarlo dentro de una clase en particular.

Vocabulario útil

Las palabras y expresiones que se incluyen a continuación se utilizan para referirse a la entidad que se analiza o se clasifica.

VOCABULARIO PARA EL ANALISIS Y LA CLASIFICACION

Análisis

Criterios de análisis:

componerse de; comprender	descomponerse en
consistir en (una idea o concepto)	dividirse en
constar de (enumeración de varias partes o conceptos)	formarse de
	separarse en

Algunos elementos en que se divide una entidad:

el aspecto	el nivel
el elemento	la parte
el estrato	el segmento
la función	

Clasificación

Criterios de clasificación:

agruparse en	clasificarse (por, según, atendiendo a)
asignarse a diferentes clases	

Grupos o clases:

las categorías	los grupos
las clases	los órdenes
las especies	los tipos
los géneros	

MODELOS Y ANALISIS

MODELO I	El oído

Párrafo 1:
Introducción:
Tesis:

El oído es el sentido que nos permite percibir los ruidos. Su órgano principal es la oreja. El aparato auditivo está dividido en tres partes: el oído externo, el oído medio y el oído interno.

Párrafo 2:

El oído externo comprende el pabellón de la oreja y el conducto auditivo interno cuyo conjunto semeja una trompetilla acústica. El pabellón de la oreja, llamado comúnmente *oreja*, es un cartílago que está adherido al cráneo y cuya función consiste en recoger las ondas sonoras para concentrarlas en el conducto auditivo externo. El conducto auditivo externo pone en comunicación el oído externo con el oído medio y es un canal que se introduce en el hueso temporal. Este conducto tiene unas glándulas que segregan el cerumen que sirve para conservar la flexibilidad del tímpano y a la vez está provisto de pelos que sirven para evitar la presencia de cuerpos extraños en el oído.

Párrafo 3: El oído medio o caja del tímpano comprende tres partes: la membrana del tímpano, los cuatro pequeños huesecillos y el orificio de la trompeta de Eustaquio. El oído medio, como el externo, está alojado en el hueso temporal. La membrana del tímpano es la que separa la cavidad del oído medio del oído externo. La cadena de huesecillos está unida al tímpano y está formada por los siguientes huesos: el martillo, el yunque, el lenticular y el estribo. Por medio de la trompeta de Eustaquio el oído medio se comunica con la faringe, y por medio de dos orificios llamados *ventana oval* y *ventana redonda* se comunica con el oído interno.

Párrafo 4: El oído interno, llamado también *laberinto*, está situado, como el externo y el medio, en el hueso temporal y consta de tres partes: el vestíbulo, los canales semicirculares y el caracol. El vestíbulo es una cavidad que se comunica con el oído por medio de las ventanas oval y redonda. Los canales semicirculares están formados por tejidos óseos y desembocan en el vestíbulo por medio de varios orificios. El caracol es un tubo de tejido óseo, en forma de espiral, en cuyo interior hay una membrana con numerosas terminaciones del nervio acústico. El oído interno está rodeado de un líquido que se llama *perilinfa* y contiene en su interior otro líquido llamado *endolinfa* que sirve para evitar el roce de este órgano con el hueso temporal.

(de Breve enciclopedia, J. M. Rodríguez)

Tema

La anterior exposición trata de la construcción del oído.

Propósito

El propósito de esta explicación es puramente informativo; el escritor se propone explicar el funcionamiento del oído.

Organización

La exposición utiliza el método de análisis para describir las partes principales del oído. Empieza con una introducción seguida de tres párrafos, cada uno de los cuales desarrolla una de las partes principales del oído. No hay conclusión. La estructura puede esquematizarse así:

Párrafo 1:   I. Introducción
      A. *Definición:* tipo clase + diferenciación
      B. *Tesis:* divide el oído en sus partes
       principales

Párrafo 2:   II. Descripción de la primera parte principal.
      Oración temática: El oído externo comprende
      el pabellón de la oreja y el conducto auditivo
      interno cuyo conjunto semeja una trompetilla
      acústica.

Párrafo 3:   III. Descripción de la segunda parte principal.
      Oración temática: El oído medio... de
      Eustaquio.

Párrafo 4:   IV. Descripción de la tercera parte principal. *Oración*
      temática: El oído interno... el caracol.

Note que en este ejemplo, la descripción de cada una de las partes principales es analítica también: habla de los varios componentes de cada una. Al pintar este cuadro, entonces, el autor distingue y separa las diferentes partes del aparato auditivo hasta dar a conocer sus elementos. También sería posible escribir sobre el oído una exposición usando el método de clasificación. En este caso se hablaría de las diferentes clases de oído; por ejemplo, se podría hablar del oído de los mamíferos, del oído de los reptiles, del de los anfibios, etcétera.

Punto de vista y tono

Como este análisis es parte de una enciclopedia escolar que se utiliza en algunas partes de México como libro de texto, el escritor toma la posición de que el lector necesita información fundamental sobre el sistema auditivo. Incluye algunos aspectos técnicos aunque su propósito no es explicar cómo funciona el oído sino solamente describir su estructura a grandes rasgos.

Así como en las exposiciones que se han presentado anteriormente, en ésta tampoco se refleja la actitud del escritor ni hacia su tema ni hacia el lector. Se utiliza la tercera persona y se adopta un tono neutral.

MODELO II	El hombre y los sistemas de clasificación

Párrafo 1:
Introducción:

Las plantas y los animales suelen clasificarse biológicamente, cada uno según su clase, orden, familia, género y especie. El ser humano, por ser animal, puede tratarse según la misma jerarquía biológica. Pero el hombre es, además de ser animal, un ser social y las clasificaciones que se le aplican con más frecuencia no se basan en la biología sino en sus instituciones sociales. Desde la perspectiva religiosa, por ejemplo, los hombres pueden ser o cristianos, judíos, musulmanes, hindúes, budistas o ateos. <u>Vistos desde un punto de vista económico, los hombres se agrupan según su clase social.</u> Por ejemplo, dentro del capitalismo se cuenta la división de la sociedad en tres clases sociales: la clase capitalista, la clase media y la clase proletaria.

Tesis:

Párrafo 2:

<u>Se incluye en la clase capitalista a las personas que participan en el sistema, en calidad de industriales, comerciantes y banqueros.</u> El capitalista industrial es aquél que obtiene un beneficio económico de la producción industrial, ya sea en la compra de materias primas como en la aplicación de las máquinas a la producción y en el pago de la fuerza de trabajo. El capitalista mercantil es el que adquiere la mercancía a un precio y la vende a otro más elevado. El capitalista banquero y financiero es el que presta dinero a interés a industriales y comerciantes.

Párrafo 3:

<u>Se considera que son miembros de la clase media los profesionales, los burócratas pequeños y los comerciantes.</u> La clase media es subsidiaria del capitalismo o del gobierno y radica principalmente en las ciudades. Esta clase ha venido acrecentando su importancia cuantitativa.

Párrafo 4:

<u>Los miembros del proletariado o clase trabajadora participan en el sistema como obreros o campesinos.</u> Venden su «fuerza de trabajo» en las fábricas, en las construcciones, en las plantaciones, etcétera, a cambio de un salario.

Conclusión:

Las clasificaciones biológicas se basan en la naturaleza misma del organismo y por lo tanto no admiten movilidad entre sí: un miembro de la clase de mamíferos no puede cambiar de opinión y hacerse reptil ni vice versa. A pesar de ciertos intentos históricos de establecer este carácter exclusivo en las clasificaciones sociales (especialmente en las económicas), es importante reconocer que éstas no son naturales sino arbitrarias: se basan en la voluntad y la circunstancia del hombre. El

> obrero no puede nunca llegar a ser reptil, pero sí puede hacerse
> millonario.
>
> (Adaptado de *Hoy en la historia*, Blackaller y Ramírez)

Tema

En la exposición anterior se recurre al sistema capitalista para ejemplificar
una de las maneras en que se puede clasificar a los seres humanos.

Propósito

El propósito de esta exposición, a diferencia de la selección sobre el oído,
no es simplemente informar o explicar. En este caso, el escritor tiene una
opinión, un punto de vista que busca *justificar* a los ojos del lector. Desea
convencer al lector de la validez de su juicio con respecto a su tesis: los
sistemas económicos, aunque difieren fundamentalmente de un sistema
clasificatorio biológico, tienen el mismo resultado—una clasificación del
hombre. Se puede decir que el propósito es doble: es informativo en el
sentido de que el escritor tiene que explicar su punto de vista al lector. Pero
al mismo tiempo, el escrito propone justificar la validez de las ideas
presentadas.

Organización

La exposición anterior consta de cinco párrafos. El primero sirve de introducción y presenta la tesis. Cada uno de los tres párrafos siguientes habla
de una clase social en particular. El último párrafo sirve de conclusión.
Este vuelve al tema de la clasificación biológica que se presentó en la
introducción para contrastarlo brevemente con el del sistema económico.
Este contraste, a su vez, es el punto de partida para el comentario final.

Punto de vista y tono

El punto de vista y tono de esta exposición es similar al que se analizó en
la exposición analítica. El escritor utiliza la tercera persona y mantiene un
tono formal y, hasta el último párrafo, objetivo. En la conclusión, sin
embargo, se nota cierto humor y un tono editorial más leve.

EL ANALISIS Y LA CLASIFICACION: RESUMEN

El análisis contesta la pregunta: «¿De qué partes o elementos se compone
la entidad que se presenta?» La clasificación contesta la pregunta: «¿Cuáles
son las diferentes clases de esta entidad?» La estructura de una exposición
analítica y la de una exposición clasificatoria son muy semejantes, ya que
las dos tienden a enumerar una serie de entidades y luego a describirlas o

explicarlas una por una. En el esquema que sigue se comparan las dos estructuras.

ESQUEMA	EL ANALISIS	LA CLASIFICACION
Párrafo 1: *Introducción:*	Identifica el tema e indica el enfoque de la exposición. Contiene la tesis: El alga *tiene tres partes.*	Identifica el tema e indica el enfoque de la exposición. Contiene la tesis: *Hay nueve clases* de algas.
Párrafo 2:	Identifica y explica *una* de las *partes* de la entidad.	Identifica y explica *una* de las *clases* de la entidad.
Párrafo 3:	Identifica y explica *otra* de las *partes* de la entidad.	Identifica y explica *otra* de las *clases* de la entidad.
Párrafo 4:	Identifica y explica *otra* de las *partes* de la entidad.	Identifica y explica *otra* de las *clases* de la entidad.
Conclusión:	Breve resumen.	Breve resumen.

PENSANDO EN EL LECTOR: GUIAS Y SEÑALES RETORICAS

Como se vio en el Capítulo 5, establecer una organización de párrafo lógica y clara es uno de los recursos importantes del escritor para asegurar que su lector siga el razonamiento del escrito. De gran importancia también es el uso de frases que marcan abiertamente momentos importantes en el escrito: los más básicos son la introducción, la conclusión y los cambios de tema. En este capítulo se presentarán las frases de introducción y conclusión. En el capítulo 8, se hablará de las frases de transición.

La introducción

El primer párrafo de una exposición tiene como propósito informar al lector sobre lo que leerá a continuación. Pretende captar su interés o limitar el tema indicando qué dirección tomará la exposición.

Con frecuencia se emplean dos tipos de introducción. El primer tipo sencillamente revela lo que será el tema general de la exposición. Tiene dos propósitos:

1. Presentar en términos generales el tema de la exposición

2. Incluir en la última oración la tesis de la exposición, que se apoyará en cada uno de los párrafos del texto

Este tipo de introducción con gran frecuencia utiliza una estructura que puede representarse mediante un triángulo invertido.

PRESENTACION DEL TEMA EN TERMINOS GENERALES

ENFOQUE UN POCO MAS PRECISO

ENFOQUE AUN MAS PRECISO

ENFOQUE ESPECIFICO

TESIS

En la siguiente introducción se ve claramente esta estructura.

> El uso de los narcóticos ha aumentado en grandes proporciones en el mundo entero. Su consumo, que hasta hace solamente unas cuantas décadas era característico de los medios criminales o de ciertos grupos marginales, es hoy en día común entre la llamada «gente decente». Más alarmante aún es el hecho de que su uso se ha generalizado también entre la juventud. Se sabe que el tráfico de drogas existe en forma activa entre jovencitos de 11 a 13 años de edad. Los problemas que encuentran estos niños se empiezan a estudiar hoy con detenimiento y ya se ha logrado una mejor comprensión de las causas de su dependencia de las drogas y de las posibles soluciones que pueden tener tales problemas.

Este tipo de introducción a menudo enumera brevemente los puntos principales en que se va a apoyar la tesis.

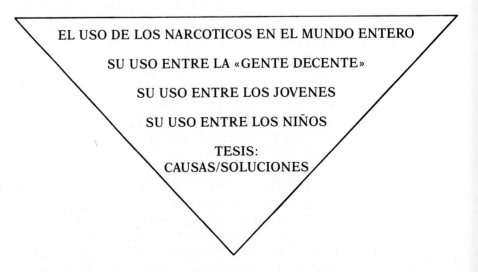

EL USO DE LOS NARCOTICOS EN EL MUNDO ENTERO

SU USO ENTRE LA «GENTE DECENTE»

SU USO ENTRE LOS JOVENES

SU USO ENTRE LOS NIÑOS

TESIS:
CAUSAS/SOLUCIONES

El segundo tipo de introducción, al que se le ha dado el nombre de «gancho», es un poco más complejo. El propósito fundamental del gancho es llamar la atención del lector neutral a quien quizás poco le interese el tema. Para lograr este propósito se usan en el gancho diferentes estrategias. Por ejemplo:

1. *Se puede empezar con una pregunta.*

> ¿Será posible que todavía haya personas que crean en la honradez del ser humano?

2. *Puede utilizarse la definición de algo muy conocido que luego servirá para establecer un contraste humorístico.*

> El automóvil es un vehículo que sirve como medio de transporte. ¡Qué error comete el ingenuo que todavía cree en esto!

3. *Puede utilizarse un ejemplo que incluya una narración.*

> Margarita llegó a su casa a las seis y media después del trabajo. Pasó por sus niños a la guardería y ahora comienza a preparar la cena. Después arreglará la ropa de todos para el siguiente día y limpiará un poco la casa. A las diez de la noche, se encontrará cansadísima. Así es la vida de un gran número de madres que viven solas, separadas del marido y sin el apoyo de parientes cercanos. Los problemas de estas madres y de sus hijos son cada día más graves.

4. *Puede utilizarse una descripción.*

5. *Puede utilizarse una definición extendida.*

Aunque algunas de estas estrategias son más comunes que otras, todas pueden usarse con éxito. Su uso depende solamente del propósito del escritor y, sobre todo, de la clase de lector a quien se dirige.

La introducción, entonces, es un párrafo que permite al escritor poner un marco alrededor de su tema, es decir, explicar a qué se refiere, por qué viene al caso, por qué es de interés. Le permite también despertar el interés del lector en alguna forma especial. La introducción es también útil para el lector porque le ofrece una idea preliminar del contenido de lo que leerá. Una introducción bien hecha pasa casi desapercibida. Logra su función sin que se note su presencia dentro del conjunto de la exposición.

Al escribir una introducción es importante planear de antemano la estrategia que se empleará, tanto para interesar al lector como para hacerle saber qué aspectos van a tratarse en la exposición. Ciertas introducciones, como las que se incluyen a continuación, deben evitarse:

- En esta composición voy a hablar de... porque me parece muy interesante.
- Quiero hablar aquí de...
- Una cosa que quiero decir sobre... es...
- El propósito de esta composición es...

La conclusión

Una conclusión bien escrita consiste en un párrafo conciso que apoya la idea principal y deja saber al lector que se ha dado fin a la discusión. Hay varias estrategias que pueden utilizarse para escribir conclusiones.

1. Se puede hacer un resumen de los aspectos principales. Este tipo de conclusión se presta especialmente para las exposiciones largas.
2. Se puede ofrecer una opinión. En estos casos el escritor evalúa los hechos expuestos y llega a emitir un juicio que comparte con sus lectores sobre lo que ha presentado.
3. Se puede recomendar una acción.
4. Se puede repetir la idea principal presentada en la tesis.
5. Se puede comentar sobre las implicaciones que tienen las ideas que se han presentado.
6. Se pueden reiterar las ideas, tono, etcétera, de la introducción para darle unidad a lo escrito.

Como en el caso de la introducción, el contenido de la conclusión dependerá del propósito específico del escritor y de la clase de lector a quien se dirige. Al llegar a este punto, lo importante es dar a entender a éste que se ha terminado, dejándolo al mismo tiempo con la impresión final que desee dejar el autor en él.

ESTRATEGIAS DEL ESCRITOR: LA TECNICA PARA LLEGAR AL NUCLEO DEL MENSAJE

Una de las razones por las cuales escribir puede presentar dificultades es que el escritor, a diferencia del que presenta sus ideas oralmente, tiene que «hablar» sin el beneficio de una respuesta o reacción directa o inmediata. Anticipa la recepción de sus palabras adivinando su efecto en un lector todavía ausente.

Pero el aspecto solitario de redactar no significa que el escritor no pueda ni deba buscar la reacción de otros mientras trata de expresar sus ideas por escrito. De hecho, una estrategia muy útil se basa en condensar las ideas principales para explicárselas en resumen a un amigo o compañero. Esta estrategia, que se ha llamado en inglés «nutshelling»[1], ayuda al escritor a distinguir las ideas principales de las subordinadas. Al hacer esto, enfoca más en lo esencial de su mensaje, y aun puede llegar a una nueva comprensión conceptual de lo que realmente quiere decir.

Esta técnica para llegar al núcleo del mensaje de un escrito se hace en dos etapas. Primero, hay que buscar un amigo y presentarle en unas cuantas oraciones la esencia del argumento. Este es el proceso de identificar el mensaje. Segundo, hay que imaginarse un maestro de escuela que tiene que enseñar esto mismo a un grupo que no sabe nada sobre el tema. ¿Cómo ha de explicar u organizar sus ideas para que ese grupo las capte? ¿Qué información ha de incluir de modo que comprenda *el propósito* de su presentación y no simplemente los hechos específicos? Al igual que cualquier maestro, tendrá que tomar en cuenta las características más sobresalientes de su público y escoger los ejemplos, como también el lenguaje más apropiado para dirigirse a esa persona.

En resumidas cuentas el escritor debe preguntarse, primero: ¿Qué quiere que su lector aprenda de su escrito? y segundo: ¿Cómo ha de conceptualizar y presentar la materia para lograrlo?

ANTES DE ESCRIBIR: EJERCICIOS

A. *La identificación de párrafos introductorios.* Lea los párrafos a continuación e indique cuáles de ellos son introducciones y cuáles no lo son. Explique por qué en cada caso.

1. La danza es una de las bellas artes que se expresa mediante el movimiento del cuerpo humano. Se desarrolló en sus orígenes prehistóricos como una práctica de la magia. Al organizarse el culto religioso se convierte en un rito o danza ritual.

(de *Cultura y espíritu*, Santiago Hernández Ruiz et al.)

2. Conocida desde la prehistoria, dejó en esta edad creaciones de alto valor estético en cuevas y yacimientos arqueológicos, como las representaciones animalísticas de las Cuevas de Altamira. En estos tiempos la pintura no se hizo con un afán estético de expresión, sino como un medio mágico relacionado con la necesidad de matar al animal enemigo y nutricio.

(de *Cultura y espíritu*, Santiago Hernández Ruiz et al.)

3. En Egipto aparece la escultura sepulcral y religiosa como elemento dominante de la propia vida. En Asiria las figuras humanas

---

[1] Más información sobre esta estrategia puede encontrarse en *Problem-solving Strategies for Writing* de Linda Flower (Harcourt Brace, segunda edición, 1985).

y de animales son concebidas con un realismo extremado y muestran un concepto nuevo del arte.

(de *Cultura y espíritu*, Santiago Hernández Ruiz et al.)

4. El arte es un medio de comunicación del hombre con sus semejantes, creado por la imaginación. También puede definirse como la expresión de la emotividad creadora. Abarca todas las esferas de la actividad humana, desde la artesanía hasta la industria y desde la religión hasta la pedagogía.

(de *Cultura y espíritu*, Santiago Hernández Ruiz et al.)

B. Según el escritor del modelo de las páginas 125–126, el ser humano también es susceptible a la clasificación. ¿Estará de acuerdo con ese punto de vista el artista del dibujo que aparece a continuación? Explique. ¿Presenta el artista un punto de vista positivo o negativo al

© Quino

respecto? ¿En qué consiste el humor del encuentro? Entre todos, comenten las varias maneras en que se podría subdividir a los seres humanos. Se podrían tomar en cuenta factores como estilo de vida, hábitos y aspiraciones, además de cualidades más obvias como religión, preferencias políticas y características psíquicas o físicas.

C. *La estrategia de generación de ideas con análisis y clasificación*

1. Entre todos en la clase, piensen en otros nombres para completar la lista que se da a continuación.

    El «primer galán» (*leading man*) cinematográfico

a. Sonny Crockett	**e.** Arthur	**j.**
b. Indiana Jones	**f.** Hawkeye	**k.**
c. Dirty Harry	**g.** Dr. Huxtable	**l.**
ch. Pee Wee Herman	**h.** Sam Malone	**m.**
d. Magnum P. I.	**i.** Alex Keaton	**n.**

2. Comenten la lista para llegar a dos diferentes maneras de agrupar los nombres:

    1ª organización: Según el medio de comunicación (televisión o cine)

    2ª organización:

    3ª organización:

3. ¿Sugieren las diferentes organizaciones la misma tesis? Expliquen. Si Uds. tuvieran que escribir una exposición informativa a base de estos datos, ¿qué información incluirían si el lector fuera:

    a. un estudiante universitario español?

    b. un estudiante universitario estadounidense?

    Comenten entre todos el conocimiento previo que pueda tener cada uno de estos grupos de lectores, su actitud hacia el tema y la información que buscaría en su informe.

4. Entre todos en la clase, piensen en palabras o expresiones relacionadas con el siguiente tema: el héroe (o la heroína) ideal de los años 90. ¿Qué características tiene? ¿Qué valores representa? ¿Cómo es físicamente? ¿Cuál será su estilo de vida? ¿Qué tipo(s) de personas se van a identificar con él (ella)?

5. Después de anotadas todas las palabras, comenten la lista para llegar a una manera de organizar las varias características. ¿Cuál sería la tesis de una exposición sobre este tema?

CH. *Trabajo en pequeños grupos.* Divídanse en grupos de tres o cuatro y analicen el borrador que se presenta a continuación buscando información sobre los siguientes puntos:

1. tema

2. tesis

3. propósito del escritor

4. lector anticipado

5. organización

6. punto de vista y tono

7. eficacia con respecto a la anticipación de las necesidades del lector demostrada en la selección y presentación del contenido

El éxito académico y la población hispana: ¿una solución o varias aproximaciones al problema?

Los cambios demográficos de la población hispana en los Estados Unidos combinados con la deserción de los alumnos hispanos de las escuelas primarias y secundarias han creado una crisis de dimensión nacional en este país. Es sabido que actualmente la población de origen hispano se incrementa con gran rapidez y que en su mayoría consta de personas menores de 18 años. También se ha determinado que este grupo representa un potencial consumidor de más de un billón de dólares. Desafortunadamente, es también este grupo el que tiene el nivel de escolaridad más bajo de todo el país.

Se han propuesto un sinnúmero de soluciones y programas para intentar mejorar el aprovechamiento académico de los jóvenes hispanos. Entre las soluciones que hoy se estudian se encuentra el modelo presentado por la Universidad Hispana Nacional *(National Hispanic University)* de Oakland, California. Este se basa en una clasificación de los estudiantes de origen hispano y en la convicción de que no existe una única aproximación al problema.

Según las investigaciones llevadas a cabo por Roberto Cruz, presidente de NHU, los estudiantes de origen hispano pueden dividirse en los siguientes grupos: 1) Los hispanos de clase media originarios de países latinoamericanos: Estos jóvenes por lo general hablan, leen y escriben el español con facilidad. Sus padres esperan que tengan éxito en la escuela, cosa que por lo regular logran en cuanto aprenden el inglés. 2) Los migrantes: Estos jóvenes, aunque nacen en los Estados Unidos, tienen pocas probabilidades de éxito. Son hablantes de la norma rural española y de una variante de inglés de poco prestigio. Normalmente se espera que este grupo de jóvenes tenga problemas serios en la escuela por la baja escolaridad de sus padres y por el hecho de que se desplazan varias veces durante el año escolar para seguir las temporadas de siembra y de cosecha. 3) Los hispanos estadounidenses que se retrasan en los estudios: Este grupo de jóvenes, aunque no tiene los problemas de la vida migratoria del grupo número 2, también encuentra que se le menosprecia tanto su español como su inglés. De nivel socioeconómico bajo, sufre los problemas del niño pobre dentro del sistema escolar diseñado para los hijos de la clase media. 4) Los hablantes monolingües del inglés: Estos jóvenes son productos de familias que han estado en este país por mucho tiempo o que, dadas sus aspiraciones, han enfatizado la importancia del inglés. No hablan español, y con frecuencia se sienten confundidos en cuanto a su identidad cultural. Tanto los padres como los maestros esperan que estos jóvenes tengan éxito en los estudios. 5) Los estudiantes bilingües que triunfan en los estudios: Este grupo logra retener el uso de su lengua materna, aprender el inglés y tener éxito en los estudios. Generalmente estos estudiantes aprenden a trabajar dentro del sistema y forman grupos de apoyo con otros estudiantes.

Para el doctor Cruz, no puede hablarse de una sola solución para estos cinco grupos de estudiantes. Indica que para resolver el problema del fracaso académico y de la deserción, es necesario primero identificar y evaluar al estudiante hispano y colocarlo dentro de una de las antedichas categorías. De ahí puede pasarse al diseño de un programa de instrucción que le permita al joven realizar el potencial que posee. No puede hablarse de una sola solución: las soluciones tendrán que tomar en cuenta las características de cada grupo.

La redacción

COMO SE ESCRIBE UNA EXPOSICION CON BASE EN EL ANALISIS Y/O LA CLASIFICACION

El proceso de escribir un análisis y/o una clasificación se basa en los pasos que se detallan a continuación. Estudie cada paso cuidadosamente antes de empezar a escribir su composición.

1. Seleccione un tema general que pueda examinarse desde la perspectiva de una de las siguientes preguntas:

   a. ¿De qué partes se compone la entidad?

   b. ¿Cuáles son las diferentes clases de la entidad?

2. Decida cuál de las dos preguntas quiere contestar.

3. Decida a quién dirigirá lo escrito y caracterícelo (conocimiento previo, actitud, propósito).

4. Escriba una tesis que exprese ya sea los límites del análisis o los límites de la clasificación que se va a hacer. Por ejemplo: *Hay diez clases diferentes de microcomputadoras* (clasificación); *La microcomputadora tiene cuatro partes principales* (análisis).

5. Escoja los detalles que han de servir para desarrollar la tesis: la descripción de las partes (en el caso del análisis); la descripción de las clases (en el caso de la clasificación).

6. Elabore un esquema en el cual vayan incluidas la introducción, la tesis, la división en párrafos, la oración temática de cada párrafo y la conclusión.

7. Escriba un borrador.

8. Revise el contenido.

9. Revise los aspectos gramaticales.

10. Pase el trabajo en limpio.

Tarea

Escriba una exposición analítica o clasificatoria sobre uno de los siguientes temas o sobre algún otro tema parecido que le interese.

un poema	el gobierno	una novela
el corazón	la bicicleta	un instrumento musical

Siga este formato en su composición.

1. La identificación de la exposición: ¿análisis o clasificación?

2. La identificación de las partes de la exposición

3. La tesis subrayada e identificada

4. Las oraciones temáticas subrayadas e identificadas

La revisión

Primer paso: Revisión del contenido y de la organización

La organización del escrito en su totalidad

Revise la composición ya escrita mediante las siguientes preguntas.

- ¿Cuál es el tema de mi escrito?
- ¿He escrito un análisis o una clasificación?
- ¿Cuál es mi propósito al redactar esta exposición?
- ¿Cuál es la tesis de mi escrito?
- ¿Demuestra la tesis el hecho de que he escrito un análisis o una clasificación?
- ¿Quién es el lector? ¿Lo tomé en cuenta al reunir/escoger los datos?
- ¿Indica el contenido de los párrafos de apoyo el hecho de que he escrito un análisis o una clasificación?

La organización a nivel del párrafo

Cada uno de los párrafos del escrito debe examinarse mediante las siguientes preguntas.

- ¿Qué función desempeña cada uno de los párrafos? ¿Se utiliza un párrafo separado para presentar la introducción? ¿la conclusión? ¿Cuál es el contenido de los párrafos de apoyo?
- ¿Contiene cada uno de los párrafos una oración temática?
- ¿Se relacionan entre sí todas las ideas que se incluyen en el mismo párrafo?
- ¿Cómo se logra hacer las transiciones entre párrafos?

Segundo paso: Revisión de los aspectos gramaticales

Los dos modos principales del español son el indicativo y el subjuntivo. Con muy pocas excepciones,[2] el subjuntivo sólo se encuentra en cláusulas subordinadas.

---

[2]Véase *El subjuntivo en otras construcciones* (pág. 145).

El subjuntivo en cláusulas subordinadas

Una cláusula subordinada es una oración que va incluida dentro de otra oración.

El coche es nuevo. Compré el coche.	→	El coche **que compré** es nuevo.
Sé algo. Ellos no pueden venir.	→	Sé **que ellos no pueden venir.**

La cláusula subordinada puede tener varias funciones: nominal, adjetival o adverbial.

Nominal:	Creen **que es un libro bueno.**	(La cláusula funciona como complemento directo del verbo *creer*.)
Adjetival:	Es un libro **que trata de la historia colonial**.	(La cláusula describe el sustantivo *libro*.)
Adverbial:	Vienen **cuando pueden.**	(La cláusula indica cuándo, cómo, dónde o por qué ocurre la acción principal.)

En todos estos casos se usa el subjuntivo, en vez del indicativo, en la cláusula subordinada cuando:

1. La cláusula se refiere a lo que está fuera de lo que el hablante considera real: es decir, lo no conocido o no experimentado.

2. El mensaje de la oración principal expresa ya sea un comentario personal o una reacción emocional acerca del contenido de la cláusula subordinada.

A continuación se presentan estas dos condiciones con más detalle.

Lo conocido versus *lo no conocido*

El conocimiento puede resultar de la experiencia personal obtenida por medio de información que se recibe a través de los sentidos o por información recibida de fuentes en que se confía: libros, la lógica, creencias generalmente aceptadas como verdaderas. Cuando la cláusula subordinada trata de lo conocido o de lo experimentado, **se usa el indicativo.**

EJEMPLOS	ANALISIS
Cláusula nominal	
Sabemos **que ellos no tienen suficiente dinero**.	La información «no tienen suficiente dinero» se considera verdadera.
Veo **que Ud. se compró un Mercedes**.	«Ud. se compró un Mercedes» es parte de mi experiencia personal; puedo afirmar su realidad.
Es **que son unos desagradecidos**.	Se afirma algo que se considera verdadero y que se sabe a través de una experiencia directa.
Cláusula adjetival	
Viven en una casa **que está cerca del lago**.	Sé que la casa donde viven tiene esa característica.
Hay varias personas aquí **que hablan francés**.	Por experiencia personal sé que existen estas personas que tienen la capacidad de hablar francés.
Dieron el premio a los **que llegaron primero**.	«Los» se refiere a un grupo específico, conocido.
Hizo todo lo **que pudo para ayudarnos**.	«Lo» se refiere a ciertas acciones específicas, conocidas.
Cláusula adverbial	
Sus planes me parecen bien hechos; Ud. puede viajar **como quiere**.	El que habla está enterado de la manera en que el otro quiere viajar.
Siempre van a Dooley's **tan pronto como salen del trabajo**.	Se afirma la realidad de una serie de acciones habituales de las que se tiene conocimiento.
Ya que se conoce al aspirante, no será necesario entrevistarlo.	Se afirma que se conoce al aspirante; esto se acepta como real.
Por mucho **que trabajan**, nunca salen adelante.	Se sabe cuánto trabajan; «mucho», en este contexto, es una cantidad conocida.

Note que, en todos los ejemplos anteriores, se usó el indicativo—tanto en la oración principal como en la oración subordinada—porque es el modo que corresponde cuando se hace una afirmación. Una afirmación se hace basándose en lo conocido o en lo experimentado y consiste en una declaración sobre la verdad de lo que se conoce o de lo que se ha experimentado. Sin embargo, cuando uno se refiere a sucesos o circunstancias de los que no se tiene conocimiento ni experiencia alguna, no es posible hacer una afirmación sobre ellos; por lo tanto, no es posible usar el indicativo. En las cláusulas cuyo contenido habla de lo que está fuera del alcance de nuestra experiencia, **se usa el subjuntivo**.

Lo no experimentado o lo no conocido incluye lo que no existe, lo que todavía no ha ocurrido y también lo que *puede* existir o *puede* haber ocurrido pero que se desconoce personalmente.

EJEMPLOS	ANALISIS
Cláusula nominal	
Dudo **que ellos tengan suficiente dinero**.	No se conoce lo suficiente su situación económica para hacer una afirmación absoluta.
Es posible **que él se haya comprado un Mercedes**.	No se sabe con seguridad si él se compró un Mercedes; la situación forma parte de lo no conocido.
No es **que sean unos desagradecidos**, sino que tienen otras formas de expresar su agradecimiento.	Se niega la existencia de cierta situación.
Quiero **que se vayan inmediatamente**.	La acción de irse todavía no ha ocurrido y, por lo tanto, no ha sido experimentada.
Cláusula adjetival	
Buscan una casa **que esté cerca del lago**.	Se afirma solamente que ellos buscan la casa; pero no se sabe si la casa misma existe.
No hay nadie aquí **que hable francés**.	No es posible tener experiencia o conocimiento de algo que no existe.
Quieren dar el premio a los **que lleguen primero**.	En este momento no se sabe quiénes serán los primeros en llegar; «los» se refiere a algo no conocido.
Hará todo lo **que pueda para ayudarnos**.	«Lo» se refiere a ciertas acciones todavía no realizadas y por lo tanto no conocidas.
FRASES *Cláusula adverbial*	
Ud. puede viajar **como quiera**.	El que habla no tiene idea de la manera en que el otro quiere viajar.
Piensan ir a Dooley's **tan pronto como salgan del trabajo**.	El «ir a Dooley's» al igual que el salir del trabajo son acciones futuras y, por lo tanto, no experimentadas.
Debes llevar el paraguas **en caso de que lluexa**.	La acción de *llover* es incierta; se presenta como una posibilidad, no como una realidad.
Abren la ventana **para que haya más ventilación**.	Sólo se puede afirmar la acción de abrir la ventana; el efecto de esa acción es hipotética, no es un hecho afirmado.
Por mucho que trabajen, nunca saldrán adelante.	No se sabe exactamente cuánto trabajarán; «mucho», en este contexto, es una cantidad no conocida.

Por lo visto se puede deducir que a veces es necesario usar el subjuntivo en la oración subordinada porque se refiere a acciones que tendrán lugar en el futuro y a veces porque se describe una circunstancia inexistente o no específica. La oración principal puede estar formada ya sea por un solo verbo, por una expresión impersonal o por una frase.

Deseamos

Es necesario   } que se vaya de aquí inmediatamente.

Nuestro deseo es

Recuerde: a pesar de la gran variedad de estructuras y mensajes que piden el subjuntivo, siempre están presentes dos características. Primero, se habla de objetos, seres o circunstancias que no forman parte de lo conocido o de lo experimentado; segundo, esta información se presenta en una oración subordinada.

Casos especiales

A. *Lo indefinido no es siempre lo no específico.* Muchas descripciones del subjuntivo indican que su uso puede ser motivado por un pronombre indefinido (**alguien**, **cualquier**) o por un artículo indefinido (**un**, **una**).

[nota manuscrita: compare w/ examples p. 142]

Necesitan a alguien que pueda hacerlo. *[nota manuscrita: → Necesitan a Pepe, quien puede hacerlo]*

They need someone (who may or may not exist) who can do it.

Buscan un negociante que tenga experiencia internacional. *[nota manuscrita: Buscan al negociante del año pasado que tiene exp. int.]*

They are looking for a businessman (who may or may not exist) who has international experience.

Cualquier persona que viviera allí tendría la misma opinión. *[nota manuscrita: Todas las personas que viven allí tienen la misma opinión]*

Any person who lived there (no knowledge of who, in fact, does) would have the same opinion.

Sin embargo, es importante señalar que *no* es la presencia de un pronombre o de un artículo indefinido lo que ocasiona el uso del subjuntivo, sino el significado de la oración. Compárense los siguientes ejemplos:

Veo **una/la** manzana que es verde.

[nota manuscrita: Quiero una manzana que sea verde.]

«Una» manzana tanto como «la» manzana se refieren a entidades *específicas*, conocidas. → *indicativo*

+ 2
ejemplos
p. 140

¿Existe **una/la** persona que
entienda estas ecuaciones?

¿ Existen personas q'
entienden estas ecuacion?

En este contexto, tanto «una»
como «la» preceden una entidad
no específica; no se sabe si tal
persona existe. → *subjuntivo*

Tanto el artículo definido como el artículo indefinido pueden exigir
el uso del subjuntivo si el sustantivo que se describe se refiere a una
entidad no específica, es decir, si el sustantivo no corresponde a una
entidad de cuya existencia el hablante tenga conocimiento o experiencia.

Hay alguien que puede hacerlo.	*There is someone (I know the person) who can do it.*
Buscan a un negociante (creen que se llama Ruf) que tiene experiencia internacional.	*They are looking for a businessman—they think his name is Ruf—who has international experience.*
Cualquier persona que vive allí debe tener la misma opinión.	*Any person (every person) who lives there should have the same opinion.*

B. ***Duda y seguridad.*** Tradicionalmente las expresiones **creer**, **es cierto** y
es seguro (entre otras) se han asociado con la certidumbre (y con el
indicativo), mientras que sus formas negativas e interrogativas se han
asociado con la duda (y con el subjuntivo). Sin embargo, es importante reconocer que la duda y la certidumbre son dos polos opuestos
y que entre ambos extremos existen varias gradaciones que no se
prestan a clasificaciones absolutas. Por eso, muchas expresiones lla-
madas «dubitativas» admiten los dos modos: con el subjuntivo se
acentúa la incertidumbre; con el indicativo se manifiesta una inclina-
ción hacia la afirmación.

Ejemplos
p. 140
que
encajan
aquí

diferencias

No creo que sea así.	*I don't think it's that way (but I'm not sure).*
No creo que es así.	*I (really) don't think it's that way.*
Sospecho que esté mintiendo. *(Raro)* ↑	*I suspect (but I'm not sure) that he may be lying.*
Sospecho que está mintiendo.	*I suspect (and I feel pretty sure) that he is lying.*

Por otro lado, la incertidumbre no parece eliminarse totalmente en
las expresiones **no dudar**, **no ser dudoso** y **no haber duda**. Aunque «exi-
gen» el indicativo, con mucha frecuencia se expresan en el subjuntivo:
No dudo que sea inteligente.

Ejercicios

A. Explique la diferencia que hay en el significado de los siguientes pares de oraciones.

1. **a.** Buscan un libro que trata ese tema.

  b. Buscan un libro que trate ese tema.

2. **a.** Primero van a hacer el trabajo que es más importante.

  b. Primero van a hacer el trabajo que sea más importante.

3. **a.** Dice que viene inmediatamente.

  b. Dice que venga inmediatamente.

4. **a.** Ud. puede hacerlo cuando quiere.

  b. Ud. puede hacerlo cuando quiera.

5. **a.** ¿Crees que lo sabe?

  b. ¿Crees que lo sepa?

6. **a.** Trabajan hasta que lo terminan.

  b. Trabajarán hasta que lo terminen.

7. **a.** Lo explican de modo que todos entienden.

  b. Lo van a explicar de modo que todos entiendan.

8. **a.** Necesitan aprenderlo aunque es difícil.

  b. Necesitan aprenderlo aunque sea difícil.

B. ¿Por qué se usa el subjuntivo o el indicativo en los siguientes casos?

1. Es importante que todos *sepan* la verdad.

2. Debes estar listo en caso de que te *llamen*.

3. Lo digo, no porque *quiera* ofenderte, sino porque *es* mi deber.

4. Tiene una manera de hablar que nos *encanta*.

5. Vaya Ud. al banco tan pronto como *pueda*.

6. La vida no es aburrida; es que todos Uds. la *toman* demasiado en serio.

7. Todavía no han inventado la máquina que *pueda* hacer esta tarea.

8. La ley dispone que le *den* una sentencia muy severa.

9. Por mucho que *cuesten*, siempre compra unos recuerdos para sus sobrinitos.

10. Me parece que su hija *estudia* en Harvard.

El subjuntivo de emoción y comentario personal

Por lo visto anteriormente, es posible decir que el indicativo es el modo usado para la información y para la afirmación, mientras que el subjuntivo es el modo apropiado para la opinión y para la especulación. El otro contraste fundamental entre los dos modos asocia el indicativo con la objetividad y el subjuntivo con la subjetividad. El indicativo es el modo que se usa para la información; el subjuntivo para hacer comentarios sobre ella.

EJEMPLOS		ANALISIS
El meteorólogo { asegura / dice / cree / señala / anuncia / explica / afirma / opina }	que mañana **va** a llover.	En la oración principal se indica que la información contenida en la oración subordinada se considera un hecho.
¡Qué pena / Sentimos / Es bueno para la cosecha / ¡Qué horror / Es increíble / Nos alegramos de / Es una lástima }	que mañana **vaya** a llover(!).	En la oración principal se expresa un comentario o un juicio emocional sobre la información de la oración subordinada.

En la mayoría de estos casos el contraste entre el indicativo y el subjuntivo en la oración subordinada ya no se basa en la diferencia que existe entre una afirmación y una especulación. Por ejemplo, en los dos casos anteriores, «va a llover» se presenta como información verdadera. El contraste radica en la manera de comunicar esa información. El indicativo se reserva para el reportaje objetivo, mientras que el subjuntivo se usa para llevar el mensaje emotivo y el comentario personal.

Casos especiales

A. *Temer y esperar.* **Temer** y **esperar** van seguidos del subjuntivo cuando tienen un significado emocional (*to fear* y *to hope*). **Temer** en el sentido de *to suspect* y **esperar** con el significado de *to expect* van seguidos del indicativo y con frecuencia del tiempo futuro.

Nadie contesta el teléfono;   *No one answers the phone; I'm*
    temo que no hayan llegado.   *afraid that they may not*
                                         have arrived.

Siempre lleva el mismo traje; temo que no tiene otro.	*He always wears the same suit; I suspect he hasn't another.*
Espero que todos se diviertan mucho en la fiesta.	*I hope that you all have a good time at the party.*
Se espera que la ceremonia durará menos de dos horas.	*It is expected that the ceremony will last less than two hours.*

B. *Ojalá* (*que*). Para expresar el deseo o la esperanza de que algo ocurra, **ojalá (que)** va seguido del presente de subjuntivo. Para expresar un deseo imposible o contrario a la realidad, es el pasado de subjuntivo el que la sigue.

Ojalá que sean ricos.	*I hope they are rich.*
Ojalá que fueran ricos.	*I wish they were rich.*
Ojalá que lo hayan visto.	*I hope they have seen it.*
Ojalá que lo hubieran visto.	*I wish they had seen it.*

C. *El* (*hecho de*) *que*. Esta expresión exige el subjuntivo cuando presenta información ya conocida por los oyentes, información que después es la base de algún comentario o es la causa de una reacción emocional. Se usa con el indicativo cuando la información, además de ser nueva, se presenta sin comentario alguno.

El (hecho de) que sea el hijo de un noble no debe tener ninguna importancia.	*The fact that he is the son of a nobleman should have no importance.*
Les sorprendió mucho el hecho de que Ud. nunca hubiera asistido a la universidad.	*They were very surprised by the fact that you had never attended the university.*
Luego mencionaron el hecho de que, en su juventud, había matado varios animalitos.	*Then they mentioned the fact that in his youth he had killed several small animals.*

El subjuntivo en otras construcciones

Como ha quedado demostrado, el uso del subjuntivo responde a ciertas características específicas del mensaje: se usa el subjuntivo cuando se habla de algo no conocido o no experimentado y cuando se hace un comentario personal o emocional sobre una situación determinada. Pero además de lo anterior, el uso del subjuntivo también depende de una característica estructural: en la gran mayoría de los casos, el subjuntivo sólo ocurre en oraciones subordinadas.

Nadie **viene**.	*No one is coming.*
No hay nadie que **venga**.	*There is no one who is coming.*

Posiblemente **viene** más tarde.	*Possibly she is coming later.*
Es posible que **venga**.	*It is possible that she will come.*

Hay tres excepciones comunes a esta regla general.

A. *Acaso, tal vez, quizá(s)* **(perhaps).** Cuando estas expresiones preceden al verbo, éste puede expresarse tanto en el indicativo como en el subjuntivo. El subjuntivo acentúa la duda y la incertidumbre. El verbo se conjuga en indicativo siempre que le siga **acaso**, **tal vez** o **quizá(s)**.

Tal vez haya dicho la verdad.	*Perhaps you have*
Ha dicho la verdad, (tal vez)	*told the truth.*

No ha venido todavía; quizás esté enferma.	*She hasn't come*
No ha venido todavía; está enferma, (quizás.)	*yet; perhaps she is sick.*

B. *La expresión de alternativas hipotéticas* **(whether).** Se usa el subjuntivo en las expresiones que presentan alternativas hipotéticas. Con frecuencia este uso del subjuntivo corresponde a una construcción con *whether* en inglés.

Venga lo que venga, he tomado mi decisión.	*Come what may, I have made my decision.*
Sea médico o sea abogado, no es mejor persona que nosotros.	*Whether he's (Be he) a doctor or a lawyer, he's no better a person than we are.*
Mañana, hayan o no terminado el capítulo, tendrán un examen.	*Tomorrow they will have an exam whether or not they have finished the chapter.*

C. *Para indicar una reserva personal* **(as far as).** Se usa el subjuntivo en la construcción **que + saber** (**ver**, **recordar**) para expresar una reserva personal, equivalente a la expresión *as far as* en inglés. Ocurre con frecuencia en un contexto negativo.

Esta es la única manera, que yo vea, de solucionar el problema.	*This is the only way, as far as I can see, to solve the problem.*

> No hay nadie, que ellos sepan,   *There is no one, as far as they*
>   que esté mejor capacitado.   *know, who is better qualified.*

Ejercicios

A. Explique el porqué del uso del subjuntivo o del indicativo en las siguientes oraciones.

1. Me parece mentira que *viva* con ella sin casarse.

2. Dile que *pase* por mi oficina cuando *tenga* un momento.

3. Aunque *es* muy buena persona, no es buen maestro.

4. No tiene hermanos, que *sepamos*.

5. Opinan que el gobierno *necesita* nuevos líderes.

6. Es triste que *trabaje* en un lugar que *es* tan deprimente.

7. No lo puede entender; temo que *es* demasiado complicado.

8. Es de esperar que se *presente* un buen candidato antes de que *sea* demasiado tarde.

9. *Suceda* lo que *suceda*, esta vez ellos no obedecen al rey.

10. *Salen* mañana, tal vez.

11. Quiero vivir donde *haya* aire puro.

12. No puedes comprar licor a menos que *tengas* dieciocho años.

B. Complete las siguientes oraciones con la forma correcta del verbo—ya sea indicativo, subjuntivo o infinitivo—según el contexto. En cada caso explique la razón de su selección. En algunos casos es posible que haya más de una respuesta.

1. Uds. no tienen que trabajar ya que (ser) ricos.

2. Todos niegan que la situación (ir) a ponerse peor.

3. Nadie (poder) volar sin la ayuda de alguna máquina.

4. Vamos a tener una fiesta; quizás (servir: nosotros) sangría.

5. Que yo (recordar), todavía no se ha casado.

6. ¿Conoces a alguien que (tocar) el piano?

7. Es una pena que (vivir) Uds. tan lejos.

8. A mis padres no les gusta que yo (salir) contigo.

9. Vamos a terminarlo tan pronto como nos (dar: ellos) permiso.

10. Probablemente (ser: él) culpable, pero espero que ellos no lo (castigar).

11. Es increíble que (haber) tanta pobreza en el mundo.

12. Comprendemos que (tener: ellos) problemas pero no podemos aceptar que (actuar: ellos) así.

El subjuntivo en oraciones condicionales

Hay tres clases de oraciones condicionales: las que describen una situación incierta, pero posible; las que describen una futura situación, poco probable; y las que describen una situación falsa y contraria a la realidad. Se usa el indicativo en la primera clase de oraciones y el subjuntivo en las restantes.

Si **tengo** dinero, quiero ir al cine este fin de semana.	*If I have money (possibly I will), I want to go to the movies this weekend.*
Si **conociera** al presidente, le haría algunas sugerencias.	*If I were to meet the president (a future event that I consider improbable), I would give him a few suggestions.*
Si yo **fuera** el presidente, no haría caso de los consejos de los desconocidos.	*If I were the president (but I am not), I would not pay any attention to the advice of strangers.*

En la primera clase de oraciones condicionales, pueden ocurrir casi todos los tiempos del indicativo.

Si **tenía** mucho apoyo, ¿por qué no **ganó** las elecciones?	*If he had a lot of support, why didn't he win the election?*
Si **fue** al hospital, es porque **estaba** muy enfermo.	*If he went to the hospital, it was because he was very sick.*
No sé si **tendrás** tiempo, pero **debes** visitar el museo de arte.	*I don't know if you will have the time, but you should visit the art museum.*

En las otras dos clases, sin embargo, la oración principal siempre se expresa en el *condicional* (en cualquiera de sus formas: simple, perfecta o progresiva), mientras que la cláusula que lleva **si** se expresa en el *pasado de subjuntivo*.

Si **pudiera** escoger otra edad en que vivir, **escogería** el Renacimiento.	*If I could choose another age in which to live, I would choose the Renaissance.*
Habría podido entender mejor la película si **hubiera aprendido** italiano.	*I would have been able to understand the film better if I had learned Italian.*
Si **estuvieras ganando** $1.000.000 al año, ¿estarías **estudiando** aquí?	*If you were earning $1,000,000 a year, would you be studying here?*

Dos variaciones del patrón de la oración condicional son:

1. Usar una frase preposicional con **de** en vez de la cláusula que lleva **si**.

De tener más tiempo, iría a verlo.	**Si tuviera más tiempo,** iría a verlo.
De haber recibido una invitación, ¿habrías asistido a la fiesta?	**Si hubieras recibido una invitación,** ¿habrías asistido a la fiesta?

2. Usar el pasado de subjuntivo en lugar del condicional cuando se trata de las formas perfectas.

Si hubiera tenido dinero, me **hubiera** comprado una casa cerca del mar.	Si hubiera tenido dinero, me **habría** comprado una casa cerca del mar.

Después de la expresión **como si**, siempre se usa una forma del pasado de subjuntivo; no es necesario usar el condicional en la oración principal.

Comen **como si fuera** su última comida.	*They're eating as if it were their last meal.*
Fue **como si** todo el mundo se me **cayera** encima.	*It was as if the whole world were falling in on me.*

Por lo general el presente de subjuntivo no ocurre en las oraciones condicionales.

Ejercicios

A. Complete las siguientes oraciones con la forma correcta del verbo según el contexto.

1. Si Ud. (tener) mucha hambre, ¿adónde iría a comer?

2. Ellos (contestar) la pregunta si supieran la respuesta.

3. Si Adams (ser) el segundo presidente, ¿quién fue el tercero?

4. Yo (haber) llegado más temprano si no se (haber) descompuesto el autobús.

5. Un día, si todavía (existir) el mundo, haré un viaje a ese país.

6. Si Ud. (tener) que escribir una biografía, ¿sobre quién la (escribir)?

7. ¡Odio a ese tipo! ¡Siempre me habla como si (ser) su inferior!

8. Si todos (haber) leído el artículo, podemos comentarlo en clase.

B. Dé un equivalente en español para la expresión en letras cursivas; luego exprese las oraciones en inglés.

1. *Si hubieran preparado mejor los argumentos*, habrían ganado el debate.

2. Si no les hubieras insultado, *no te habrían dicho eso.*

3. *Habría sido preferible tomar otra decisión* si las circunstancias lo hubieran permitido.

4. *Si tuviera más apoyo político*, ganaría las elecciones.

5. *Si se hubiera sabido de la tragedia, se habría mandado ayuda.*

El uso de los tiempos con el subjuntivo

Sólo hay cuatro formas del subjuntivo: el presente (**hable**), el presente perfecto (**haya hablado**), el imperfecto (**hablara**) y el pluscuamperfecto (**hubiera hablado**). Por lo tanto, para poder expresar todas las posibilidades temporales que existen en el indicativo, cada forma del subjuntivo tiene varias funciones. Por ejemplo, el presente de subjuntivo puede referirse lo mismo a acciones presentes como también a acciones futuras. La interpretación depende tanto del contexto de la oración subordinada (**no creo que venga hoy** versus **no creo que venga mañana**) como del tiempo en que esté el verbo principal. Aunque existen ciertas variaciones regionales, se pueden ofrecer las siguientes generalizaciones con respecto a la correspondencia entre las formas del subjuntivo y la referencia temporal.

VERBO PRINCIPAL: PRESENTE, PRESENTE PERFECTO, FUTURO, FUTURO PERFECTO O MANDATO[3]		
Realización del verbo subordinado	*Se usa*	
Futura	Presente	No creo que **venga** mañana. · *I don't believe he'll come tomorrow.*
Simultánea	Presente	No creo que **vivan** aquí. · *I don't believe they live (are living) here.*
Anterior (**vino**)	Presente perfecto	No creo que **haya venido**. · *I don't believe he came.*
Anterior (**ha venido**)	Presente perfecto	No creo que **haya venido** ya. · *I don't believe he has come yet.*
Anterior (**estaba**)	Imperfecto	No creo que **estuviera** allí. · *I don't believe he was there.*

VERBO PRINCIPAL: IMPERFECTO, PRETERITO, PLUSCUAMPERFECTO, CONDICIONAL O CONDICIONAL PERFECTO		
Realización del verbo subordinado	*Se usa*	
Futura	Imperfecto	No creía que **viniera** más tarde. · *I didn't believe he would come later on.*
Simultánea (**vivía**)	Imperfecto	No creía que **viviera** allí. · *I didn't believe he lived (was living) there.*
Anterior (**vino/ había venido**)	Pluscuamperfecto	No creí que **hubiera venido**. · *I didn't believe he came (had come).*

Ejercicios

A. Forme nuevas oraciones, sustituyendo las palabras en letras cursivas por la expresión indicada entre paréntesis, haciendo a la vez todos los cambios que sean necesarios.

1. *Estoy seguro* que ganarán el partido. (Dudo)
2. *Sabemos* que estaba muy enfermo. (Es triste)
3. *Tengo* un amigo que es cubano. (No tengo)
4. *Dicen* que lo aprendió en dos horas. (Es increíble)
5. *Creían* que tenía veinte años. (No creían)

[3]El verbo subordinado al mandato siempre está en el presente de subjuntivo, ya que siempre se refiere a una acción futura.

6. *Les parecía* que sería buena idea. (Les parecía poco probable)

7. Llegaron *varios* que lo habían visto. (nadie)

8. *Es verdad* que se murió joven. (Es trágico)

9. *Se enteraron de* que poco a poco se moría. (Se pusieron tristes)

10. *Vieron* una película que ha ganado diez premios. (Quieren ver)

B. Exprese en español.

1. **a.** We hope they will visit us next year.

   b. We hope they are enjoying themselves.

   c. We hope they went to the museum.

   ch. We hope they weren't making too much noise.

2. **a.** They doubted that he would do it.

   b. They doubted that we understood.

   c. They doubted that I had written to them.

Tercer paso: Revisión de los aspectos gramaticales estudiados en los capítulos anteriores

Después de revisar los usos del subjuntivo, también revise:

1. El uso de **ser** y **estar**

2. El uso del pretérito y del imperfecto

3. El uso de la voz pasiva con **ser**, la voz pasiva refleja y la construcción pasiva impersonal

4. El uso del artículo definido e indefinido

Cuarto paso: Revisión de la ortografía

Después de revisar los aspectos gramaticales estudiados, repase lo escrito, buscando los errores de acentuación y de ortografía.

Quinto paso: Redacción de la versión final

Escriba una versión final de su trabajo ya con las correcciones y los cambios necesarios.

Capítulo **7**

La comparación y el contraste

Antes de redactar

LA EXPOSICION CON BASE EN LA COMPARACION Y EL CONTRASTE

La comparación y el contraste son dos técnicas de desarrollo que se utilizan con frecuencia en la exposición. La comparación demuestra las semejanzas que existen entre dos entidades; el contraste señala las diferencias.

Estos métodos de exposición pueden utilizarse cuando el escritor desee hacer lo siguiente.

1. Presentar información sobre algo que el lector desconoce dándolo a conocer por medio de sus semejanzas o diferencias en relación con algo que el lector sí conoce. Por ejemplo, para explicar a alguien lo que es un mango, puede compararse éste con otras frutas.

2. Presentar información sobre *dos* entidades desconocidas por el lector comparándolas o contrastándolas con algo ya conocido. Por ejemplo, para hablar de dos novelas que el lector no conoce, se puede hacer una comparación o contraste entre *la definición de una novela ideal* y las dos novelas que quieren discutirse.

3. Presentar información sobre alguna idea general mediante la comparación y/o el contraste de dos entidades que el lector ya conoce. Por ejemplo, para desarrollar el tema de las grandes religiones visto en su contexto social y cultural se puede hacer una comparación y contraste entre el catolicismo, el budismo y las creencias aztecas.

4. Evaluar o hacer un juicio sobre dos entidades.

Hay dos tipos de estructura que son fundamentales y que se utilizan al escribir una exposición basada en la comparación y/o el contraste.

1. *La presentación completa de las dos entidades.* En este tipo de estructura, se presentan todos los aspectos de una entidad, se incluye un párrafo de transición y se sigue con la discusión completa de la otra entidad.

2. *La presentación de un aspecto de una entidad, seguida por la comparación y/o el contraste de éste con un aspecto igual de la entidad opuesta.* En este tipo de estructura se compara o se hace el contraste de una

característica que ambas entidades tengan en común, antes de pasar a la característica siguiente. Comúnmente en este tipo de organización se presentan primero las semejanzas que hay entre dos entidades antes de pasar a hablar de sus diferencias.

Ejemplos de las estructuras fundamentales

Estructura 1: La presentación completa de dos entidades

Ejemplo:	El mango
Propósito:	Informar al lector sobre una fruta
Párrafo 1: *Introducción* *Tesis*	Comentarios introductorios <u>El mango, fruta desconocida para muchos estadounidenses, tiene parecido con el durazno.</u>
Párrafo 2: *Oración temática*	<u>El durazno es una fruta que se reconoce por ciertas características importantes.</u> 1. característica 1 (color) 2. característica 2 (sabor) 3. característica 3 (forma en que se come)
Párrafo 3: *Oración temática*	<u>El mango es una fruta inconfundible.</u> 1. característica 1 (color) 2. característica 2 (sabor) 3. característica 3 (lugares donde se da) 4. característica 4 (forma en que se come)
Párrafo 4: *Oración temática* *Comparación y* *contraste*	<u>Hay semejanzas y diferencias entre el mango y el durazno.</u> 1. detalle 1 2. detalle 2
Párrafo 5: *Conclusión*	Resumen de las ideas importantes

Estructura 2: Comparación y/o contraste de los aspectos de dos entidades comentados uno por uno

Ejemplo:	La poesía chicana
Propósito:	Informar al lector sobre un determinado tipo de poesía comparándola y contrastándola con la poesía lírica tradicional
Párrafo 1: *Introducción* *Tesis*	Comentarios introductorios <u>La poesía chicana, aunque es un género nuevo, tiene un gran parecido con la poesía lírica tradicional.</u>

Párrafo 2: *Oración temática* *Comparación*	La poesía chicana y la poesía tradicional utilizan el mismo tipo de estrofa. 1. detalle 1 2. detalle 2 3. detalle 3
Párrafo 3: *Oración temática* *Comparación*	La poesía chicana y la poesía lírica usan los mismos temas. 1. detalle 1 2. detalle 2 3. detalle 3
Párrafo 4: *Oración temática* *Comparación*	Los dos tipos de poesía utilizan lenguaje metafórico. 1. detalle 1 2. detalle 2
Párrafo 5: *Oración temática* *Contraste*	La poesía chicana sólo se aparta de la poesía tradicional en algunos aspectos. 1. detalle 1 2. detalle 2
Párrafo 6: *Conclusión*	Resumen de las ideas principales

Vocabulario útil

Las palabras y expresiones que se incluyen a continuación pueden ser de utilidad al escribir una comparación o un contraste.

VOCABULARIO PARA HACER COMPARACIONES O CONTRASTES	
a diferencia de	lo mismo... que...
al contrario	más/menos... que...
al igual que	no obstante
asemejarse a	parecerse a
compartir las mismas características	ser diferente de
de la misma manera	ser distinto a
del mismo modo	tan... como...
diferenciarse de	tanto... como...
en cambio	tener algo en común
en contraste con	

MODELO Y ANALISIS

MODELO	La viola

Párrafo 1:
Introducción
Tesis

De todos los instrumentos de la orquesta, la viola es uno de los más menospreciados y olvidados. Mucha gente ni siquiera puede identificar este instrumento. Por lo general, puede decirse que la viola es un violín grande ya que se parece bastante a éste. Sin embargo hay diferencias muy importantes en cuanto al sonido que emiten.

Párrafo 2:
Oración
temática
Comparación

En ciertos aspectos, la viola parece ser idéntica al violín. Los dos instrumentos están hechos de madera y tienen la misma forma. Ambos tienen cuatro cuerdas y se tocan con un arco. Ambos tienen cuatro clavijas y un puente. Los dos tienen una construcción semejante.

Párrafo 3:
Oración
temática
Contraste

Aunque son casi idénticos en su construcción, la viola se diferencia del violín en varios aspectos importantes. En primer lugar, la viola es bastante más grande que el violín; este tamaño requiere que el músico tenga más fuerza en la mano y en la muñeca para alcanzar las posiciones de las notas altas. El tono de la viola es más bajo que el del violín. Así la viola se destaca en las escalas intermedias, es decir, en aquéllas que no son ni tan altas como las que se identifican con el violín ni tan bajas como las que se identifican con el violoncelo. El arco de la viola es más grande y más pesado que el arco del violín. El resultado de esta diferencia es un tono más melancólico en la viola. Finalmente, a la cuerda de *do mayor* de la viola le falta el timbre de las cuerdas del violín; esta falta se supera con el uso de tonos sostenidos y crescendo-diminuendos.

Párrafo 4:
Conclusión

La viola, entonces, es casi idéntica al violín en estructura y forma, pero en otros aspectos es bastante diferente. Es más grande, más profunda y tiene un timbre diferente. También la viola se toca con un arco más pesado. Estas diferencias dan como resultado un tono único que hace de la viola un instrumento valiosísimo dentro de la orquesta sinfónica.

(Jane Lorenzen)

Tema

La exposición hace una descripción de la viola, un instrumento musical.

Propósito

El propósito de la exposición es informativo: presenta información para dar a conocer o explicar la forma, el tamaño, el tono y otros aspectos de la viola.

Organización

Esta exposición busca lograr su propósito haciendo una comparación y contraste entre la viola y otro instrumento musical más conocido (el violín). Sigue la estructura que ya se ha señalado. La introducción incluye algunos comentarios breves sobre el tema y luego pasa a presentar la tesis. La tesis pone de manifiesto que se va a hablar de la viola haciendo una comparación y contraste con el violín. La tesis está escrita en dos oraciones y hace uso de una definición del tipo: clase + diferenciación.

El primer párrafo es bastante breve ya que comenta a grandes rasgos las semejanzas entre la viola y el violín. Aquí se enfocan aspectos superficiales que podría captar la persona que poco conoce de instrumentos musicales.

El segundo párrafo es más extenso que el primero. En él se habla de los efectos que ocasionan las diferencias en tamaño entre los dos instrumentos. Se habla muy superficialmente del tono y del timbre de la viola y del violín.

La conclusión sencillamente repite las ideas presentadas en los dos párrafos principales y concluye con una evaluación del escritor sobre el valor de la viola en la orquesta sinfónica.

Punto de vista y tono

Esta exposición va dirigida a un lector que no tiene una sólida educación musical. No va dirigida a un grupo de virtuosos, es decir, expertos. Tampoco forma parte de un libro de texto que se propone explicar las diferencias entre la viola y el violín desde un punto de vista técnico. La actitud del escritor hacia el tema es, como en la mayor parte de las exposiciones, en gran parte neutral. Con excepción del comentario final y del juicio que hace en la introducción sobre el menosprecio de la viola no se refleja su opinión.

El escritor de esta exposición da por sabido el hecho de que el lector a quien él se dirige ya sabe lo que es un violín. No es necesario, entonces, incluir muchos detalles sobre el violín. Basta con referirse a detalles que sean de fácil comprensión para el lector que no sabe mucho de música.

LA COMPARACION Y EL CONTRASTE: RESUMEN

Se utiliza la técnica de comparación y/o contraste cuando se desea señalar las semejanzas y/o diferencias entre dos o más conjuntos o entidades. La comparación y/o el contraste puede ser el enfoque principal de una exposición o puede usarse tanto para desarrollar una definición como para escribir un análisis o una clasificación.

Antes de empezar a escribir una exposición que utilice la comparación y/o el contraste, el escritor debe saber analizar qué es lo que persigue al usar esta técnica de desarrollo. Supongamos que un escritor quiere hablar sobre el tema de las ventajas de estudiar español. Una pregunta de enfoque que lo llevaría a expresar su tesis sería: «¿Qué ventajas presenta para el alumno universitario el cursar estudios de lengua española?» La respuesta a esta pregunta formaría la tesis de su exposición:

> El cursar estudios de lengua española presenta muchas ventajas para el alumno universitario.

El escritor podría desarrollar este tema enumerando todas las ventajas que se le ocurrieran. Pero supongamos que éste se dirige a un grupo de lectores que *ya* están convencidos de que el estudio de lenguas extranjeras en sí es importante. Sólo se trata de presentar las razones por las cuales debe elegirse el idioma español en particular. En este caso, sería muy útil aproximarse al tema utilizando una comparación de las ventajas de estudiar español en relación con las ventajas de estudiar otras dos lenguas, por ejemplo, el francés y el alemán. El propósito del escritor sería entonces informar al lector sobre las ventajas de estudiar español, comparándolas con las ventajas de estudiar otras dos lenguas modernas. La tesis de la exposición sería entonces:

> Comparado con el francés y el alemán, es más ventajoso estudiar español.

El propósito por el cual se va a utilizar la técnica de comparación y/o contraste es de primera importancia para el escritor. Debe recordarse que ésta es sólo una forma de enfatizar o presentar un tema. Su selección depende de lo que el escritor se proponga lograr.

Antes de decidir emplear esta técnica, deben hacerse las siguientes preguntas.

- ¿Sería útil el uso de la comparación y/o el contraste para ilustrar algún aspecto del tema que se presenta?

- ¿De qué o para qué serviría este uso? ¿Qué se lograría?

- ¿Cuáles son las diferencias y semejanzas entre las entidades que se presentan?

PENSANDO EN EL LECTOR: GUIAS Y SEÑALES RETORICAS

La titulación

Lo primero que ve el lector en un trabajo escrito es su título. El título es un elemento de tal importancia, que en muchos casos, éste solo es suficiente para despertar el interés o provocar la apatía del lector hacia algo escrito. El escritor que se proponga crear una buena primera impresión en sus lectores necesita aprender a elaborar títulos que transmitan desde el principio la impresión total que desea comunicar.

Específicamente, un título tiene las siguientes funciones.

1. Informar al lector sobre el tema que se presenta, sugiriendo el enfoque u objetivo del escrito

2. Captar la atención del lector

3. Reflejar el tono de la presentación

No siempre es posible que un solo título abarque todas estas especificaciones; pero en todo caso, es importante que el escritor esté consciente de las funciones que desempeña en particular. Las siguientes indicaciones pueden utilizarse como guía.

El título debe informar al lector sobre el tema que se presenta sugiriendo el enfoque u objetivo del escrito. Un título bien escrito informa; es decir, refleja claramente el contenido del trabajo. Por lo tanto, los títulos demasiado generales deben evitarse. Si se aplica el título «El teatro» a una exposición en la cual se analiza la comedia del Siglo de Oro, tal título no permite al lector adivinar que se trata de la discusión de una época específica del teatro español. Es demasiado general para dar una idea cabal del tema que realmente se presenta.

De ser posible, el título de un trabajo debe sugerir el enfoque particular de lo que se comenta. Por ejemplo, el título «Los sueños» aplicado a una exposición sobre las causas de las pesadillas sería demasiado global. El lector no lograría darse cuenta de que aquí no se habla de los sueños en su totalidad. Un título mejor enfocado, dado el propósito de la exposición, sería: «De los sueños a las pesadillas: Causas y posibles soluciones», o quizás: «¿Por qué tenemos pesadillas?»

Un título bien escogido también debe indicar cuáles serán los objetivos de la exposición. Por ejemplo, si se quiere escribir acerca del sistema auditivo y de sus componentes, un título que sugiriera tal contenido podría ser: «Los componentes del sistema auditivo». A través de este título, el lector logra darse cuenta de que se hablará de las partes de ese sistema. El título «El oído», sin embargo, no indica ningún enfoque específico. Una exposición bajo este título se prestaría para hacer ya sea un análisis, una clasificación o una definición del oído.

El título debe captar la atención del lector. Un buen título debe captar la atención del lector. El título que se propone lograr esto generalmente utiliza el humor, la sorpresa o la interrogación. Por ejemplo, una exposición sobre la contaminación del ambiente pudiera llevar por título «La región menos transparente». Este título plagia con cierto tono humorístico el de la famosa novela de Carlos Fuentes, *La región más transparente.* Tal adaptación reflejaría el contenido de la exposición mientras que al mismo tiempo haría pensar al lector informado sobre su significado.

El título debe reflejar el tono de la presentación y ser apropiado para el lector y para la exposición. Si acaso se decide utilizar un título que capte la atención del lector, importa recordar que el título siempre debe ser apropiado para el lector y para la exposición. Teóricamente, una exposición seria lleva un título serio. Una exposición menos formal puede reflejar esta característica a través de su título. En el caso de una exposición sobre la contaminación ambiental, es claro que si ésta va dirigida a un grupo de expertos en la materia, el título «La región menos transparente» no es muy apropiado. Sería más conveniente un título técnico que sugiriera las dimensiones del tema. Es obvio también que la presentación misma del tema, si va dirigida a ese grupo de expertos, sería diferente de una presentación orientada a concientizar a un grupo de jóvenes acerca de las consecuencias de la contaminación ambiental.

El título de una exposición puede contribuir marcadamente a crear la impresión que el escritor quiere dejar en el lector. Quien escribe necesita estar consciente del efecto que puede tener un título y aprender a utilizarlo con confianza.

ESTRATEGIAS DEL ESCRITOR: EL LENGUAJE PERSONAL

Durante una conversación, si una persona explica sus ideas a otra, el que escucha puede interrumpir y hacer preguntas en cualquier momento si el que habla usa un lenguaje o terminología poco clara. Por otra parte, cuando se escribe, parte de la tarea del escritor es anticipar las necesidades del lector y reconocer cualquier expresión o palabra que sea parte de un «lenguaje personal». En la redacción, el lenguaje personal incluye expresiones o frases que pueden ser significativas para el escritor por sus experiencias previas o por su conocimiento del tema, pero ambiguas o incluso confusas para el lector.

El proceso de identificar el «lenguaje personal» en lo que se escribe puede ocurrir en el mismo momento en que se empieza a generar ideas o después de que se haya empezado a escribir el borrador. Es útil aclarar cada ejemplo que se encuentre de este lenguaje personal, amplificándolo por medio de una explicación detallada de lo que se desea comunicar, de una lista de ejemplos específicos, o de una definición. Esta ampliación de la prosa ayuda a veces al escritor a identificar los aspectos débiles de su argumento: es posible que las implicaciones de algún vocablo determinado vayan más allá de lo que realmente se puede sostener con la información que se tiene. Generalmente la clarificación del «lenguaje personal» le es de utilidad al escritor ya que le permite reunir más datos sobre el tema que trata, datos que puede incorporar en versiones revisadas del escrito.

En el borrador inicial que se presenta a continuación, están subrayados los ejemplos de «lenguaje personal», con las aclaraciones del escritor anotadas en el margen. Debe notarse que estas aclaraciones luego fueron incorporadas en el segundo borrador, que tambiér. se incluye.

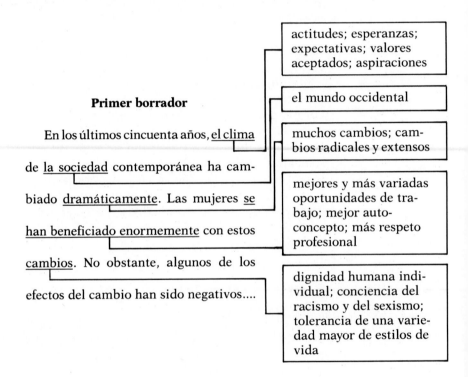

Primer borrador

En los últimos cincuenta años, el clima de la sociedad contemporánea ha cambiado dramáticamente. Las mujeres se han beneficiado enormemente con estos cambios. No obstante, algunos de los efectos del cambio han sido negativos....

actitudes; esperanzas; expectativas; valores aceptados; aspiraciones

el mundo occidental

muchos cambios; cambios radicales y extensos

mejores y más variadas oportunidades de trabajo; mejor auto-concepto; más respeto profesional

dignidad humana individual; conciencia del racismo y del sexismo; tolerancia de una variedad mayor de estilos de vida

Segundo borrador

En los últimos cincuenta años, los cambios en las actitudes y valores característicos de la sociedad occidental contemporánea han alterado dramáticamente las formas en que los individuos se valorizan mutuamente y las formas en que interaccionan en el mundo. Como resultado, las mujeres han empezado a disfrutar de una gama más amplia de alternativas en cuanto a su vida profesional y personal, opciones que conllevan el desarrollo de un auto-concepto positivo que a su vez las están capacitando para desenvolverse con mayor confianza. No obstante, algunos de los efectos de estos cambios en actitudes y valores han sido negativos....

Nótese que desde la perspectiva del lector, el segundo borrador es más explícito. Es menos fácil para el lector sacar conclusiones precipitadas al leer entre líneas lo que no intentaba decir el escritor.

ANTES DE ESCRIBIR: EJERCICIOS

A. *Entre todos en la clase.* Usen la estrategia de generación de ideas para limitar tres de los cuatro temas generales.

1. las madres suplentes (*surrogate)*   **3.** los «*yuppies*»

2. el analfabetismo   **4.** las culturas asiáticas

Alguien de la clase debe anotar todas las ideas y asociaciones que surjan durante esta actividad, dejándolas a la vista de todos en la clase.

B. *Divídanse en grupos de tres.* Cada grupo debe

1. escoger uno de los temas anteriores y uno de los grupos de lectores indicados a continuación

2. identificar su propósito como escritor

3. caracterizar al lector pensando en lo que ya pueda saber acerca del tema, la actitud que pueda tener al respecto y el propósito que pueda tener como lector

4. limitar más el tema si es necesario

5. enfocar el tema y preparar una tesis

lectores

- el público general de la comunidad universitaria
- el público general del estado en que se encuentra la universidad
- los lectores de una revista para jóvenes entre los 13 y los 17 años de edad

C. *Entre todos.* Comparen y contrasten el trabajo de los varios grupos sobre el mismo tema. ¿Qué diferencias se notan con respecto a las tesis? ¿A qué se deben? ¿En algunos casos fue necesario que los grupos agregaran más ideas o asociaciones a la lista anterior? Comenten.

CH. Ahora, cada grupo debe escribir rápidamente el borrador de una introducción. Utilicen las técnicas que se describieron en el Capítulo 6 si encuentran dificultad en expresar ideas. Sugieran un título apropiado.

D. ***Entre todos.*** Comenten las introducciones y títulos que se han preparado. Analicen las introducciones para identificar ejemplos de «lenguaje personal» que debieran ampliarse. Traten de contestar las siguientes preguntas con respecto a cada uno de los títulos.

- ¿Tiene el tono y el vocabulario apropiado?

- ¿Captará el interés del lector a quien se dirige?

- ¿Presenta y enfoca el tema?

E. ***Entre todos.*** Comenten los temas del los ejercicio A. ¿Cuáles de ellos se prestan a una exposición con base en la comparación y/o el contraste? Expliquen. ¿Cuáles de los temas a continuación se prestan a este tipo de organización? Expliquen.

Temas:

El cuerpo humano	Los sistemas políticos
La fotosíntesis	
La niñez	Una noche inolvidable
Mi primer novio (primera novia)	El romanticismo
La vida del campo	Las articulaciones del cuerpo
Las armas de fuego	
La vida en la frontera	La guerra
La carta comercial	El pintor y el fotógrafo

¿Qué comparaciones o contrastes se pueden hacer en cada caso? ¿A qué tipo(s) de desarrollo se prestan los otros temas?

F. ***Divídanse en grupos de tres o cuatro.*** Cada grupo debe analizar el borrador que aparece a continuación, buscando información con respecto a los siguientes puntos.

1. Tema

2. Tesis

3. Propósito del escritor

4. Lector anticipado: carácter y propósito

5. Organización

6. Punto de vista y tono

7. Eficacia con respecto a anticipar las necesidades del lector, demostrada en la selección y presentación del contenido

8. Eficacia del título

Comenten entre todos los resultados de su análisis y sugieran otras formas en que el escritor podría mejorar su ensayo.

La víbora de la mar

«La víbora de la mar» es un juego infantil mexicano que mucho se parece al juego que en los Estados Unidos se conoce como «London Bridge». Al igual que el juego «London Bridge», «La víbora de la mar» se juega mientras se canta una canción. Al igual que los versos de la canción «London Bridge» sugieren lo que pasará en el juego, también los versos de «La víbora de la mar» revelan lo que ocurrirá. El primer verso dice, por ejemplo:

A la víbora, víbora, de la mar, de la mar
por aquí pueden pasar.
El de adelante corre mucho
y el de atrás se quedará.

Para jugar el juego, así como sucede en «London Bridge», dos niños unen las manos en alto y forman un puente debajo del cual van pasando los otros niños que juegan. Así como en el juego americano, en el juego mexicano los niños que tienen unidas las manos en alto las bajan y atrapan al niño que va pasando cuando lo indican los versos de la canción que cantan todos. En este caso cuando se canta el verso:

Campanitas de oro
déjenme pasar,
con todos mis hijos
menos el de atrás, trás, trás.

En contraste con «London Bridge», sin embargo, el enfoque de la canción y del juego está, no en los dos niños que forman el puente, sino en la cadena de niños que forma una víbora que pasa y se enrosca muchas veces. También en contraste con «London Bridge», antes de empezar a jugar, los dos niños que forman el puente escogen una identidad secreta. Uno dice ser, por ejemplo, «manzana» y el otro dice ser «naranja». Cuando un niño de los demás jugadores queda atrapado, se le lleva a un lugar aparte de los otros y se le pregunta: ¿Con quién te vas, con manzana o con naranja? El niño escoge y se pone atrás del que escogió, tomándolo de la cintura. Al final, quedan dos cadenas o víboras detrás de cada uno de los niños que forman el puente. Para decidir qué cadena es más fuerte, los dos grupos intentan arrastrar al grupo opuesto sobre una línea que se forma en la tierra. De manera parecida al juego «Tug of War», el grupo que gana arrastra al otro y lo fuerza a cruzar la línea divisoria.

La redacción

COMO SE ESCRIBE UNA EXPOSICION CON BASE EN LA COMPARACION Y/O EL CONTRASTE

El proceso de escribir una exposición que contenga una comparación y/o un contraste se basa en los pasos que se detallan a continuación. Examine cada paso cuidadosamente antes de escribir su composición.

1. Seleccione un tema general.

2. Seleccione un aspecto del tema que pueda explicarse haciendo una comparación y/o un contraste con otra entidad u otro aspecto del tema.

3. Haga una lista que contenga dos columnas. En cada columna anote las características de los objetos/ideas/aspectos que se comparan.

4. Incluya en la lista los aspectos que tengan en común las dos entidades. Es necesario que haya un balance exacto entre las dos columnas. Sólo se incluye una característica de la entidad A si existe una característica paralela en la entidad B con la cual pueda hacerse una comparación o contraste.

5. Examine las características de las dos entidades y escoja las que presentará. Aunque cada característica tenga su paralelo, no es necesario que las presente en forma idéntica. Si se trata de una entidad conocida, puede esperarse que el lector y a sepa algo de sus características sobresalientes. Puede incluir más detalles sobre la entidad desconocida.

6. Decida a quién va a dirigir la exposición y caracterícelo con respecto a su conocimiento previo del tema, su actitud y su propósito como lector.

7. Identifique su propósito como escritor.

8. Escriba una tesis que refleje la comparación y/o contraste que se hará.

9. Elabore un esquema y organice la exposición utilizando uno de los dos tipos de estructura.

10. Escriba una oración temática para cada uno de los párrafos de apoyo.

11. Incluya una conclusión que haga un resumen de las semejanzas o diferencias que hay entre las dos entidades.

12. Escriba un borrador.

13. Escriba un título para la exposición.

14. Revise el contenido.

15. Revise los aspectos gramaticales.

16. Pase el trabajo en limpio.

Tarea

Escriba una exposición utilizando la técnica de comparación y contraste. Siga estas indicaciones.

1. Haga de cuenta que Ud. habla de algo que el lector no conoce.

2. Informe al lector acerca de lo que Ud. desea presentar, comparándolo o contrastándolo con algo que el lector ya conoce.

Incluya con su ensayo:

1. el propósito de su presentación

2. la identificación y la caracterización del lector a quien Ud. se dirige

3. un párrafo que explique brevemente la esencia de su ensayo y dos ideas concretas con respecto a lo que debe hacer en el ensayo para «enseñar» esta información al lector

4. un ejemplo de «lenguaje personal» del borrador que luego corrigió en la versión final

5. la tesis y las oraciones temáticas subrayadas

La revisión

Primer paso: Revisión del contenido y de la organización

La organización del escrito en su totalidad

Revise el ensayo ya escrito mediante las siguientes preguntas.

- ¿Cuál es el tema general de mi escrito?

- ¿Cuál es la tesis de mi escrito?

- ¿Refleja la tesis el hecho de que he utilizado la comparación y el contraste?

- ¿Cuál es mi propósito al redactar esta exposición?

- ¿A quién va dirigido mi escrito? ¿Se refleja este hecho en el contenido?

- ¿Logro comunicar y enseñar al lector la esencia de mis ideas? ¿Es claro mi lenguaje? ¿Incluye la información necesaria para que resulte claro? ¿Incluye ejemplos de «lenguaje personal» que pueden ser ambiguos o vagos para el lector? ¿Incluye suficientes palabras y expresiones de transición que facilitan su lectura y comprensión?

- ¿Son lógicas y válidas las relaciones de comparación y contraste que quiero establecer? ¿Hay otros datos que debo tomar en cuenta?

- ¿He incluido una introducción? ¿Qué propósito tiene?

- ¿He incluido una conclusión? ¿Resume ésta los datos importantes?

- ¿Qué tono he adoptado en el ensayo? ¿Es apropiado para mi propósito?

La organización a nivel del párrafo

Examine cada uno de los párrafos verificando los siguientes aspectos.

- ¿Contiene cada uno de los párrafos una oración temática?

- ¿Se relacionan todas las oraciones del párrafo con esta oración?

- ¿He incluido frases apropiadas para marcar las transiciones entre párrafos?

Segundo paso: Revisión de los aspectos gramaticales

Los pronombres relativos

Cuando dos oraciones simples comparten un mismo elemento, es posible reemplazar uno de estos elementos con un pronombre relativo y unir las dos oraciones en una sola.

Van a leer **el libro. El libro** fue escrito por García Márquez.	→	Van a leer **el libro que** fue escrito por García Márquez.
No conocen a **la mujer. La mujer** acaba de llegar.	→	No conocen a **la mujer que** acaba de llegar.

Los planes son ultrasecretos. → **Los planes de que** hablan son
Hablan de **los planes.** ultrasecretos.

En inglés hay contextos en que se pueden omitir los pronombres relativos. En español, los pronombres relativos siempre tienen que expresarse. Como regla general se puede decir que si en cierto contexto es *posible* usar un pronombre relativo en inglés, será *necesario* usarlo en español.

¿Cómo se llamaba la película
que vieron?

*What was the name of the film
(that) they saw?*

Los pronombres relativos en español son:

que	*that, which, who*
quien, quienes	*who, whom*
el que, los que, la que, las que	*that, which, who, whom*
el cual, los cuales, la cual, las cuales	*that, which, who, whom*
lo que, lo cual	*which*
cuyo, cuyos, cuya, cuyas	*whose*

El uso de los relativos depende de muchos factores: de la naturaleza del elemento reemplazado (si se refiere a una persona o a una cosa), del contexto del discurso (si es formal o informal, si está claro o si existe la posibilidad de ambigüedad), del contexto lingüístico en que la nueva oración se coloca (si viene después de una preposición, si forma parte de una cláusula explicativa o de una cláusula especificativa)[1] y, hasta cierto punto, de las preferencias personales de quien escribe. En este sentido hay cierta semejanza con el uso de los relativos en inglés: hay contextos en que únicamente puede usarse *uno* de los relativos *that, which, who* y otros en que cualquiera de *los tres* puede usarse indistintamente. A continuación se presenta una guía general para el uso correcto de los relativos. Cuando se indica la posibilidad de usar ciertas formas indistintamente, será conveniente tener presente estas reglas.

---

[1]Una cláusula explicativa añade información extra a la oración y siempre va entre comas. La información de la cláusula especificativa es necesaria y va directamente unida al sustantivo.

Cláusula explicativa: Ese hombre, **que vive a unos diez kilómetros de nuestra casa,** siempre pasa por aquí a las siete de la mañana.

Cláusula especificativa: El hombre **que vimos ayer** es un gran poeta.

1. **Que** y **quien** son las formas más simples y, por lo tanto, las formas preferidas en los contextos informales (conversación, cartas personales).

2. Ya que las formas **el que** y **el cual** pueden indicar el género y el número del sustantivo a que se refieren, estos relativos se prefieren cuando existe la posibilidad de ambigüedad, o sea, cuando es necesario hacer una distinción entre dos posibles antecedentes.[2]

<table>
<tr><td>Hablaron con las hijas de los Gómez, **las cuales** viven ahora en Madrid.</td><td>*They spoke with the Gómez daughters, who now live in Madrid.*</td></tr>
<tr><td>Hablaron con las hijas de los Gómez, **los cuales** viven ahora en Madrid.</td><td>*They spoke to the daughters of the Gómezes, who now live in Madrid.*</td></tr>
</table>

3. **El cual** es el relativo más «elegante» y por eso se prefiere en los contextos más formales (discursos, ensayos).

A. *Para referirse a personas*

1. En las cláusulas especificativas, el único pronombre que se puede usar es **que.**

<table>
<tr><td>Los inmigrantes **que** llegan a este país vienen de todas partes del mundo.</td><td>*The immigrants who come to this country come from all parts of the world.*</td></tr>
<tr><td>Invitaste a todas las personas **que** conoces, ¿verdad?</td><td>*You invited everyone that you know, right?*</td></tr>
</table>

directa
obvia

2. Cuando se trata de las cláusulas explicativas, se usa **que** en la conversación, pero en la lengua escrita se encuentran a menudo **quien** y las formas **el que** y **el cual.**

posible
ambigüedad

<table>
<tr><td>Los obreros, **que/quienes/los que/los cuales** pidieron un aumento de sueldo hace varios meses, presentaron hoy su nuevo contrato.</td><td>*The workers, who requested a pay raise several months ago, today presented their new contract.*</td></tr>
</table>

---

[2]El antecedente es el sustantivo a que se refiere el pronombre relativo. Por ejemplo, en la oración «El hombre que vimos es un gran poeta», **el hombre** es el antecedente del relativo **que.**

Entrevistaron a la víctima,
que/quien/la que/la cual
prefirió no ser identificada,
inmediatamente después del
accidente.

*They interviewed the victim,
who preferred not to be
identified, immediately after
the accident.*

3. En los dos tipos de cláusulas, después de las preposiciones se pre-
    fiere el uso de **quien,** aunque también es posible el uso de las for-
    mas **el que** y **el cual.**

[handwritten margin note: Los artefactos olmecas, con los que llegaron los arqueólogos de su viaje a México, completaron la col. del Museo.]

Los indios, con **quienes/los
que/los cuales** había vivido
varios años, son conocidos
tejedores.

*The Indians, with whom he had
lived for several years, are
famous weavers.*

La mujer detrás de **quien/la
que/la cual** todos esconden
su ratería es nada menos
que la presidente de la
compañía.

*The woman behind whom they
all hide their petty thievery is
none other than the president
of the company.*

Note que en español, la preposición siempre tiene que colocarse
delante del relativo, a diferencia del inglés, que en el *uso informal*
permite la separación del relativo de la preposición.

¿Es ése el hombre **de quien**
estás enamorada?

*Is that the man **that** you're in
love **with?***

4. Para expresar la idea de *the one who* o *those who,* se usan las for-
    mas apropiadas de **el que.**

Después de varios años, **los
que** habían aprendido inglés
empezaron a adaptarse a la
cultura nacional.

*After several years, the ones who
had learned English began to
adapt themselves to the
national culture.*

La hija de Gómez, **la que** ganó
un premio este año, no me
impresionó mucho.

*Gomez's daughter—the one that
won a prize this year—did
not impress me much.*

5. En todos los contextos, para indicar posesión se usa **cuyo.** Note
    que **cuyo** concuerda en número y género con lo poseído, no con la
    persona que posee.

Esa mujer, **cuyos** hijos ganan
más de $500.000 al año, vive
en la miseria.

*That woman, whose children
earn more than $500,000 a
year, lives in poverty.*

El escritor de **cuyas** novelas todavía no hemos hablado nació en Nicaragua.	*The writer of whose novels we have not yet spoken was born in Nicaragua.*

B. *Para referirse a cosas*

1. En las cláusulas especificativas, el único pronombre cuyo uso es posible es **que.**

Van a presentar un programa **que** describe las enfermedades cardíacas.	*They are going to show a program that describes heart diseases.*
Las excusas **que** le ofrecieron no tenían fundamento.	*The excuses that they offered her had no basis in fact.*

2. En las cláusulas explicativas, se usa **que** en la conversación, pero en la lengua escrita son frecuentes las formas **el que** y **el cual.**

Estos problemas, **que/los que/ los cuales** ni siquiera existían hace cincuenta años, ahora amenazan toda la civilización moderna.	*These problems, which did not even exist fifty years ago, now threaten all of modern civilization.*
Su última película, **que/la que/ la cual** se filmó en Grecia, recibió un premio internacional.	*Her last movie, which was filmed in Greece, won an international prize.*

3. En las cláusulas especificativas, después de las preposiciones **a, de, en** y **con,** se prefiere usar **que** y **el que** aunque en la lengua escrita también se usa **el cual.** En las cláusulas explicativas, es más frecuente el uso de **el cual** después de estas preposiciones.

La película de **que/la que/la cual** hablas no se filmó en Grecia sino en España.	*The movie you are talking about was not filmed in Greece, but in Spain.*
Es una historia triste en **que/la que/la cual** la heroína muere de tuberculosis.	*It is a sad story in which the heroine dies of tuberculosis.*
Esa película, de **la cual** ya todos han oído hablar, no se filmó en Grecia sino en España.	*That movie, about which you have all heard, was not filmed in Greece, but in Spain.*

La historia, en **la cual** la heroína muere de tuberculosis, es muy triste.	*The story, in which the heroine dies of tuberculosis, is very sad.*

4. En las dos cláusulas se pueden usar **el que** o **el cual** después de las preposiciones cortas (**sin, para, hacia**). Después de las preposiciones de más de dos sílabas (**durante, después de, a través de**), sólo se usa **el cual**.

El sol es una fuente de energía sin **la que/la cual** no podemos sobrevivir.	*The sun is a source of energy without which we cannot survive.*
La operación, para **la que/la cual** todos se habían preparado durante meses, iba a empezar a las 10:30.	*The operation, for which everyone had prepared for months, was to begin at 10:30.*
Hicieron una presentación durante **la cual** todos los asistentes se quedaron dormidos.	*They made a presentation during which everyone fell asleep.*
Su presentación, durante **la cual** todos los asistentes se quedaron dormidos, fue muy aburrida.	*Their presentation, during which everyone fell asleep, was very boring.*

5. Para expresar la idea de *the one that* o *those that,* se usan las formas apropiadas de **el que**.

Los resultados científicos, **los que** acaban de ser presentados, representan la culminación de muchos años de investigación.	*The scientific results—the ones that have just been presented—represent the culmination of many years of research.*
La universidad, **la que** está en Salamanca, va a patrocinar un simposio literario.	*The university—the one in Salamanca—is going to sponsor a literary symposium.*

6. En todos los contextos, para indicar posesión, se usa **cuyo.**

Esa es la catedral **cuya** bóveda fue diseñada por Miguel Angel.	*That is the cathedral whose dome was designed by Michelangelo.*

En un lugar de la Mancha de **cuyo** nombre no quiero acordarme...	*In a place in La Mancha, whose name I don't wish to recall . . .*

C. *Para referirse a ideas y a otras abstracciones*

1. En las cláusulas explicativas y después de las preposiciones cortas se usan **lo que** o **lo cual.** Después de las preposiciones de más de dos sílabas sólo se usa **lo cual.**

La conquista fue muy rápida, **lo que/lo cual** se explica en parte por las creencias supersticiosas de la población.	*The conquest was very rapid, which is explained in part by the superstitious beliefs of the population.*
Sus acciones ofendieron a muchos, por **lo que/lo cual** le dieron una reprimenda pública.	*His actions offended many, for which he was given a public reprimand.*
Nadan dos millas y media, recorren otras 112 en bicicleta y luego corren un maratón, después de todo **lo cual** tienen derecho a llamarse hombres (y mujeres) de hierro.	*They swim 2.5 miles, cycle another 112, and then run a marathon, after all of which they have a right to call themselves men (and women) of iron.*

2. En las cláusulas especificativas sólo es posible usar **lo que.** En este contexto **lo que** equivale a *what* o *that which* en inglés.

No entiendo nada de **lo que** Ud. dice.	*I don't understand anything of what you are saying.*
Lo que más nos molesta es la manera en que tratan a sus empleados.	*What bothers us most is the way in which they treat their employees.*

Ejercicios

A. Escoja el relativo que *mejor* corresponda a cada contexto, indicando a la vez aquellos cuyo uso es posible pero menos frecuente.

1. Aun las personas (que/quienes/las que) han estudiado este fenómeno no lo entienden del todo.

2. Nunca encontraron el tesoro (el que/que/el cual) los piratas habían escondido.

3. El presidente siempre regala los bolígrafos con (que/los que/los cuales) firma los documentos importantes.

4. Hoy en día un matrimonio típico dura menos de diez años, (que/el que/lo cual) representa un grave peligro para la familia como unidad social.

5. La puerta por (que/la que/la cual) entraron era baja y estrecha.

6. El reinado de los Reyes Católicos, durante (el cual/lo cual/el que) se unificó toda la península ibérica, presenció varios acontecimientos históricos de gran importancia.

7. El antecedente a (que/el que/el cual) se refiere es un objeto.

8. Los aficionados, (que/quienes/los cuales) habían hecho cola durante toda la noche, no pudieron entrar hasta el mediodía.

9. El castillo hacia (que/el que/el cual) caminaban pertenecía a un duque (que/quien/el que) tenía fama de ser muy cruel.

10. Esa es la mujer de (que/quien/la que) habíamos leído tanto en el periódico.

B. Junte las oraciones por medio de pronombres relativos.

1. El puente de San Francisco es muy largo. El puente es conocido en todo el mundo.

2. Compré un aparato. Puedo pelar patatas con el aparato.

3. Inventaron un aparato complicado. Es posible guiar los rayos láser con el aparato.

4. Las ventanas de los coches son electrónicas. Diseñaron las ventanas este año.

5. Todas estas parejas todavía mantienen una relación amigable. Las parejas antes estaban casadas.

6. En el libro se describe un proceso. Mediante el proceso se extrae la sangre del cuerpo para purificarla.

7. Todos los procesos tienen importantes repercusiones en las personas. Nos hablaron de los procesos. Las personas sufren de enfermedades cardíacas.

8. El árbol fue destruido durante una tempestad. El ladrón había escondido las joyas en el árbol.

9. La duquesa ya se había muerto. El ladrón había robado las joyas de la duquesa. Eso creó problemas jurídicos.

10. Existen muchos fenómenos. Las explicaciones de los fenómenos no se basan en la ciencia.

Tercer paso: Revisión de los aspectos gramaticales estudiados en los capítulos anteriores

Después de revisar los usos de los pronombres relativos presentados en este capítulo, también revise:

1. El uso de **ser** y **estar**

2. El uso del pretérito y del imperfecto

3. El uso de la voz pasiva con **ser,** la voz pasiva refleja y la construcción pasiva impersonal

4. El uso del artículo definido e indefinido

5. El uso del subjuntivo

Cuarto paso: Revisión de la ortografía

Después de revisar los aspectos gramaticales estudiados, repase lo escrito, buscando los errores de acentuación y de ortografía.

Quinto paso: Redacción de la versión final

Escriba una versión final de su trabajo ya con las correcciones y los cambios necesarios.

La causa y el efecto

Antes de redactar

LA EXPOSICION CON BASE EN LA CAUSA Y EL EFECTO

Una exposición con base en la causa examina un objeto o un fenómeno y busca responder a preguntas tales como: ¿Por qué es así? o ¿Cómo ha llegado a ser así? La exposición con base en el efecto tiene como propósito contestar la pregunta: ¿Cuáles son las consecuencias de esto? Es posible enfocar una exposición concentrándose en sólo una de estas perspectivas, pero es común combinar las dos en un solo ensayo, es decir, examinar el porqué de cierta situación y luego explicar las consecuencias que ésta pueda tener sobre determinado grupo, creencia o actividad.

Tanto las causas como los efectos se pueden dividir en dos grupos: los directos y los indirectos. Una causa indirecta está separada en el tiempo (y el espacio) de su resultado, mientras que la causa directa tiene una relación más obvia e íntima con éste. Por ejemplo, si fulano de tal, un fumador empedernido, muere de cáncer en los pulmones, la causa directa de su fallecimiento es el cáncer mientras que la causa indirecta ha sido el hábito de fumar. La fuerza o validez de un argumento no reside en el carácter directo o indirecto de las circunstancias examinadas: las causas directas pueden ser triviales y las causas indirectas pueden ser tan remotas que su relación con lo examinado resulte poco sólida. La tarea del escritor es investigar—y pesar—los datos con cuidado para luego poderlos presentar al lector de manera convincente.

Vocabulario útil

Las palabras y expresiones que se incluyen a continuación se utilizan para expresar las relaciones de causa y efecto.

VOCABULARIO PARA LAS RELACIONES DE CAUSA Y EFECTO	
a causa de (que), debido a (que)	porque, puesto que, ya que
acabar + *gerundio*	responsabilizar
así que	el resultado
causar, desencadenar, originar, producir, provocar	resultar de, proceder de
	resultar en

VOCABULARIO PARA LAS RELACIONES DE CAUSA Y EFECTO *(continuado)*	
como $\begin{cases} \text{consecuencia} \\ \text{resultado} \end{cases}$	se debe a (que)
	ser responsable de
culpar	tras
implicar	
por $\begin{cases} \text{consiguiente} \\ \text{eso} \\ \text{este motivo} \\ \text{lo tanto} \end{cases}$	

MODELO Y ANALISIS

En el modelo que aparece a continuación, se han indicado a la izquierda las partes principales de la organización.

MODELO	La enseñanza de la lectura
Párrafo 1: **Introducción** **Definición**	La lectura puede definirse como aquella actividad humana que tiene como objeto la extracción del significado de un texto escrito. Al leer, el lector extrae el significado de los símbolos escritos; es decir, comprende el sentido de lo que representan. Sin comprensión, no puede decirse que se ha llevado a cabo el proceso de la lectura. Desafortunadamente, hoy en día, la mala interpretación de lo que significa *leer* ha afectado la forma en que se enseña a leer tanto a los niños en su primera lengua como a los alumnos de lengua extranjera.
Tesis:	
Párrafo 2: **Oración** **temática**	En el caso de la enseñanza de la lectura a los niños, el error más común que comete el maestro es creer que la lectura consiste en pronunciar en voz alta ciertas combinaciones de sonidos. En la mayoría de los casos, esto hace que el alumno trabaje con palabras aisladas y no con textos que verdaderamente tienen significado. Se le enseña al niño que ciertos símbolos grafémicos tienen un valor definitivo: la letra *a* se pronuncia como [a], etcétera; y cuando éste puede relacionar las letras con los sonidos se dice que ya sabe leer. No se consideran las limitaciones que esta estrategia le impone, pues al tratar de leer un texto palabra por palabra, el significado de la lectura en su totalidad se le escapará.

Párrafo 3:
Oración
temática

<u>La enseñanza de la lectura en una lengua extranjera también refleja una mala interpretación del proceso de la lectura.</u> Aunque generalmente el estudiante de lengua extranjera es un lector maduro que ya ha logrado adquirir práctica en extraer el significado de textos de diferentes tipos en su primera lengua, se usa con él el mismo método que se utiliza con los niños. En este caso también parece considerarse la lectura un proceso que consiste en leer en voz alta. Para muchos profesores de lengua extranjera, leer significa pronunciar correctamente lo que se lee. En un gran número de cursos de lengua extranjera, el profesor utiliza la lectura sólo para corregir la pronunciación de los estudiantes. Rara vez se le da al alumno la oportunidad de practicar la lectura en silencio y de descubrir así en el contexto el significado de ciertas palabras desconocidas. Con gran frecuencia, el estudiante de lengua extranjera sólo logra leer palabra por palabra; por eso concluye que leer es traducir.

Párrafo 4:
Conclusión

Los métodos que hoy se utilizan para la enseñanza de la lectura se basan en la interpretación de lo que se cree que este proceso significa. Para poder cambiar estos métodos—es obvio que necesitan cambiarse ya que parecen haber tenido un éxito limitado—es necesario educar tanto al público como al personal educativo sobre el verdadero significado de la lectura.

Tema

Esta exposición describe la relación entre la interpretación que se da a cierto concepto y la manera en que tal concepción afecta a otros. Específicamente, explora las consecuencias que tiene para la enseñanza de la lectura el partir de una interpretación inexacta de lo que significa ese proceso. Por la importancia que tiene la definición del proceso de la lectura, se incluye una definición breve en la introducción misma.

Propósito

El objetivo principal de este ensayo es convencer: El escritor tiene una opinión negativa con respecto a la interpretación que se ha dado a lo que es la lectura. Escribe para que el lector aprecie las consecuencias en la práctica educativa de esta falsa interpretación de un concepto básico, en este caso, la lectura.

Organización

La organización general de esta exposición sigue el patrón que se estableció en el Capítulo 5, la cual se puede esquematizar de la siguiente manera:

Párrafo 1:   I. Introducción
   A. *Definición:* Utiliza la técnica del sinónimo: la lectura = actividad humana, leer = extraer el significado de los símbolos escritos.
   B. *Tesis:* Desafortunadamente, hoy en día, la mala interpretación de lo que significa leer ha afectado la forma en que se enseña a leer tanto a los niños en su primera lengua como a los alumnos de lengua extranjera.

Párrafo 2:   II. Efectos en la enseñanza de la lectura a los niños. *Oración temática:* el error más común... de sonidos.

Párrafo 3:   III. Efectos en la enseñanza de la lectura en una lengua extranjera. *Oración temática:* La enseñanza... de la lectura.

Párrafo 4:   IV. Conclusión
   A. *Resumen:* Los métodos... significa.
   B. *Comentario personal del autor:* es obvio que... el verdadero significado de la lectura.

Tono

El tono de esta exposición refleja claramente la opinión del autor con respecto al tema que presenta. Este escoge una postura filosófica en cuanto a la enseñanza de la lectura (cree que no ha tenido gran éxito), y presenta una posible explicación de las causas. Utiliza un tono autoritario que sugiere que conoce a fondo el tema que discute. Aunque en ningún momento respalda sus opiniones, las presenta como si fueran hechos.

ESTRATEGIAS DEL ESCRITOR: EL TONO

En esta exposición, el autor no mantiene un tono neutral con relación al tema que presenta; al contrario, expresa su opinión personal desde un principio y logra hacer una crítica fuerte de la enseñanza de la lectura. La presentación de la opinión personal aquí es de especial interés ya que se refleja en el tono que se utiliza desde el principio. Como queda demostrado, para presentar una opinión no es necesario decir «yo pienso que» o «en mi opinión»; basta escoger ciertos detalles y presentarlos de manera que provoquen en el lector la reacción que el escritor desea.

Para lograr que un lector se forme una opinión negativa de un tema, el autor no necesita decir «ésta es una actitud tonta». Puede influir en el lector escogiendo con cuidado el vocabulario que utiliza, la forma en que expresa los hechos y el orden en que los presenta. La siguiente comparación entre lo que es una actitud neutral y la actitud subjetiva del autor del ejemplo anterior ilustra las diferentes estrategias que se pueden utilizar al presentar una opinión.

ACTITUD OBJETIVA NEUTRAL	ACTITUD SUBJETIVA DEL AUTOR
La interpretación de lo que es leer ha afectado...	Desafortunadamente... la mala interpretación de lo que significa leer...
En el caso de la enseñanza de la lectura a los niños, es común creer que...	En el caso de la enseñanza de la lectura a los niños, el error más común...
Esta estrategia lo lleva, cuando se trata de leer un texto entero, a leerlo palabra por palabra.	No se consideran las limitaciones... palabra por palabra, el significado de la lectura en su totalidad se le escapará.
La enseñanza de la lectura en una lengua extranjera también parte de la teoría que se tiene de la lectura.	... también refleja una mala interpretación del proceso de la lectura.
Aunque es un lector con práctica en leer textos en su lengua nativa, empieza por lo elemental en la extranjera.	... se usa con él el mismo método que se utiliza con los niños.
Con gran frecuencia, el estudiante de lengua extranjera lee palabra por palabra; para él leer equivale a traducir.	Con gran frecuencia... sólo logra leer...

PENSANDO EN EL LECTOR: GUIAS Y SEÑALES RETORICAS

Las transiciones

Aunque en una exposición bien estructurada cada uno de los párrafos se relaciona con los demás, ya que todos desarrollan o apoyan la idea principal expresada en la tesis, es necesario facilitarle al lector el paso de un párrafo a otro. Una transición es sencillamente una señal que indica al lector que se cambia de tema o que se pasa a otro asunto.

En la mayoría de los casos, las transiciones que se usan para ligar el contenido de un párrafo con lo que le precede son palabras o frases de transición. Por ejemplo, si habláramos de las causas de la delincuencia, las frases de transición podrían ser:

- **La primera** causa...

- **Otra** causa importante...

- **También** actúa como factor decisivo...

El propósito es simplemente dejar saber al lector que se pasa a hablar de la siguiente causa y luego de la que le sigue.

En algunos casos, una frase u oración de transición no es suficiente y es necesario incluir un párrafo de transición. Aquí también el propósito de su inclusión es formar un puente entre los conceptos ya tratados y el concepto que les sigue. A veces, un párrafo de este tipo puede explicar por qué se pasará a examinar otro aspecto.

VOCABULARIO PARA MARCAR LAS TRANSICIONES	
a su vez, por su parte	por ejemplo
así, de ese modo	por eso
aún, todavía	por lo general, generalmente
aunque, si bien	por suerte, por fortuna, afortunadamente
cada vez más (menos) + *adjetivo*	
en buena medida, en gran parte	primero..., segundo...
para empezar (terminar)	quizás, a lo mejor
pero	sino (que)
por ahora, por el momento	también/tampoco
por desgracia, desgraciadamente, desafortunadamente	una..., otra
	ya que, puesto que

ANTES DE ESCRIBIR: EJERCICIOS

A. *Causa y efecto.* Divídanse en grupos de dos o tres y analicen las siguientes declaraciones. ¿Cuáles podrían ser las causas de cada hecho? ¿y sus consecuencias? Traten de apuntar por lo menos tres causas y tres consecuencias para cada uno.

1. Las mujeres, a través de la historia, han contribuido mucho menos que los hombres en los campos científicos, literarios y artísticos.

2. Los estudiantes norteamericanos de hoy no pueden identificar un

gran número de nombres, fechas y conceptos relacionados con su
propia historia y cultura.

3. El número de crímenes que se cometen anualmente en los Estados
Unidos es mucho mayor que los que se cometen en cualquier otra
parte del mundo.

B. *Causa y efecto.* Examinen los dibujos que aparecen a continuación.
¿Qué ocurre en cada escena? ¿Cómo se pueden explicar las motivaciones de las personas? ¿Por qué actúan así? ¿Qué posibles consecuencias pueden tener sus acciones?

C. **Punto de vista y tono**

Divídanse en cuatro grupos. Dos grupos escogerán uno de los párrafos
que siguen. Un grupo volverá a escribir el párrafo **a** desde un punto
de vista positivo. El otro lo escribirá desde un punto de vista negativo. Los otros grupos harán lo mismo con el párrafo **b**.

a. En el último cuarto del síglo XV, ocurrieron en España una serie
de cambios que tendrían un serio impacto en el futuro de sus habitantes. Al contraer matrimonio Fernando II de Aragón con Isabel I
de Castilla, quedaron unidos los dos reinos más importantes de
España, y terminó así el largo período de rebeliones continuas y
de luchas políticas que habían caracterizado a los reinados de
Juan II y Enrique de Castilla. Como resultado de esta unión, se lle-
varon a cabo la conquista de Granada, la expulsión de los judíos y
la creación del Tribunal de la Inquisición.

b. Algunos políticos estadounidenses han dicho que la familia americana está en proceso de desintegración. Aunque las causas de esta
desintegración son muchas, hay quienes insisten en que el cambio
en las familias se debe a la libertad que hoy en día tienen las

mujeres. Como es sabido, las mujeres actualmente forman parte de la fuerza laboral y suelen prepararse para un futuro profesional en disciplinas y campos que antes se consideraban exclusivos del sexo masculino. Al mismo tiempo, la tasa de natalidad en este país, el número de guarderías infantiles, y la actitud del público hacia el divorcio son efectos claros de lo que algunos creen que es el principio de una etapa en que las mujeres ya no quieren ser mujeres.

CH. ***Trabajo en pequeños grupos: primera parte.*** Entre todos en la clase, examinen desde la perspectiva de la causa y el efecto los temas generales que se dan a continuación. Usen la estrategia de generación de ideas con respecto a cada tema. Alguien en la clase debe hacer el papel de secretario y apuntar las ideas en la pizarra.

los «*yuppies*»

las relaciones entre los sexos

el suicidio entre los
  adolescentes

la competencia escolar

el nuevo patriotismo norteamericano

los estereotipos

1. Divídanse en grupos de tres o cuatro. Considerando las ideas que están en la pizarra, escojan uno de los temas y enfóquenlo.

2. Decidan cuál va a ser su tesis y su propósito al escribir sobre el tema.

3. Determinen quién va a ser su lector y caractarícenlo (conocimiento previo, actitudes, propósito). Identifiquen algunas preguntas cuyas respuestas tal lector buscará en su escrito.

4. Elijan el tono más apropiado.

5. Escojan los puntos más importantes entre los que están en la pizarra y usen la estrategia de generación de ideas para agregar otras ideas más.

D. ***Trabajo en pequeños grupos: segunda parte.*** Después de completar los pasos indicados en el ejercicio anterior, cada estudiante debe hacer pareja con alguien de otro grupo. Siguiendo la técnica para llegar al núcleo del tema que se explicó en el Capítulo 6, cada individuo ha de explicar brevemente a su pareja la esencia del ensayo enfocado en el ejercicio CH. Apunten las ideas y sugerencias que se les ocurran.

E. ***Trabajo en pequeños grupos: tercera parte.*** Todos en la clase han de volver a los grupos del ejercicio CH. para compartir las varias reacciones y sugerencias que resultaron del ejercicio D. ¿Qué cambios son indicados en la estructura o en el contenido del ensayo?

F. ***Divídanse en grupos de tres o cuatro.*** Cada grupo debe analizar el borrador que aparece a continuación, buscando información con respecto a los siguientes puntos.

1. Tema

2. Tesis

3. Propósito del escritor

4. Lector anticipado: carácter y propósito

5. Organización

6. Punto de vista y tono

7. Eficacia con respecto a anticipar las necesidades del lector, demostrada en la selección y presentación del contenido

8. Eficacia del título

9. Usos de lenguaje personal

Comenten entre todos los resultados de su análisis y sugieran otras formas en que el escritor podría mejorar su escrito.

Ciencia y crueldad

En este país, generalmente no se tolera la crueldad hacia los animales. Cuando alguna persona maltrata a un perro o a un gato, por ejemplo, no falta algún vecino que corra a dar parte a la Sociedad Protectora de Animales. En nuestra sociedad, desde chicos enseñamos a los niños a tratar bien a los animales y a creer que no debe hacérseles sufrir. ¿Cómo se explica, entonces, la crueldad y la indiferencia hacia el tratamiento infame que reciben los animales en los laboratorios científicos?

La respuesta es sencilla. Muchos compatriotas nos contestarían que no hay tal crueldad cuando se trata de experimentos científicos. Hay muy pocas cosas que no puedan justificarse en nombre de la ciencia, de los avances técnicos y del progreso en la investigación científica. Fácilmente podría decirse que en este siglo y para el hombre moderno, la ciencia es una religión que no debe cuestionarse.

Los resultados de esta religión o filosofía aunque no nos sorprenden, no deben dejar de conmovernos. El conejillo inocente a quien le cosen los ojos para que no los abra, sin usar anestesia, no puede demandar al laboratorista. El chimpancé a quien le inyectan hormonas hasta que se hincha y deja de respirar, poco se queja, pero sí siente, y sí sufre. Aunque nos digan los científicos que la muerte y el sufrimiento de los animales los ayudarán a alcanzar conocimientos que quizás sirvan para alargar la vida de los seres humanos, o les permitan descubrir los efectos de algunas substancias experimentales, no deja de ser injusto el hecho de hacer sufrir a seres inocentes.

La inhumanidad, aun hacia los seres que no son humanos, no

puede justificarse. La crueldad no es menos cruel porque hayamos categorizado a un grupo de seres con quienes compartimos este planeta como inferiores a nosotros, los que tenemos alma y los que somos seres pensantes. Si la tortura cotidiana se permite por el sólo hecho de que creemos que los animales no son como nosotros, estamos a un paso muy pequeño de la mentalidad nazista. La crueldad hacia los judíos se justificó diciendo que éste era un grupo inferior. También en los laboratorios de los nazis se defendió la experimentación y la tortura de estos seres «inferiores» en nombre de la ciencia. No debe sorprendernos si en el futuro justificamos la crueldad hacia otro grupo de seres humanos a los cuales hayamos colocado en una categoría «científica» que nos lo permita.

La redacción

COMO SE ESCRIBE UNA EXPOSICION CON BASE EN LA CAUSA Y EL EFECTO

El proceso de escribir una exposición con base en la causa y el efecto se efectúa según los pasos que se detallan a continuación. Examine cada paso cuidadosamente antes de escribir su composición.

1. Seleccione un tema general.

2. Seleccione un aspecto del tema que pueda discutirse exponiendo sus causas (¿Cómo ha llegado a ser así?) y/o sus efectos (¿Cuáles son las consecuencias de esto?).

3. Use la estrategia de generación de ideas para enfocar el tema con respecto a causas y efectos.

4. Decida cuál va a ser su tesis y su propósito al escribir sobre el tema.

5. Identifique al lector y caractericelo: ¿Qué sabe ya éste del tema? ¿Qué actitud(es) puede tener al respecto? ¿Qué propósito tiene ¿Qué información busca? al leer su ensayo?

6. Elija el tono más apropiado para lograr su propósito y el de su lector.

7. Escoja los detalles que han de servir para desarrollar la tesis.

8. Elabore un esquema y organice la exposición.

9. Escriba un borrador. Incluya una introducción y una conclusión.

10. Escriba un título para la exposición.

11. Revise el contenido.

12. Revise los aspectos gramaticales.

13. Pase el trabajo en limpio.

Tarea

Escriba una exposición utilizando la técnica de causa y efecto. Incluya en su ensayo:

1. el propósito de su presentación

2. la identificación y caracterización de su lector anticipado

3. un párrafo que explica en forma breve la esencia de su ensayo y dos ideas concretas con respecto a lo que debe hacer en el ensayo para comunicar esta información al lector

4. un ejemplo de «lenguaje personal» del borrador, que luego corrigió en la versión final

5. la tesis y las oraciones temáticas subrayadas

La revisión

Primer paso: Revisión del contenido y de la organización

La organización del escrito en su totalidad

Revise el ensayo ya escrito medïante las siguientes preguntas.

- ¿Cuál es el tema general de mi escrito?

- ¿Cuál es la tesis de mi escrito?

- ¿Refleja la tesis el hecho de que he utilizado la causa y el efecto?

- ¿Cuál es mi propósito al redactar esta exposición?

- ¿A quién va dirigido mi escrito? ¿Se refleja este hecho en el contenido?

- ¿Logro comunicar y enseñar al lector la esencia de mis ideas? ¿Es claro mi lenguaje? ¿Incluye la información necesaria para que resulte claro? ¿Incluye ejemplos de «lenguaje personal» que pueden ser ambiguos o vagos para el lector? ¿Incluye suficientes palabras y expresiones de transición que facilitan su lectura y comprensión?

- ¿Son lógicas y válidas las relaciones de causa y efecto que quiero establecer? ¿Hay otros datos que debo tomar en cuenta?

- ¿He incluido una introducción? ¿Qué propósito tiene?

- ¿He incluido una conclusión? ¿Resume ésta los datos importantes?

- ¿Qué tono he adoptado en el ensayo? ¿Es apropiado para mi propósito?

La organización al nivel del párrafo

Examine cada uno de los párrafos verificando los siguientes aspectos.

- ¿Contiene cada uno de los párrafos una oración temática?

- ¿Se relacionan todas las oraciones del párrafo con esta oración?

- ¿He incluido frases apropiadas para marcar las transiciones entre párrafos?

Segundo paso: Revisión de los aspectos gramaticales

El uso del gerundio

El gerundio es una forma no personal del verbo, es decir, es invariable. No cambia ni según la persona, ni según el número ni según el tiempo. Tiene dos usos principales: el verbal y el adverbial.

El uso verbal del gerundio

El gerundio se usa con **estar** y otros verbos para formar los tiempos progresivos. Se forman más comúnmente con **estar.**

Estoy leyendo una novela.

Miguel **estaba durmiendo** cuando llegué.

Ya para las ocho **estaremos comiendo.**

He estado estudiando toda la tarde.

Espera que su hija **esté practicando** el piano ahora.

Los tiempos progresivos también se pueden formar con **seguir/continuar, ir, andar** y **venir.**

1. El progresivo con **seguir/continuar** describe la duración o la repetición de una acción.

   Siguió corriendo cuando vio el perro.

   Continuaba trabajando aun después de las cinco.

2. El progresivo con **ir, venir** y **andar** también describe la duración o repetición de una acción, y da a la vez una idea de progreso o movimiento.

   Cada vez que practicaba, **iba mejorando** un poco.

   Vienen pidiendo limosnas.

   Anda buscando el anillo que le regaló su novio.

Hay ciertos límites en el uso de las construcciones progresivas.

1. Los verbos que no se refieren a acciones o procesos no se usan en los tiempos progresivos. Algunos de estos verbos son: **tener, haber, poder, ser.** Revise la sección sobre el imperfecto progresivo en el Capítulo 2, páginas 44–46.

2. El progresivo con **estar** generalmente no se usa para referirse a un tiempo o a una acción futura como se hace en inglés. Para este propósito se usa un tiempo simple.

Llega (Llegará) mañana.	*She is arriving tomorrow.*
Dijo que nos **escribiría** pronto.	*He said he would be writing to us soon.*

3. La construcción progresiva no se usa en español con los verbos **parar, sentar, acostar** y **reclinar** para indicar una postura física. Se usa **estar** + participio perfecto.

El joven **está sentado** cerca del escenario.	*The young man is sitting near the stage.*
El policía **estaba parado** en la bocacalle.	*The police officer was standing in the intersection.*
Ese perro **ha estado acostado** todo el día.	*That dog has been lying down all day.*

Ejercicios

A. Exprese en español los verbos que aparecen en letras cursivas en las oraciones a continuación. Atención: no siempre es posible usar un tiempo progresivo.

1. _____ cuando nos llamó el director.
(*We had been reading*)

2. Aunque nadie le escuchaba, _____ .
(*she continued singing*)

3. _____ por la calle.
(*They came running*)

4. No le pude hablar porque _____ a alguien.
(*he was interviewing*)

5. Paquita _____ cuando la llamó su tía abuela.
(*was sewing*)

6. La última vez que lo vi _____ su disco nuevo.
(*he was listening to*)

7. _____ tomates cuando empezó la tormenta.
(*We were planting*)

8. _____ enfrente de su casa desde la mañana.
(*He has been walking*)

9. Seguramente _____ por México.
(*they will be traveling*)

10. _____ este viaje desde hace tiempo.
(*We had been planning*)

B. Decida cuáles de las siguientes oraciones se pueden expresar en español usando un tiempo progresivo y cuáles no. Explique por qué.

1. My neighbors are having a party tonight.

2. Martha was studying in the library when I saw her last.

3. The woman was reclining on the sofa.

4. She's sending them a tray for their anniversary.

5. I've been cleaning the house since 9 A.M.

6. We're leaving for Europe next month.

7. The children are setting the table.

8. Many people are standing in front of the theater.

9. My grandparents were working in the garden when they got the news.

10. I'm going to the meat market to buy some chicken.

C. Exprese en español los verbos que aparecen en letras cursivas en el pasaje siguiente. Atención: no siempre es posible usar un tiempo progresivo.

Era tarde. _____ . Mi madre _____ en el
(It was raining) *(was sitting)*

sofá grande. _____ un libro de misterio. Mi abuela
(She was reading)

_____ un suéter de color obscuro. Beatriz y yo
(continued to knit)

_____ barajas hasta que dieron las ocho. En eso
(had been playing)

oímos un ruido fuerte y luego un grito angustioso. Abrimos la ven-

tana y vimos que _____ dos muchachos.
(were coming closer: acercarse)

Uno de ellos _____ un paquete enorme.
(was [coming towards us] carrying)

El otro parecía cansado. Cuando tocaron a la puerta, mi abuela ya se

había levantado de su silla y _____ a llamar a la policía.
(she was beginning)

El uso adverbial del gerundio

El gerundio, en su uso adverbial, puede usarse sólo para modificar un verbo o, en una frase adverbial, para modificar la oración principal. Describe la manera, la causa o la condición bajo la cual se realiza la acción.

1. *Manera:*   El niño se nos acercó **gritando.**
   La lavandera trabaja **cantando.**

2. *Causa:*   No lo compró **pensando en nuestra reacción.**
   Creyéndome demasiado joven, no quiso bailar conmigo.

3. *Condición:*   **No teniendo dinero,** tuve que quedarme en casa.
   Habiendo explicado la lección, el maestro despidió la clase.

Ejercicio

Exprese en español usando el gerundio.

1. I spent the day thinking of you.

2. Having collected all the money, he went to the bank to deposit it.

3. Waiting for his train, she realized how much she had missed him.

4. Seeing that we didn't want to enter the office, he came out to talk to us.

5. Since I was feeling ill, I couldn't go to the concert.

6. While she was bringing the wine, she fell.

7. Not having yet received any salary, we had to borrow some money from our parents.

8. The old man spent the winter cutting down trees.

9. Having seen how beautiful the table was, he decided to buy it.

10. Last night after the game they went all over the city singing and shouting.

Usos inapropiados del gerundio

El uso del gerundio en español es mucho más limitado que el de su equivalente inglés. En las secciones anteriores se han explicado los usos verbales y adverbiales del gerundio que son idénticos en las dos lenguas. En inglés las palabras que terminan en *-ing* también pueden funcionar como sustantivo o adjetivo, pero estos usos son incorrectos en español. Para expresar las mismas ideas en español se usan otras construcciones. Se expresa el *-ing* sustantivado con un infinitivo.

(El) **Nadar** es bueno para el corazón.	*Swimming is good for the heart.*
Detesta **lavar** los platos.	*She hates washing the dishes.*
Hay gran mérito en **trabajar**.	*There is great value in working.*

Se expresa el *-ing* que funciona como adjetivo con una frase o con un adjetivo.

Los estudiantes **que asisten** a una universidad pequeña llegan a conocer a casi todos los profesores.	*Students attending a small university get to know almost all the professors.*
Se ha perdido la guía **que contiene** los nombres y las direcciones que necesito.	*The directory containing the names and addresses I need has been lost.*
Esa máquina **de coser** no es muy moderna.	*That sewing machine is not very modern.*
Es un joven **divertido**.	*He is an amusing young man.*

Ejercicio

Exprese en español las oraciones a continuación prestando atención al *-ing* en cada caso. Decida si se debe usar el gerundio en español.

1. She gave me some pretty writing paper for my birthday.

2. Eating a lot without exercising will make you gain weight (*aumentar de peso*).

3. We're taking singing lessons this semester.

4. They said they saw a flying saucer (*platillo*) last night.

5. The man standing in front of the store is collecting aluminum cans (*latas*).

6. Good reading skills (*destrezas*) are essential to success in school.

7. The box containing his toys is in the basement (*sótano*).

8. My roommate kept studying after I went to bed.

9. They're going to buy their wedding rings.

10. The apartment didn't have running water or electricity.

Tercer paso: Revisión de los aspectos gramaticales estudiados en los capítulos anteriores

Después de revisar los usos del gerundio, revise también:

1. El uso de **ser** y **estar**

2. El uso del pretérito y del imperfecto

3. El uso de la voz pasiva con **ser,** la voz pasiva refleja y la construcción pasiva impersonal

4. El uso del artículo definido e indefinido

5. El uso del subjuntivo

6. El uso de los pronombres relativos

Cuarto paso: Revisión de la ortografía

Después de revisar los aspectos gramaticales estudiados, repase lo escrito, buscando los errores de acentuación y de ortografía.

Quinto paso: Redacción de la versión final

Escriba una versión final de su trabajo ya con las correcciones y los cambios necesarios.

Tercera parte

Síntesis: La argumentación, el resumen, el trabajo de investigación y la respuesta de ensayo

En los capítulos anteriores se han puesto de relieve varias técnicas de organización expositoria: definición, comparación y contraste, análisis, clasificación, causa y efecto. Sin embargo, es importante reconocer que en la vida real uno nunca emprende la escritura de una composición, carta o informe pensando en su estructura. O sea, antes de empezar a escribir, a nadie se le ocurre pensar «Voy a escribir una comparación y contraste» ni tampoco «Hoy quiero escribir una causa y efecto». Generalmente se empieza con una idea—un tema, y a veces hasta una tesis—que se quiere compartir con otros. Dentro del contexto académico, muchas veces uno tiene además una tarea u objetivo que le motiva a escribir, por ejemplo: «Explique la diferencia entre el realismo y el naturalismo. Dé ejemplos específicos tomados de las lecturas de la clase». «Se ha dicho que el sistema educativo norteamericano está actualmente en crisis. ¿A qué se debe esta evaluación negativa? ¿Está Ud. de acuerdo? ¿Por qué sí o por qué no?» «Resuma brevemente tres casos de intervención extranjera en Latinoamérica en los años incluidos entre 1900 y 1940».

Los varios patrones de organización y estructura—tanto como el vocabulario y la gramática—sirven como recursos que ayudan al escritor a comunicar sus ideas claramente y a realizar sus objetivos. En los siguientes capítulos se le darán más oportunidades de practicar con los varios modelos de organización como respuestas a tareas académicas típicas.

Capítulo 9

La argumentación

Antes de redactar

LA ARGUMENTACION

Son dos los propósitos más comunes que se tienen al escribir dentro del contexto académico. Estos suelen ser:

1. *explicar, informar, aclarar*

    El escritor acumula y organiza los datos con la intención de presentárselos al lector de manera objetiva. No se trata de opiniones personales del escritor. La mayoría de los modelos expositorios que aquí se han visto hasta ahora son de este tipo.

2. *convencer, probar*

    El escritor presenta su información, pero también adopta una actitud, se aferra a una idea que quiere que el lector acepte convencido. Desea explicarle a éste su opinión y además presentarla con suficiente evidencia para probar que es válida y justificada. Va más allá de la mera presentación de la información; incluye también alguna evaluación de ella. La exposición que pretende convencer se llama argumentación.

La argumentación se puede desarrollar utilizando todas las técnicas de organización que ya se han presentado; o sea, la descripción, la narración y la exposición (con sus varias estrategias de desarrollo: definición, comparación y contraste, análisis, etcétera). Con frecuencia se utilizan varias estrategias en el mismo ensayo. Por ejemplo, para convencer o persuadir al lector, se puede empezar por narrar un hecho en el cual se incluye una descripción. A continuación puede darse una definición de los conceptos que se presentan para luego pasar a hacer un análisis o clasificación del hecho mismo y finalmente hacer una comparación o contraste con otras ideas.

El ensayo argumentativo empieza asumiendo una postura fundamental, que es la que sirve a la vez como tesis del ensayo. El paso más importante, entonces, en el proceso de escribir un ensayo de este tipo es el planteamiento preciso de esta postura fundamental.

La postura fundamental generalmente contiene dos partes: en la primera se admite que existen posturas contrarias; en la segunda se presenta la postura que asumirá el ensayo. Por ejemplo:

A pesar de la crítica severa del sistema de *tenure* en las universidades norteamericanas, existen fuertes razones para mantenerlo vigente.

Para defender con efectividad, por escrito, una postura fundamental importa saber lo más que se pueda acerca de la postura contraria para así poder reconocer (y contradecir) las objeciones que existan. Es esencial convencer al lector de que se han considerado todas las opiniones sobre el tema y que se ha llegado a la conclusión racional de que la postura que se defiende es la más acertada.

Al desarrollar el ensayo argumentativo, importa justificar o apoyar la postura fundamental. En algunos casos, es útil dar al lector una idea de la trayectoria del problema, del origen del debate, etcétera. Puede emplearse cualquiera de los métodos que se han estudiado. A veces puede ser de gran utilidad incorporar técnicas descriptivas o narrativas si se desea involucrar las emociones del lector. La narración de un episodio real podría servir para incluir tales técnicas. El lenguaje que se debe usar ha de ser fuerte, claro y vigoroso; pero no debe parecer cruel o vengativo. Con frecuencia puede estructurarse un ensayo argumentativo empezando con la idea de menor importancia para luego pasar a los puntos más importantes. Finalmente, se llega a una conclusión que reitera la postura fundamental o propone una solución.

Aproximaciones a la argumentación

Los propósitos de la argumentación son varios: pueden incluir desde la simple justificación de la opinión del escritor acerca de un asunto determinado, hasta el esfuerzo por convencer al lector de que piense o actúe de una manera diferente. A continuación se presentan en forma esquemática tres de las organizaciones argumentativas más típicas.

1. *El ensayo que explica y justifica la opinión del escritor.* Lo más usual es que el escritor declare su opinión en los primeros párrafos y luego desarrolle la defensa de esta opinión en los párrafos que siguen. Cada una de las siguientes preguntas pide como respuesta un ensayo argumentativo de este tipo, el cual es muy común dentro del contexto académico.

- ¿Cree Ud. que los efectos más importantes de la Revolución Industrial del siglo XIX hayan sido en el campo social o en el económico? Justifique su posición con ejemplos específicos.

- En su opinión, ¿cuál es el invento o descubrimiento más significativo del siglo XX? ¿Por qué?

En estos casos, antes de poder dar y defender su opinión, el escritor además tendrá que explicar lo que significa «importantes» o «significativos». ¿Para quiénes? ¿Por cuánto tiempo?

> Postura fundamental: Esta es mi opinión

> OPINION
> Apoyo
> Apoyo
> Apoyo

Ejemplo esquemático

Tema:	La importancia de la anestesia
Introducción: *Postura fundamental/ tesis*	De todos los inventos o descubrimientos que la ciencia ha hecho posible durante el siglo XX, el más significativo por su impacto en la calidad de vida de todos los que habitan el planeta ha sido la anestesia.
Apoyo:	Cantidad y diversidad de maneras en que la anestesia facilita o mejora la experiencia de ciertas operaciones médicas simples
Apoyo:	Operaciones que no se podrían hacer sin anestesia
Apoyo:	Maneras en que la anestesia afecta a otros seres además del hombre
Conclusión:	Repetición de la postura que se defiende

2. *El ensayo que presenta un problema y una solución.* Muy similar al patrón ya comentado, este tipo de ensayo enfoca un problema, sus causas y efectos, y termina presentando una solución. A veces es la identificación misma del problema la que revela más la opinión del escritor, a veces es la solución.

> Postura fundamental: Esto es un problema

PROBLEMA	SOLUCION
Esto no	Esto sí
Apoyo	
Apoyo	

Ejemplo esquemático

Tema:	Los estudios universitarios
Introducción: *Postura fundamental/tesis* *Definición del problema*	<u>Los prejuicios sobre los estudios universitarios son nocivos ya que dan como resultado el limitar el acceso a éstos.</u>
Apoyo:	Los estudios universitarios son para una minoría selecta. Su calidad disminuye si se imparten a muchos. Pocos tienen la aptitud necesaria.
Apoyo:	Discusión de las causas de los prejuicios existentes
Apoyo:	Discusión de los efectos de tales prejuicios
Solución:	Campaña publicitaria Educación de los padres
Conclusión:	Posibles beneficios mediante un cambio de actitud

3. *El ensayo que presenta varias posturas.* Este tipo de ensayo presenta diferentes posturas que se pueden asumir con respecto a un tema o idea. Como mínimo, se presenta una postura contraria y una postura que se defiende.

> Postura fundamental: Esta es la postura correcta

POSTURA CONTRARIA	POSTURA QUE SE DEFIENDE
Ejemplo	Apoyo
Ejemplo	Apoyo

	Ejemplo esquemático
Introducción:	Aunque muchos creen que el aborto es
Postura fundamental/tesis	inmoral, hay razones por las cuales debe defenderse.
Ejemplo:	La postura actual de la Iglesia Católica
Ejemplo:	La postura de los partidarios de una enmienda a la constitución norteamericana
Ejemplo:	La postura de otras iglesias

Postura que se defiende

Apoyo:	La postura de la Iglesia Católica ha cambiado en el transcurso de los siglos. El aborto era permisible en un tiempo.
Apoyo:	En casos de violación o incesto se justifica el aborto.
Apoyo:	La mujer tiene el derecho de disponer de su cuerpo.
Conclusión:	Repetición de la postura que se defiende

Vocabulario útil

Las palabras y expresiones que se incluyen a continuación pueden ser útiles en la argumentación.

VOCABULARIO PARA LA PRESENTACION DE ARGUMENTOS	
a causa de	los contrincantes (opinan que...)
coincidir con, concordar con	los estudiosos de la materia (han concluido que...)
dar por... (concluido, descontado, sabido)	los investigadores...
de antemano	los partidarios...
discrepar de	los peritos en la materia...
en su mayor parte	los proponentes...
es evidente que	mantener que
es lógico pensar que	opinar que
está claro que	proponer que
estar de acuerdo con	según (los conocedores, expertos...)
los conocedores (han dicho que...)	

MODELOS Y ANALISIS

MODELO I	Los cuentos son muy viejos

Dice María Luisa Bemberg en el prólogo de su film <u>Juguetes</u>: «Desde la infancia, las expectativas de conducta son distintas para cada sexo. Se educa a los hijos de manera específica para que actúen de manera específica. Los juguetes y los cuentos no son inocentes: son el primer condicionamiento cultural».

Por ello, quisiera ocuparme acá de mostrar cómo los cuentos infantiles han reforzado y refuerzan los estereotipos masculino y femenino tal como los conocemos. Los varones tienen el monopolio del coraje, la imaginación, la iniciativa, la astucia, el gesto heroico, la solidaridad con sus congéneres así como también la posibilidad de emplear la violencia, ya sea en defensa propia o como medio para conseguir sus fines. A las mujeres nos queda la abnegación, el sometimiento, la mansedumbre, la rivalidad con nuestras congéneres, la fragilidad y hasta el servilismo rotulado como actitud positiva.

A las mujeres de estos cuentos, ya sean ellas reinas o plebeyas, no se les conoce otra ocupación que la de amas de casa. Los varones, en cambio, realizan toda clase de tareas, desde gobernar hasta hachar leña. En los varones se recompensa la iniciativa y el espíritu de aventura con poder y riquezas. En las mujeres se recompensa la abnegación y el sometimiento con el matrimonio y punto.

Para describir al héroe de un cuento, el autor puede elegir entre una amplia gama de cualidades humanas, pero describir a la heroína es más simple: joven y bella.

Librada a su propia iniciativa, Blanca Nieves puede sólo realizar quehaceres domésticos o cae en las trampas de su madrastra. Como Caperucita y como la Bella Durmiente, no sabe cuidar de sí misma. Por ello, debe ser salvada por el buen corazón del leñador, más tarde por los enanitos y finalmente por el príncipe. Esta bella joven, hija de rey, canta y sonríe mientras barre y cocina para siete enanos mineros.

El personaje de la madrastra, tanto de Blanca Nieves como la de la Cenicienta, ilustra no sólo la tristemente célebre rivalidad entre mujeres sino también la advertencia que una mujer activa, lo es sólo en la maldad.

No hay una sola bella heroína que sea inteligente o audaz. Algunas son irremediablemente bobas (o irremediablemente miopes). Caperucita cree que el lobo en cofia y camisón es su abuela y Blanca Nieves es incapaz de ver que la viejecita que trata de envenenarla es su madrastra disfrazada.

Las mujeres fuimos siempre las culpables de toda desgracia (y algunas religiones se han encargado de enfatizarlo). Porque la madre de Caperucita no sabe cuidar de su hija, y de brujas y madrastras mejor no hablar. Pero a los padres (varones), se los exime de culpa y cargo: demasiado ocupados con cuestiones de Estado o con su trabajo, o simplemente están influenciados por una mala mujer. Excepción hecha de Barba Azul y del ogro de Pulgarcito, los varones de los cuentos son juzgados con gran benevolencia. El Gato con Botas miente, roba y mata (pero en su caso porque es astuto) consiguiendo así un reino para su amo cómplice. Pulgarcito se defiende y también roba y mata. Nadie se lo reprocha. Es el héroe que triunfa.

El valiente, el audaz, el capaz del gesto heroico para salvar a las niñas bellas de las garras de lobos, madrastras y Barbas Azules, es siempre un varón. Con la sola excepción del Hada de Cenicienta. Pero, claro, en el mundo de la magia todo es posible.

A la Bella Durmiente, la única actividad que se le conoce, es la de haber metido su principesco dedito donde no debía. Así, fue dormida por el huso de la bruja y fue despertada por el beso del príncipe. El príncipe caza, monta, explora y descubre mientras la bella duerme.

Y se podría seguir. Pero esto ya da una idea de la misoginia implícita en los cuentos que van formando las personalidades de nuestras hijas, y también las de nuestros hijos.

Habrá servido de algo si sólo una persona, madre o padre, se inquieta, toma conciencia y se hace capaz de contar a su hija alguno de estos hermosísimos cuentos con los cambios necesarios para que la niña pueda verse a sí misma como poseedora no sólo de ternura y afecto sino también de inteligencia, audacia, imaginación y solidaridad. Y a su hijo como poseedor no sólo de inteligencia, audacia, imaginación y solidaridad, sino también de afecto y ternura.

(Diario La Opinión, Hilda Ocampo)

Tema

El tema se hace patente en la primera oración del segundo párrafo: «...cómo los cuentos infantiles han reforzado y refuerzan los estereotipos masculino y femenino...» tradicionales.

Propósito

El propósito de este ensayo es demostrar o comprobar la validez de la teoría de María Luisa Bemberg que sostiene que los juguetes y los cuentos «acondicionan» culturalmente a los jóvenes. La autora busca convencer al lector por medio de varios ejemplos concretos basados en los cuentos de hadas. Al final, sugiere una manera en que los padres informados pueden contrarrestar estos efectos dañinos.

Organización

La autora organiza los datos según el segundo de los esquemas que se presentaron en las páginas 200–201. Empieza con una breve introducción que sirve para contextualizar su tesis y luego declara la opinión de la que intenta convencer al lector.

Utilizando la técnica de comparación y contraste, los siguientes párrafos presentan datos para contestar una pregunta central: ¿En qué sentido es estereotipada la manera en que se caracteriza a los protagonistas femeninos y masculinos en los cuentos de hadas? Un posible resumen esquemático de su argumento sería:

1. Ocupaciones y recompensas

    a. las mujeres

    b. los hombres

2. Las cualidades personales y la conducta típica del protagonista

    a. los hombres

    b. las mujeres

3. Responsabilidad por sus acciones

    a. las mujeres

    b. los hombres

4. Carácter activo/pasivo

    a. los hombres

    b. las mujeres

Los dos últimos párrafos forman la conclusión, en la que resume el problema y también sugiere una posible solución.

MODELO II	¿Por qué los viejos olvidados?

La canción «Dime» del popular cantante José Luis Perales tiene la estructura de una oración en la cual se interroga al Ser Supremo sobre el por qué del sufrimiento humano. Uno de los versos dice lo siguiente:

Dime, ¿por qué la gente no sonríe,
por qué las armas en las manos,
por qué los hombres mal heridos?
Dime, ¿por qué los niños maltratados,
por qué los viejos olvidados,
por qué los sueños prohibidos?
Dime.
Dímelo, Dios, quiero saber.
Dime por qué te niegas a escuchar.
¿Aún queda alguien que tal vez rezará...?

Como se puede apreciar por estos versos, entre las preocupaciones que tiene el hombre moderno, actualmente ha surgido una preocupación creciente por los viejos olvidados. En el mundo hispano el qué hacer con las personas de edad, es decir, con los que ya han vivido la mayor parte de sus vidas, y quienes, gracias a la medicina moderna, se espera que vivan muchos años más, es un problema cada día más serio. Aunque por muchas razones dentro de la cultura hispana se ha acostumbrado que los hijos y las hijas cuiden de sus padres personalmente cuando éstos ya no pueden hacerlo por sí mismos, hoy en día es imposible para estos hijos hacerse cargo de un anciano con todo lo que ese cargo y cuidado implica.

Tradicionalmente dentro de la cultura hispana, el sólo pensar en dejar a un familiar en una residencia para ancianos era causa de escándalo. El abandonar a un ser querido y dejarlo en manos de personas ajenas se consideraba inaceptable. Se esperaba que así como los padres habían cuidado de sus hijos en la infancia, los hijos a su vez cuidarían de sus padres cuando éstos llegaran a la vejez. Se sobreentendía que al llegar a cierta edad, al no poder ya vivir solos, los viejos pasarían a vivir con un hijo o con una hija para quien su presencia sería no un estorbo, sino un gusto. Los nietos gozarían de la compañía del abuelo, y el yerno o la nuera, aunque quizás con algunas dificultades, cumpliría con esta responsabilidad como se cumple con otras igualmente importantes. En el peor de los casos, el abuelo o la abuela pasaría una temporada en casa de un hijo al cabo de la cual pasaría a casa de otro, permitiendo en esta forma que todos los hijos compartieran la responsabilidad de su cuidado.

Por su parte, el padre o la madre que llegaba a vivir con sus hijos comprendía que había entrado en otra etapa de su vida. Aunque hasta ese momento hubiera tenido una vida independiente, al pasar a vivir con un hijo, abandonaba su independencia y su vida personal para vivir como parte de otra familia. Su felicidad desde ese momento tendría que consistir en ver a diario a sus nietos, en no sentirse solo, sino amado y protegido por sus seres queridos.

Actualmente el mundo, las familias y los viejos mismos han cambiado. Lo que antes era factible sin grandes sacrificios, hoy es sencillamente imposible. El mundo ha cambiado en el sentido de que todo es más caro. Para sobrevivir económicamente, las parejas jóvenes se ven forzadas a radicarse lejos de sus familias. La fuga humana de las zonas rurales a las zonas urbanas es cada día mayor, y la escasez de viviendas amplias en las ciudades grandes para las personas de ingresos limitados es un problema de dimensiones ya conocidas.

El mundo ha cambiado también en que el promedio de vida del ser humano se ha alargado y los recursos de la medicina moderna pueden prolongar la vida aún más. Si en el pasado una madre anciana pasaba a vivir con la familia de su hijo a los 60 años, eso significaba que habría que cuidar de ella por unos cinco o diez años a lo sumo. Hoy, los ancianos con frecuencia viven hasta la edad de 80 ó 90 años. El hijo que prepara un lugar en su casa para su madre lo tiene que hacer pensando en que su estancia puede prolongarse hasta treinta años.

Las familias han cambiado porque hoy en día muchas mujeres no se dedican exclusivamente al trabajo de la casa. Para salir adelante, para comprarles a sus hijos lo necesario, tanto el hombre como la mujer tienen que contribuir con su labor dentro y fuera del hogar. Los hijos, que antes se habrían quedado con la abuela u otro pariente, ahora son mandados a una guardería. Por su parte, los viejos ya no se resignan a dedicarse sólo a sus nietos desde que llegan a los cincuenta o sesenta y tantos años. Tienen salud, energía y ganas de vivir, de hacer todo aquello que no hicieron en su juventud. Después de jubilarse quieren tener tiempo para gozar de lo que antes no gozaron.

¿A quién culpar entonces cuando a los setenta u ochenta años un anciano ya no puede seguir viviendo su vida independiente? ¿A quién culpar cuando sus hijos deciden colocarlo en una residencia para ancianos? En esta época, cuando ya solamente las personas que están en buena posición económica cuentan con servidumbre, ¿quién se hará cargo del anciano? ¿De quién será el sacrificio? Obviamente, no se sacrificará un hombre. Se espera que una mujer, cuyos hijos quizás estén en la plena y difícil adolescencia, haga a un lado su vida y sus deseos para encargarse de un anciano. Y ese anciano, en lugar de haber pasado años de su vida asegurándose un lugar en la casa de sus hijos, ayudando con los nietos, formando parte de esa familia en los años difíciles, se dedicó a vivir su propia vida. ¿Con qué derecho, entonces, exige lo que él no estuvo dispuesto a ofrecer?

No existen respuestas sencillas a las preguntas anteriores, pero si se intentara responder a la pregunta: «¿por qué los viejos olvidados?» se diría que no han sido olvidados. El mundo ha cambiado. Han cambiado también los hijos y los ancianos. Lo que ocurre es que el sistema que antes se equilibraba con sacrificios mutuos, ahora no funciona. Estamos en una etapa de transición, y por el momento, los ancianos se sentirán abandonados y los hijos se sentirán culpables.

Analice el modelo anterior. ¿Cuál es la tesis? ¿Cuál de los esquemas de organización se utiliza? ¿Qué otras técnicas de organización se encuentran en esta argumentación? Haga un resumen esquemático del argumento.

¿Cuál es el tono y la perspectiva del modelo? ¿Quién parece ser el lector? ¿Cree el escritor que su lector ya va a estar de acuerdo con su opinión o busca convencerle a que cambie de idea? ¿Por qué piensa Ud. eso?

PENSANDO EN EL LECTOR: COMO ESTABLECER UNA «VOZ» CREIBLE

Para lograr convencer a alguien de algo, importan dos factores. El primero es seleccionar, organizar y presentar la información de manera clara y memorable. El segundo, no menos importante, es establecerse como persona creíble y razonable—una persona, en fin, cuyo punto de vista merece considerarse. A fin de crear esta «persona» importa demostrar al lector que se han tomado en cuenta otras perspectivas del tema y que se han evaluado (o por lo menos ha intentado evaluar) los datos objetivamente.

Como se vio en el Capítulo 8, el escritor puede abandonar un tono neutral en un escrito para adoptar otro que comunique sus sentimientos y actitudes personales abiertamente. La argumentación, aunque por definición revela la opinión o el juicio del escritor, no necesariamente se caracteriza por un tono personal. Esto se debe a que un tono demasiado fuerte puede tener el efecto contrario: en vez de ayudar a convencer al lector de la validez del argumento del escritor, acaba convenciéndolo de su falta de credibilidad.

Como en cualquier otro tipo de escrito, en la argumentación también es de gran importancia saber tanto como sea posible acerca del lector a quien va dirigido el ensayo argumentativo. Aunque la postura fundamental no cambia necesariamente, el apoyo o justificación que se usa para convencer se escoge de acuerdo con el lector. Por ejemplo, si lo que se propone en el ensayo es el control de los delitos violentos en una comunidad, los detalles usados para convencer a un grupo de ancianos jubilados serán diferentes de los que se escojan para convencer a un grupo de comerciantes.

Los dos ejemplos que se presentan a continuación comunican abiertamente las actitudes personales de sus autores. Los dos intentan convencer al lector de que el inglés debe ser la lengua oficial de los Estados Unidos y lo hacen criticando la situación actual. Los dos autores también reflejan su intolerancia hacia los extranjeros, cosa que hoy en día suele disfrazarse. Nótese, sin embargo, que en el primer ejemplo el autor no toma en cuenta otras perspectivas. Comparado con el primero, el segundo ejemplo es más sutil. El segundo autor presenta otras perspectivas y da la impresión de ser más neutral. Aunque defiende la misma postura, presenta la suya con más tino que el primero.

Ejemplo 1

Que hablen inglés o que no hablen

Si se camina por las calles de muchas ciudades de los Estados Unidos, se oye hablar, no inglés como pudiera esperarse, sino español, chino, vietnamés, coreano y un sinnúmero de otras lenguas. Este hecho indica que el país está en peligro de desintegrarse totalmente. Los inmigrantes recientes se niegan a aprender inglés. No están dispuestos a hacer lo que hicieron nuestros antepasados al principio de este siglo. Llegan a los Estados Unidos esperando que se les dé todo, pero insisten en mantener su cultura y sus costumbres. Pongámosle alto a esta explotación. El que no quiera aprender inglés, que se vaya. El que no quiera formar parte del crisol americano, que regrese a su patria de origen. Que no nos cuenten que toma tiempo aprender una lengua. Que no nos cuenten que viven en barrios de inmigrantes porque no pueden vivir en otra parte. No vamos a creerlo. No vamos a permitir que nos dividan. Hemos recibido ya a demasiados extranjeros, extranjeros que dan poco a este país. Hay que dar el primer paso. Hay que insistir en que en los Estados Unidos se hable solamente inglés. Es nuestra lengua, la lengua de nuestros antepasados y el símbolo tangible de que se ha aceptado la realidad americana.

Ejemplo 2

Una nación: una lengua

En todo país en el cual se hablan varias lenguas puede surgir un conflicto sobre el prestigio relativo de cada una de las lenguas y de su función en la vida oficial y particular de los ciudadanos. Actualmente en los Estados Unidos se ha iniciado un movimiento político que tiene como objetivo el pasar una enmienda a la Constitución por la cual se declare que el inglés, y solamente el inglés, es la lengua oficial de esta nación.

Los que se oponen a esta enmienda insisten en que el esfuerzo por establecer el inglés como lengua única en los Estados Unidos obedece a la xenofobia que ha vuelto a surgir en este país. Explican que el proceso de aprender una segunda lengua es un proceso lento, y presentan datos sobre el número de inmigrantes recién llegados que hablan o empiezan a hablar inglés. Defienden la educación bilingüe (el uso de lenguas como el español, el chino o las lenguas indígenas en la instrucción escolar) diciendo que el uso de las lenguas maternas en la instrucción inicial permite al niño captar conceptos importantes mientras aprende inglés.

Nadie niega que sea difícil aprender una lengua extranjera, pero todo inmigrante debe aprender inglés lo más pronto posible. La educación bilingüe aísla a los niños de sus compañeros anglohablantes. Puede ser que aprendan a leer y a escribir su lengua, puede ser que logren educarse, pero es más importante que aprendan inglés. Esto es lo primordial. El educarse, quizás sea secundario.

Se acabaron los tiempos en que este país podía recibir a todo extranjero que tocaba a la puerta. Hoy ya no es posible. Debemos utilizar la lengua para asegurarnos de que los que piden la entrada a este país se comprometen a formar parte de esta sociedad. La unidad requiere cierto grado de uniformidad. Deben quedar fuera los que no quieran o no puedan ser como nosotros.

ANTES DE ESCRIBIR: EJERCICIOS

A. **Análisis del tono.** Lea los párrafos que siguen. Decida cuáles tratan de influenciar al lector. ¿Cuál es la actitud del autor hacia su tema? ¿Qué técnicas usa para tratar de influenciar al lector? ¿Se puede identificar al lector?

1. La ética y la moralidad españolas—al compás de otros países— han relajado mucho su coacción en los últimos años, pero sin

embargo permanece el tabú. «Borracho» sigue siendo un insulto. «Tener mal vino» refiriéndose a alguien, es una advertencia para evitarle. La sociedad anglosajona, tan severa para muchos aspectos de la vida moral, tolera, acepta y perdona al huésped que se pone malo en una reunión. Le parece algo natural en la vida de un hombre. La sociedad española, mucho más laxa en comprender otros pecados—especialmente, como hemos visto, el de la Lujuria—se niega rotundamente a tolerar al espectáculo de un hombre privado de sus sentidos, y un invitado que así se pone puede estar bien seguro que no volverá a serlo.

(de *El español y los siete pecados capitales*,
Fernando Díaz-Plaja)

2. El Nuevo Mundo es el horno donde han de fundirse todas las razas, donde se están fundiendo. La obra es larga, los medios lentos; pero el fin será seguro. Fundir razas es fundir almas, caracteres, vocaciones, aptitudes. Por lo tanto, es completar. Completar es mejorar.

La ciencia que se ocupa de las razas, etnología, está dividida en dos campos: el de los pesimistas y el de los optimistas. Como de costumbre los pesimistas son tradicionalistas, autoritarios, protestantes del progreso. Los optimistas son racionalistas, liberales, creyentes del progreso.

Los etnólogos pesimistas sostienen que fundir es pervertir; fusión de razas, perversión de razas. Se funden los elementos malos—dicen.

Los etnólogos optimistas afirman que fusión es progresión. Se funden los elementos buenos—aseguran.

(de «El cholo», *La Sociedad*,
Eugenio María de Hostos)

3. ¡Tan enamorados que andamos de pueblos que tienen poca liga y ningún parentesco con los nuestros, y tan desatendidos que dejamos otros países que viven de nuestra misma alma, y no serán jamás—aunque acá o allá asome un Judas la cabeza—más que una gran nación espiritual! Como niñas en estación de amor echan los ojos ansiosos por el aire azul en busca de gallardo novio, así vivimos suspensos de toda idea y grandeza ajena que trae cuño de Francia o Norte América; y en plantar bellacamente en suelo de cierto estado y de cierta historia ideas nacidas de otro estado y de otra historia, perdemos las fuerzas que nos hacen falta para presentarnos al mundo—que nos ve desamorados y como entre nubes—compactos en espíritu y unidos en la marcha, ofreciendo a la tierra el espectáculo no visto de una familia de pueblos que adelanta alegremente a iguales pasos en un continente libre.

(de «Agrupamiento en los pueblos de América»,
La América, José Martí)

4. La fisonomía de la América hispana no sería completa en cuanto a su elemento humano si no considerásemos la importancia de la inmigración europea y asiática que aumentó el número de habitantes y en algunas naciones determinó el carácter de la población actual.

Una región extensa de la América hispana experimentó el mismo proceso demográfico que los Estados Unidos. Este último país, como es bien sabido, comenzó a recibir desde mediados del siglo pasado un verdadero oleaje de inmigrantes europeos que llegaron de todas partes de Europa para incorporarse definitivamente a la nación norteamericana. Los Estados Unidos sintieron los efectos de este movimiento extraordinario de pobladores, puesto que la nación entera fue vitalizada por la presencia de estos nuevos elementos que hicieron posible su rápida industrialización. Lo mismo ha sucedido en la América hispana aunque en mucho menor escala. Algunos países hispanoamericanos han sentido el efecto de una inmigración crecida mientras que otros han carecido casi por completo de ella. Esta falta de distribución uniforme ha contribuido a acentuar las diferencias entre un país y otro, modificando en algo la misma naturaleza étnica de las naciones.

(de *Introducción a la civilización hispanoamericana*,
Richard Pattee)

5. Se imita a aquél en cuya superioridad o cuyo prestigio se cree.— Es así como la visión de una América *deslatinizada* por propia voluntad, sin la extorsión de la conquista, y regenerada luego a imagen y semejanza del arquetipo del Norte, flota ya sobre los sueños de muchos sinceros interesados por nuestro porvenir, inspira la fruición con que ellos formulan a cada paso los más sugestivos paralelos, y se manifiesta por constantes propósitos de innovación y de reforma. Tenemos nuestra *nordomanía*. Es necesario oponerle los límites que la razón y el sentimiento señalan de consuno.

(de *Ariel*, José Enrique Rodó)

B. ***Trabajo en pequeños grupos.*** Las composiciones a continuación son respuestas al ensayo de Hilda Ocampo que aparece en las páginas 203–204. En grupos de tres o cuatro, analicen las dos composiciones.

- ¿Cuál es la opinión («el punto») del autor en cada caso?

- ¿Cómo apoya su opinión?

- ¿Qué tipo de organización retórica (e.g., causa/efecto, comparación/contraste) ha utilizado?

- ¿Cuál de los dos ensayos parece más convincente? ¿Por qué?

- ¿Qué sugerencias específicas se podrían ofrecer al escritor en cada caso para reforzar su argumento?

Comparen sus reacciones con las de los otros grupos en la clase.

Los cuentos de hadas: un mal menor

El artículo de Hilda Ocampo me parece muy superficial. La autora se preocupa de que los papeles masculinos y femeninos de los cuentos de hadas refuercen los estereotipos que existen hoy en día. De hecho, estos cuentos hacen resaltar los estereotipos, mostrando a todas las mujeres como ingenuas y necesitadas de un príncipe, y a todos los hombres como valientes y audaces. Sin embargo, no creo que estos cuentos tengan mucho efecto en la vida de los niños. Hay otros factores que tienen mucha más influencia en sus vidas: la televisión, el cine y los padres mismos. Todos éstos también contribuyen a poner de relieve esos papeles sexistas.

En comparación con la exposición breve que tiene un niño a los cuentos de hadas, la televisión es lo que hace falta censurar. La televisión es parte significativa de la vida de la mayoría de los niños. La programación hoy está llena de programas de los años cincuenta y sesenta que ponen énfasis en los estereotipos masculino y femenino. Por ejemplo, un programa como «*Leave it to Beaver*» retrata al personaje femenino principal como un ama de casa que es absolutamente inútil en asuntos financieros. En cada episodio, el trabajo más difícil de ella consiste en decidir qué cocinar para la cena. En cambio, el hombre de la familia va a la oficina todos los días, y todos cuentan con él para tomar las decisiones importantes.

Las películas también son culpables de acentuar estos estereotipos. La película «*Indiana Jones and the Temple of Doom*» presenta al personaje femenino principal como una cantante talentosa y al parecer una mujer inteligente. Sin embargo, después de la primera escena se transforma en una mujer débil y quejumbrosa a quien tiene que salvar continuamente el macho, héroe de la película.

Lo que quiero enfatizar aquí es que si uno va a preocuparse de la censura de los medios que contribuyen a perpetuar los estereotipos, debe empezar por aquél al que los niños estarán más expuestos por más tiempo. Creo que los niños todavía son demasiado jóvenes cuando oyen los cuentos de hadas para darse cuenta de los estereotipos que presentan.

Los cuentos de hadas y la discriminación sexual

En su artículo Ocampo afirma que los cuentos de hadas refuerzan los estereotipos masculino y femenino. Mientras los cuentos de hadas presentan a las mujeres como seres delicados y poco inteligentes, a los hombres se les describe como poseedores de las virtudes del heroísmo, el valor y la inteligencia. Estoy de acuerdo con ella con respecto a la interpretación de estos patrones: es una

la mujer. No obstante, discrepo de su recomendación a favor de la censura. No creo que ella comprenda la utilidad de estos ejemplos de discriminación.

Hace mucho tiempo que los folkloristas concuerdan en que los cuentos de hadas, al igual que los mitos y las leyendas antiguas, representan las emociones y preocupaciones subconscientes, cuando no los verdaderos sucesos históricos, de las culturas antiguas. El sexismo dentro de los cuentos de hadas indica claramente que la discriminación sexual existía en las sociedades que producían estas historias. Dados los muchos ejemplos de sexismo en estos relatos, la discriminación sexual habrá sido una fuerza principal en la sociedad antigua. Ocampo parece entender este hecho. Sin embargo, los padres contemporáneos no tienen que censurar estos cuentos.

Al contrario, los padres deben leer los cuentos de hadas a sus niños y luego deben explicarles la falsedad de los estereotipos que aparecen en cada cuento. Los cuentos de hadas son armas perfectas para combatir la propagación de falsedades tales como la superioridad de los hombres en relación con las mujeres. Los cuentos de hadas son interesantes y emocionantes. Así, los niños prestarán atención mientras sus padres hacen resaltar los ejemplos de estereotipos sexuales y luego explican (en sus propias palabras) que estos estereotipos ya no operan y que tales descripciones se basan en la ignorancia. Los niños jóvenes tienen confianza en sus padres y creerán sus explicaciones. El propósito principal de los cuentos de hadas no es, no hay ni que decirlo, señalar el sexismo. Sin embargo, estos cuentos contienen la materia prima que los padres inteligentes pueden usar para enseñar a sus niños valiosas lecciones sobre los efectos dañinos de la discriminación sexual.

Ocampo reconoce el sexismo en los cuentos antiguos y sugiere que los padres deben censurarlos. Es verdad que los ejemplos de los estereotipos sexuales en los cuentos son un problema. Pero la censura sólo lo encubre. Al contrario, si reconocemos la discriminación de los cuentos abiertamente podemos sacar de ella una importante ventaja.

C. **_Entre todos en la clase._** Los dos ensayos del ejercicio B son respuestas o reacciones a un estímulo específico: el ensayo de Hilda Ocampo. El ensayo de Ocampo lo es también: a un film de María Luisa Bemberg.

1. Comparen y contrasten las maneras en que los tres ensayos hacen referencia a la obra que los ha provocado. ¿Qué supone el escritor en cada caso con respecto al conocimiento previo de su lector? ¿Qué ventajas o limitaciones traen estas suposiciones en cada caso?

2. Analice «la persona» que proyecta el escritor en cada caso. ¿Parece razonable y creíble? ¿Atrae la simpatía del lector? Explique.

CH. ***Entre todos en la clase.*** Usando las preguntas como punto de partida, comenten brevemente las escenas que se presentan en los dibujos a continuación.

1. ¿En qué consiste la ironía del dibujo? ¿Cree Ud. que el consumo de alcohol represente un problema tan grave como el de las drogas? ¿Entre qué grupos es frecuente el abuso del alcohol? ¿Y el abuso de las drogas? ¿Cuáles son las causas de estos abusos? ¿Y los efectos? ¿Está en aumento últimamente el consumo (y el abuso) de estas sustancias? ¿Por qué? ¿Cree Ud. que la legalización de algunas drogas podría ser una solución? Explique.

2. ¿En qué consiste la ironía del dibujo? ¿Es hipócrita la mujer o es buena madre? Explique. Algunas personas creen que una buena

educación y un buen servicio médico o legal son el derecho de cada ciudadano y que no deben depender del dinero que uno tenga. ¿Está Ud. de acuerdo? ¿Por qué sí o por qué no? ¿Cree Ud. que el sistema de asistencia pública (*welfare*) afecta la sociedad de manera negativa o positiva? Explique.

3. ¿En qué consiste la ironía del dibujo? ¿Refleja la realidad de su familia o de alguien que Ud. conoce? ¿Son inevitables las luchas entre las generaciones? ¿Piensa Ud. que las personas tienden a ser más o menos tolerantes a medida que se hacen mayores? Explique. ¿Heredamos ideas y actitudes de nuestros padres?

D. *Trabajo en pequeños grupos.* Divídanse en grupos de tres o cuatro.

1. Cada grupo debe escoger uno de los temas discutidos en el ejercicio anterior para preparar un ensayo argumentativo.

2. Decidan cuál es la opinión o la postura que se quiere presentar y defender, y algunas de las ideas o conceptos de apoyo que se podrían incluir.

3. Identifiquen al lector y caractorícenlo brevemente. ¿Qué sabe ya del tema? ¿Qué actitudes tendrá al respecto? ¿Qué preguntas tendrá a las que su ensayo debe tratar de responder? ¿Qué se puede hacer para proyectarse como una «persona» razonable y creíble frente a este lector?

4. Hagan un esquema del ensayo que incluya la tesis y algunos detalles de apoyo. Tengan cuidado que los detalles correspondan a las necesidades del lector. ¿Qué tipo de organización retórica parece ser la más apropiada?

5. Compartan el esquema con la clase entera. Decidan si el esquema incluye todos los detalles necesarios y si convencerá al lector hipotético.

La redacción

COMO SE ESCRIBE UN ENSAYO ARGUMENTATIVO

Para escribir un ensayo argumentativo, utilice el siguiente proceso.

1. Escoja un tema apropiado. Por ejemplo, hable de algo sobre lo cual tenga una opinión clara o que sea motivo de controversia. Tome una postura que tenga varias posibles interpretaciones o haga la crítica de un aspecto comúnmente aceptado.

2. Estudie o considere las posturas contrarias; luego aclare y defina la que Ud. tomará.

3. Elabore la postura fundamental/tesis del ensayo. Esta puede incluir la postura contraria (o problema) y postura que se defiende. Puede incluir una recomendación para ejecutar alguna acción o puede sugerir alguna solución.

4. Determine quién será el lector y caracterícelo.

5. Busque pruebas que justifiquen la postura fundamental o haga una lista de las razones por las cuales ha asumido la postura que defiende.

6. Haga un esquema escogiendo aquellas razones, criterios u opiniones que mejor justifiquen o apoyen su postura para lograr convencer al hipotético lector del ensayo.

7. Decida qué técnica o combinación de técnicas de desarrollo utilizará. Por ejemplo, en algunos casos puede ser útil usar la comparación y el contraste, o quizás el análisis y la descripción. Estudie el esquema con cuidado antes de tomar una decisión final.

8. Escriba el ensayo.

9. Revise lo escrito para determinar qué impresión deja en el lector.

10. Pida a un compañero que lea su ensayo y estudie su reacción.

11. Haga los cambios necesarios en el contenido.

12. Revise los aspectos gramaticales.

13. Pase el trabajo en limpio.

Tarea

Escoja un tema que haya sido motivo de controversia en su localidad en el último año. Escriba un ensayo con la intención de convencer al lector de lo acertado de la posición que Ud. defiende.
Incluya con su ensayo:

1. el propósito del ensayo: ¿Qué cambio se desea que ocurra en el lector?

2. la identificación del lector a quien va dirigido el ensayo

3. el ensayo, con

    a. la tesis subrayada

    b. la opinión del escritor identificada

    c. los hechos o ejemplos que respaldan la opinión del escritor identificados

    ch. una observación por escrito acerca del tono adoptado hacia el tema y hacia el lector

La revisión

El siguiente proceso puede aplicarse tanto al escrito de un compañero como a su propia composición.

Resumen: Contenido y organización

    A. Tema, tesis y definición

- ¿Escribió Ud. un ensayo argumentativo?
- ¿Cuál es el tema de su ensayo?
- ¿Cuál es la postura fundamental/tesis de su ensayo?
- ¿Qué técnicas de desarrollo utilizó? (¿clasificación? ¿definición? ¿narración? ¿comparación? ¿análisis?)

- ¿Incluyó los argumentos contrarios?

B. Contenido

- ¿Quién supone Ud. que sea el lector de su ensayo? ¿Qué propósito tendrá al leer el ensayo de Ud.? ¿Qué información buscará?
- ¿Cuánto sabrá ya del tema? ¿Cuál será su actitud al respecto?
- ¿Anticipó Ud. las preguntas que este lector tendrá acerca del tema?
- ¿Anticipó Ud. las posibles objeciones del lector a la opinión que Ud. presenta en su ensayo?

C. Introducción, transiciones y conclusión

- ¿Cuál de los dos tipos de introducción utilizó Ud.?
- ¿Cuál es el propósito de la introducción?
- ¿A qué tipo de lector se dirige?
- ¿Qué información contiene? (¿definición? ¿tesis? ¿reconocimiento de la oposición?)
- ¿Puso atención a las transiciones entre párrafos?
- ¿Qué estrategias utilizó para indicarle al lector que pasaba a hablar de otro asunto?
- ¿Qué estrategia utilizó en la conclusión? (¿resumen? ¿opinión?)
- ¿Cuál es el propósito de la conclusión?

CH. La estructura de los párrafos

- ¿Expresó Ud. una idea o aspecto diferente en cada uno de los párrafos?
- ¿Expresó la idea principal de cada párrafo en la oración temática?
- ¿Eliminó todas las oraciones superfluas?

D. Tono y estilo

- ¿Ha utilizado Ud. un tono relativamente formal al escribir su ensayo? ¿Qué estrategias utilizó para lograrlo?
- ¿Mantuvo el mismo tono en toda la exposición?
- ¿Cómo podría Ud. describir el tono que utilizó?
- ¿Se refleja este tono en el título que dio Ud. a su ensayo?

Resumen: Aspectos gramaticales y ortográficos

A. El uso de **ser** y **estar**

- ¿Ha analizado Ud. todos los usos de **ser** y **estar** que se encuentran en su composición?

B. El uso del pretérito, del imperfecto y del imperfecto progresivo

- ¿Ha analizado Ud. todos los usos del pretérito, del imperfecto y del imperfecto progresivo que se encuentran en su composición?

C. El uso de la voz pasiva con **ser,** la pasiva refleja y la pasiva impersonal

- ¿Ha analizado todos los usos de la voz pasiva con **ser** que se encuentran en su composición?
- ¿Ha analizado todos los usos de la voz pasiva en los cuales no se expresa el agente para determinar si se puede usar la voz pasiva refleja?
- ¿Ha analizado todos los usos de la voz pasiva refleja?
- ¿Ha analizado todos los usos de la pasiva impersonal?

Ch. El uso del artículo definido e indefinido

- ¿Ha analizado todos los sustantivos usados con o sin el artículo definido?
- ¿Ha analizado todos los sustantivos usados con o sin el artículo indefinido?

D. El uso del subjuntivo

- ¿Ha analizado todas las cláusulas subordinadas que se encuentran en su composición?

E. El uso de los pronombres relativos

- ¿Ha analizado todos los usos de los pronombres relativos?

F. El uso del gerundio

- ¿Ha analizado todos los usos del gerundio?

G. Errores de ortografía

- Anote las palabras dudosas que ha encontrado al revisar su composición.
- Anote los cambios hechos después de consultar un diccionario.

El resumen

Antes de redactar

EL RESUMEN

El resumen hace una exposición de algún asunto o materia en términos breves, considerando tan sólo lo esencial o repitiendo abreviadamente el asunto tratado. Un resumen puede hacerse de un libro, de un cuento, de una película, de una conferencia, de un programa de televisión, etcétera.

Pueden escribirse dos diferentes tipos de resumen. El primero, el resumen breve o condensación, intenta captar en forma abreviada el contenido de la materia enfocada. Su propósito es principalmente informativo: ofrece al lector una versión comprimida o reducida de lo que se resume.

El segundo tipo de resumen, el resumen interpretativo, como lo sugiere su nombre, tiene como propósito evaluar la obra resumida. Intenta ofrecer una condensación de lo esencial de la materia, pero parte de una idea central o de un juicio o evaluación sobre lo que se presenta. Esta idea central o juicio sirve como tesis de la exposición. Los detalles que se incluyen se seleccionan con el solo propósito de apoyar la interpretación del asunto, o sea, la tesis del resumen. No se trata de ofrecer únicamente una versión comprimida de la materia sino de hacer un juicio o evaluación de la misma.

Vocabulario útil

Las palabras y expresiones que se incluyen a continuación pueden ser de utilidad al escribir un resumen interpretativo.

VOCABULARIO PARA RESUMIR

a manera de ilustración se analizarán (dos, cinco) aspectos

el autor es un (químico, prosista, deportista) conocido principalmente por...

el propósito fundamental del autor es...

el valor de la obra reside en...

en conjunto, la obra de... se caracteriza por...

la acción se reduce a lo siguiente...

la obra consta de (*número*) (capítulos, partes, estrofas)

la postura fundamental que aquí se asume es...

la trama puede resumirse como sigue:

otro rasgo sumamente notable es...

uno de los rasgos característicos es...

MODELOS Y ANALISIS

MODELO I	«A la deriva»

«A la deriva», un cuento por Horacio Quiroga, describe las últimas horas en la vida de un hombre que ha intentado sobrevivir en el trópico lejos de la civilización. Enfoca la pequeñez del hombre ante la fuerza de la naturaleza.

«A la deriva» no es un cuento de acción. Los sucesos ocurren en un espacio de tiempo limitado y desde la perspectiva del protagonista. Empieza el cuento cuando éste pisa una víbora venenosa. El hombre siente el piquete del reptil y al examinarse el pie encuentra dos gotitas de sangre. Calmadamente se liga el pie con un pañuelo y regresa a su rancho. Ahí nota que el pie se le ha hinchado monstruosamente y siente una sed quemante. Decide entonces buscar ayuda. Sube a su canoa y se dirige al centro del caudaloso río Paraná. Espera llegar a un pueblo vecino dentro de cinco horas.

Ya en el río, la selva lo rodea. La corriente, casi por sí misma, lo arrastra hacia Tacurú Pucú. La pierna es ya un bloque deforme. Sabe que no alcanzará a llegar sin ayuda. Decide detenerse y buscar a su compadre. Con esfuerzo atraca y lo llama, pero éste no contesta. Ya débil el hombre regresa al río. El paisaje a su alrededor es a la vez agresivo y bello. Pasan las horas. Cae el sol. Poco a poco empieza a sentirse mejor. El dolor agudo se calma. Recuerda a su viejo patrón. Y así, dentro de la mente de un hombre moribundo, termina el cuento. El hombre no llega a su destino. Muere en camino. Quiroga describe lo que rodea al hombre y nos dice que éste simplemente deja de respirar.

Tema

El tema de este resumen es el argumento de un cuento escrito por el autor sudamericano Horacio Quiroga.

Propósito

El propósito del resumen es informativo: el escritor resume brevemente la cronología del argumento de un cuento.

Organización

El resumen consta de tres párrafos. Después de una breve introducción, la acción del cuento se sigue punto por punto. El resumen sencillamente narra lo mismo que el cuento, abreviándolo todo lo posible. No hay conclusión.

| MODELO II | Quiroga: Lo universal a través de lo regional |

Horacio Quiroga fue uno de los iniciadores del criollismo en Hispanoamérica. Sus cuentos, en gran parte, presentan la derrota del hombre ante la barbarie de la naturaleza tropical, tema explotado por casi todos los criollistas. Además, Quiroga, que sintió mucho la influencia de Edgar Allan Poe, se caracteriza por su obsesión con la muerte y por su dominio técnico.

El tema de «El hombre muerto» es el poco valor que la vida humana tiene en el trópico. Sobresale la ironía de la muerte insulsa de un hombre que ha desafiado la naturaleza durante tanto tiempo. El mayor acierto artístico es la creación del suspenso y del sentido dramático a pesar de que el cuento comienza con lo que podría ser el momento culminante. La actitud antidramática del autor ante el accidente da una sensación de horror que dura hasta el final. La imagen del hombre atravesado por su propio machete y tendido en la grama se hace inolvidable por la repetición de ciertos vocablos: el hombre, el machete (realzado al nivel del hombre en la primera oración), el bananal, el alambrado, el poste descascarado, la gramilla, el sol a plomo y variaciones del tema cansado-descanso. Sin embargo, este cuadro estático cobra vida por los pensamientos del hombre. Indicando con la descripción de la herida que el hombre está agonizando, Quiroga construye el cuento a base de los últimos treinta minutos en la vida de su protagonista. El tiempo avanza con una lentitud increíble establecida por la precisión de la hora: el triple uso de «acababa de»; «no han pasado dos segundos»; «las sombras no han avanzado un milímetro»; «las once y media»; «hace dos minutos»; «las doce menos cuarto» y «mediodía». Durante esos treinta minutos, el hombre admira la indiferencia de la naturaleza, y poco a poco alude sin énfasis a unos detalles de su vida que ayudan a completar el cuadro a la vez que aumentan el movimiento del cuento. Ese movimiento llega a definirse precisamente con los pensamientos del hombre moribundo sobre el muchacho que pasa rumbo al puerto nuevo; el caballo que espera el momento de pasar por el alambrado; y su mujer y sus dos hijos que vienen avanzando en el momento en que él muere.

A pesar de que este relato transcurre en Misiones, tiene un valor universal. El autor crea muy bien el ambiente de la región cerca del río Paraná, pero no emplea giros regionales; y el lenguaje perfectamente sencillo corresponde al tema fundamental de la muerte de un hombre. Sólo hay que tacharle a Quiroga el haberse permitido la impertinencia de filosofar por tres párrafos sobre la muerte: «La muerte. En el transcurso de la vida... ¡lo que debemos vivir aún!» El doble uso aquí de una frase trimembre—«fatal, aceptada y prevista» y «el consuelo, el placer y la razón»—disminuye el efecto de las otras dos frases trimembres que son más indispensables para el cuento: «fría, matemática e inexorable» y «fría, fatal e ineludiblemente».

Quiroga es, sin duda, una de las figuras excelsas en el cuento hispanoamericano tanto por haber abierto las sendas del criollismo como por la alta calidad de su obra. Quiroga se esfuerza por presentar lo universal a través de lo regional (el protagonista de este cuento se llama «el hombre»); domina completamente la técnica del género y elabora sus narraciones con un lenguaje sencillo que desmiente sus orígenes modernistas.

(de <u>El cuento hispanoamericano</u>, Seymour Menton)

Tema

Este resumen habla de otro de los cuentos de Quiroga, «El hombre muerto». Expresa un juicio sobre la obra indicando aspectos específicos que dan validez a la evaluación.

Propósito

El resumen interpretativo tiene dos propósitos. El primero es informativo: ofrece al lector un resumen abreviado del argumento de una obra literaria. Luego se propone evaluar la obra: el escritor ofrece su juicio sobre la obra y lo justifica con evidencia tomada de la obra.

Organización

La estructura de este resumen puede esquematizarse como sigue.

Párrafo 1: *Introducción*	Información general sobre Horacio Quiroga y expresión de la tesis
Párrafo 2:	Comentarios sobre el tema del cuento Primera evaluación sobre el valor del cuento: <u>El mayor acierto artístico es la creación del suspenso...</u>

Detalles que apoyan la evaluación: 1) el uso del lenguaje; 2) la descripción del tiempo; y 3) la descripción de los pensamientos del hombre

Párrafo 3:   Segundo juicio sobre la obra:...tiene un valor universal.
Detalles de apoyo
Crítica sobre una falla del autor

Párrafo 4:   Detalles sobre Quiroga como cuentista
Conclusión

ASPECTOS ESTILISTICOS

Tanto este resumen interpretativo como el resumen breve están escritos en tiempo presente. Por convención, en un resumen se habla de la materia tratada utilizando el presente.

- El caballo que *espera*... su mujer y sus dos hijos que *vienen* avanzando...

- El autor *presenta* a los personajes...

ESTRATEGIAS DEL ESCRITOR: LA ELABORACION DE LA TESIS Y LA SELECCION DE DETALLES

El resumen interpretativo no se propone sencillamente comprimir o repetir abreviadamente la materia como lo hace el resumen breve. Tiene como propósito ofrecer un juicio, evaluación u opinión sobre una obra. Por lo tanto, la estructura del resumen interpretativo es la misma de una exposición argumentativa cualquiera. Contiene una tesis central que se establece o justifica a través de los párrafos de apoyo, los cuales a su vez se basan en observaciones específicas acerca de la obra.

La elaboración de la tesis de un resumen interpretativo se basa en las mismas consideraciones que se hacen al concebir cualquier otro tipo de escrito. El tema del resumen es la obra misma. La tesis debe enfocar un solo aspecto de la obra. Generalmente incluye la opinión personal del autor o un juicio suyo sobre la materia que presenta. Sin embargo la tesis de un resumen interpretativo puede enfocarse en un sinnúmero de aspectos. Los ejemplos que se presentan a continuación dan una idea más completa de los aspectos que pueden tratarse en un resumen interpretativo.

1. Aspecto: El autor de la obra

Preguntas de enfoque:
- ¿Es típica esta obra de la producción del autor?
- ¿Refleja algún aspecto de la vida del autor?
- ¿Refleja la época en que vivió el autor?
- ¿Refleja las ideas por las cuales se conoce al autor?

2. Aspecto: La obra en su totalidad

Preguntas de enfoque:
- ¿Es la obra típica de su género? (¿novela? ¿biografía? ¿poesía? ¿tratado técnico?)
- ¿Cuál es la tesis de la obra?
- ¿Cómo está organizada la obra?
- ¿Es ésta una obra original? ¿Se desprende de alguna tradición conocida?
- ¿Qué importancia tiene la obra dentro de la época en que se escribió? ¿dentro de la tradición en que se produjo?
- ¿Cuál es el juicio de algunos eruditos sobre la obra?
- ¿Con qué otras obras puede compararse?

3. Aspectos varios: Técnicas literarias

Preguntas de enfoque:
- ¿Qué relación tiene el ambiente en que se desarrolla la acción con la acción misma?
- ¿Qué función tienen los personajes en la obra?
- ¿Están bien captados los personajes?
- ¿Presenta características especiales el lenguaje que se utiliza en esta obra?

4. Aspectos varios: Temas literarios

Preguntas de enfoque:
- ¿Hay crítica social en la obra?
- ¿Cómo se retrata al hombre en la obra? (¿como un ser bueno? ¿patético? ¿libre?)
- ¿Es importante en la obra el tema del honor?
- ¿Cómo se retrata a la mujer? (¿con admiración? ¿con comprensión? ¿Se le critica?)

Como se estudió anteriormente, la contestación a una pregunta de enfoque puede servir como tesis de la exposición. Utilizando los ejemplos anteriores, se podrían elaborar tesis como las siguientes.

- La obra (título) refleja los años que pasó el autor en el servicio secreto.

- Este cuento (título del primer cuento) tiene el mismo tema que este otro cuento (título del segundo cuento).

- Dentro de las obras más premiadas que se han escrito sobre el periodismo, (título) ocupa el primer lugar por su profundidad y por la claridad de su presentación.

La selección de detalles

Una vez elaborada la tesis, se seleccionan aquellos detalles que puedan servir para apoyar esta idea central. Cada detalle que se incluye debe ejemplificar lo que la tesis expresa. Si se trata de un juicio sobre el valor de la obra, por ejemplo, los detalles deben escogerse por su capacidad de dar validez a tal evaluación.

A continuación se presentan los esquemas de dos obras muy distintas que pueden dar una idea del tipo de organización que se puede usar al resumir una obra.

1. Resumen de una biografía

Título:	*La vida de Hernán Cortés* por Eliseo Hernández
Párrafo 1: *Introducción* *Tesis*	Oración introductoria <u>Eliseo Hernández presenta a Hernán Cortés como un hombre ambicioso y sin escrúpulos.</u>
Párrafo 2: *Oración* *temática*	<u>El autor presenta la vida temprana de Cortés para demostrar el origen de su ambición.</u> Ejemplo 1 de su vida temprana Ejemplo 2 de su vida temprana Ejemplo 3 de su vida temprana
Párrafo 3: *Oración* *temática*	<u>El autor presenta a Cortés durante la conquista de México y enfoca su desmesurada ambición.</u> Detalle 1 Detalle 2 Detalle 3
Párrafo 4: *Oración* *temática*	<u>El autor demuestra los resultados de la ambición y de la falta de ética de Cortés.</u> Detalle 1 Detalle 2
Conclusión:	Resumen de lo dicho Importancia de la obra

Comentario

En este esquema del resumen de una biografía se ve que el escritor decidió poner énfasis en la tesis general del autor, Eliseo Hernández. Su resumen consiste en demostrar cómo y en qué forma logra Hernández comunicar la impresión que desea sobre Cortés. Aquí el escritor no presenta datos sobre Hernández, ni incluye un bosquejo completo del contenido del libro. Sólo habla de la actitud del autor hacia el personaje histórico y demuestra cómo se revela esta actitud.

Un estudiante podría escribir este tipo de resumen si se tratara de una clase de historia en la cual se leyeran y comentaran *varias* biografías de Cortés. Se da por sabido entonces, dentro de este contexto, quién es Cortés y no se considera necesario identificarlo. Se dan por sabidos también los hechos más sobresalientes de su vida. Sólo quedan por comentar las diferentes opiniones que se encuentran en las distintas biografías que se han escrito sobre este hombre. El escritor de este esquema, entonces, no pierde tiempo ni espacio en repetir lo que tanto él como el profesor y sus compañeros ya saben.

2. Resumen de un tratado científico

Título:	*El cerebro humano* por Repósito Cabrera
Párrafo 1: *Introducción* *Tesis*	Oración introductoria *El cerebro humano* intenta hacer una comparación entre las funciones del cerebro y las máquinas computadoras.
Párrafo 2: *Oración* *temática*	Primero el autor describe la fisiología del cerebro humano. Detalle 1 Detalle 2 Detalle 3
Párrafo 3: *Oración* *temática*	Luego el autor describe las funciones y la estructura de una máquina computadora. Detalle 1 Detalle 2
Párrafo 4: *Oración* *temática*	Finalmente el autor compara el cerebro humano con las máquinas computadoras. Detalle 1 Detalle 2
Conclusión:	Resumen de lo dicho Comentario sobre la importancia de la obra

Comentario

Este resumen también se concreta en presentar la tesis o idea principal del autor del texto. Esta tesis va incluida en el párrafo introductorio y se apoya en los demás párrafos. Quien escribe el resumen enfoca el proceso utilizado por el autor para establecer la comparación entre el cerebro humano y la máquina computadora. Podemos suponer que el libro mismo está organizado en esta forma; es decir, empieza por describir el cerebro humano, luego pasa a describir las máquinas computadoras y finalmente acaba por comparar estas dos entidades.

Al escritor de este resumen tampoco le interesa establecer quién es el autor del tratado científico. El único comentario referente a la importancia de la obra se incluye en la conclusión. Este resumen, entonces, tiene como propósito demostrar que se ha leído la obra y resumir con detalles de apoyo la postura que toma su autor.

ANTES DE ESCRIBIR: EJERCICIOS

A. *Trabajo de la clase entera*

1. Escojan una película o un programa de televisión que todos hayan visto. En la pizarra, hagan una lista de todos los detalles que puedan recordar acerca de tal película o programa. Luego organicen los detalles, eliminando los que no sean necesarios para dar un resumen claro.

2. Describan brevemente por escrito una reacción suya provocada por la película o el programa que escogieron. ¿Les gustó o no el programa/la película? Escriban dos o tres de las reacciones en la pizarra y coméntenlas. ¿Qué causó la reacción? ¿Están de acuerdo todos o reaccionaron algunos de otra manera?

B. *Trabajo en pequeños grupos.* Hagan una lista en la pizarra de libros que se hayan leído recientemente. ¿Hay algunos libros que hayan leído varios miembros de la clase? Tres o cuatro personas que hayan leído el mismo libro deben formar un grupo.

1. Preparen el esquema de un resumen del libro siguiendo uno de los modelos presentados en las páginas 223–229 de este capítulo. Escriban la tesis y tres o cuatro oraciones temáticas.

2. Comenten cómo se cambiaría el esquema si el resumen tuviera otro propósito. Por ejemplo:

   • Dar otros detalles acerca del contenido

   • Hacer un contraste o una comparación con otro libro

   • Tratar de convencer o influenciar al lector (su profesor)

3. Desarrollen por lo menos dos diferentes esquemas para el mismo libro.

La redacción

COMO SE ESCRIBE UN RESUMEN DE UN LIBRO

El proceso de escribir un resumen se basa en los pasos que se detallan a continuación. Estudie cada paso cuidadosamente antes de empezar a escribir su resumen.

1. Lea la obra en su totalidad. Al leer, haga una lista de los aspectos más sobresalientes.

2. Examine la organización del libro. Ponga atención al número de capítulos, divisiones, etcétera. Vea si el autor dividió su obra en partes y considere los posibles motivos que tuvo el autor para dividirla como lo hizo.

3. Si se trata de un texto literario, haga una lista de todos los aspectos literarios de importancia: personajes, marco de la acción, lenguaje, punto de vista, etcétera.

4. Determine cuál es la tesis de la obra, o sea, la idea principal del autor. Condense ésta en una o dos oraciones.

5. Haga un resumen breve, o condensación, del contenido o del argumento (si es una obra literaria). Este resumen debe apegarse a la obra sin utilizar el lenguaje de ésta y debe incluir los detalles más sobresalientes.

6. Busque datos sobre el autor si lo considera necesario.

7. Escriba una evaluación breve de la obra. Puede comentar, por ejemplo, acerca de:

   a. La originalidad de la obra

   b. El éxito o fracaso del autor en el desarrollo de algún aspecto literario (si es una obra literaria)

   c. La presentación de los datos (si es un tratado sobre alguna materia)

   ch. La exactitud de los datos que se presentan

   d. El punto de vista del autor

   e. La actitud del autor hacia el tema

   f. El estilo de la obra

8. Elabore una tesis utilizando la evaluación hecha en el Paso 7 o la respuesta a una pregunta de enfoque.

9. Piense en el lector. ¿Quién es? ¿Conoce la obra? En la mayoría de los casos conviene hacer de cuenta que se escribe para un lector que desconoce la materia que se presenta. ¿Qué información busca en el resumen de Ud.? ¿Qué propósito tiene como lector?

10. Elabore un esquema del resumen. Decida cuánto escribirá sobre cada aspecto.

11. Escriba el resumen.

12. Haga las revisiones necesarias.

13. Pase el trabajo en limpio.

Tarea

Escriba un resumen interpretativo de un libro que haya leído recientemente. Incluya la siguiente información.

1. título del libro
2. autor
3. datos de su publicación
4. clase en la cual se leyó el libro
5. propósito del resumen
6. para quién(es) se escribe el resumen

Incluya en su resumen:

1. el esquema preliminar del resumen
2. el resumen interpretativo con
   a. la introducción identificada
   b. la tesis subrayada
   c. los párrafos de apoyo y su función indicados
   ch. las oraciones temáticas de todos los párrafos subrayadas
   d. la conclusión identificada

La revisión

El siguiente proceso puede aplicarse tanto al escrito de un compañero como
a su propia composición.

Resumen: Contenido y organización

A. Tema, tesis y definición
   • ¿Escribió Ud. un resumen interpretativo o un resumen breve?

- ¿Cuál es el tema del resumen? ¿Qué tipo de materia comentó Ud.?
- Si escribió un resumen interpretativo, ¿cuál es su tesis?
- ¿Utilizó la evaluación de la obra como tesis? ¿Qué pregunta de enfoque contesta?

B. Contenido

- ¿Quién supone Ud. que sea el lector de su ensayo? ¿Qué propósito tendrá al leer el ensayo?
- ¿Cuánto sabrá ya del tema? ¿Cuál será su actitud al respecto?
- ¿Anticipó Ud. las preguntas que este lector tendrá acerca del tema?
- ¿Anticipó Ud. las posibles objeciones del lector?

C. Introducción, transiciones y conclusión

- ¿Cuál de los tipos de introducción utilizó Ud.?
- ¿Cuál es el propósito de la introducción?
- ¿A qué tipo de lector se dirige?
- ¿Qué información contiene? (¿definición? ¿tesis? ¿reconocimiento de la oposición? ¿información de fondo?)
- ¿Puso atención a las transiciones entre párrafos?
- ¿Qué estrategias utilizó para indicarle al lector que pasaba a hablar de otro asunto?
- ¿Qué estrategia utilizó en la conclusión? (¿resumen? ¿opinión?)
- ¿Cuál es el propósito de la conclusión?

CH. La estructura de los párrafos

- ¿Dedicó cada párrafo al desarrollo de una sola idea?
- ¿Expresó la idea principal de cada párrafo en la oración temática?
- ¿Eliminó todas las oraciones superfluas?

D. Tono y estilo

- ¿Ha utilizado Ud. un tono relativamente formal al escribir su ensayo?
- ¿Mantuvo el mismo tono en toda la exposición?
- ¿Cómo podría Ud. describir el tono que utilizó?
- ¿Contribuye este tono a establecerle a Ud. como escritor razonable y creíble?

Resumen: Aspectos gramaticales y ortográficos

A. El uso de **ser** y **estar**

- ¿Ha analizado Ud. todos los usos de **ser** y **estar** que se encuentran en su composición?

B. El uso del pretérito, del imperfecto y del imperfecto progresivo

- ¿Ha analizado Ud. todos los usos del pretérito, del imperfecto y del imperfecto progresivo que se encuentran en su composición?

C. El uso de la voz pasiva con **ser,** la pasiva refleja y la pasiva impersonal

- ¿Ha analizado todos los usos de la voz pasiva con **ser** que se encuentran en su composición?
- ¿Ha analizado todos los usos de la voz pasiva en los cuales no se expresa el agente para determinar si se puede usar la voz pasiva refleja?
- ¿Ha analizado todos los usos de la voz pasiva refleja?
- ¿Ha analizado todos los usos de la pasiva impersonal?

Ch. El uso del artículo definido e indefinido

- ¿Ha analizado todos los sustantivos usados con o sin el artículo definido?
- ¿Ha analizado todos los sustantivos usados con o sin el artículo indefinido?

D. El uso del subjuntivo

- ¿Ha analizado todas las cláusulas subordinadas que se encuentran en su composición?

E. El uso de los pronombres relativos

- ¿Ha analizado todos los usos de los pronombres relativos?

F. El uso del gerundio

- ¿Ha analizado todos los usos del gerundio?

G. Errores de ortografía

- Anote las palabras dudosas que ha encontrado al revisar su composición.
- Anote los cambios hechos después de consultar un diccionario.

El trabajo de investigación

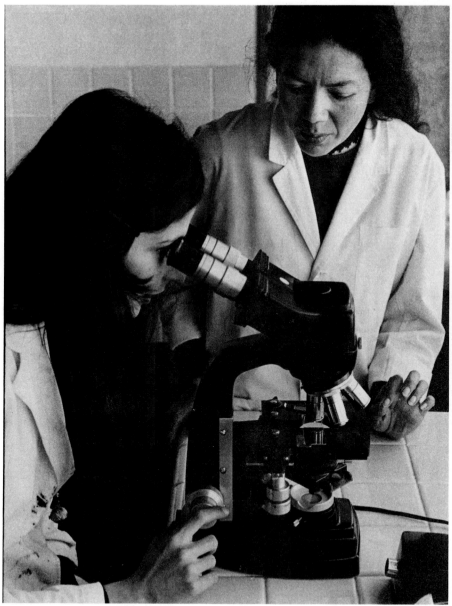

Antes de redactar

EL TRABAJO DE INVESTIGACION

El trabajo de investigación se conoce por varios nombres. En inglés se le da el nombre de *term paper* o *research paper;* en español se le conoce por los nombres de **trabajo formal, trabajo de investigación, informe** e **informe técnico.**

El trabajo de investigación tiene tres características que lo diferencian de los demás tipos de escrito. En primer lugar, es un escrito de cierta extensión. Generalmente se trata de un trabajo escrito a máquina que contiene más de cinco hojas. En segundo lugar, el trabajo contiene el producto de la investigación de un estudiante sobre un tema determinado. Es decir, se supone que el estudiante no escribe sobre algo que puede comentar basado en su propia experiencia, sino sobre algún tema que le interesa y que ha decidido investigar sistemáticamente. Para esto, utiliza la biblioteca y consulta varias fuentes de información. Finalmente, el trabajo de investigación es un escrito que documenta las ideas y las citas que se han tomado de las diferentes obras que se han consultado. Contiene notas que dan a conocer al lector de dónde se tomaron los datos que se presentan e incluye una bibliografía completa del material consultado.

Los dos tipos de trabajo de investigación

En general, el trabajo de investigación puede escribirse desde dos diferentes perspectivas: puede escribirse un trabajo informativo o un trabajo crítico. El trabajo informativo, como lo indica su nombre, sencillamente informa. El autor presenta el fruto de su investigación: lo que se sabe sobre el tema y la postura actual de los peritos en la materia. Si descubre que hay controversias entre éstos, las presenta objetivamente. El trabajo informativo no contiene el juicio del escritor sobre el tema. El profesor lo evalúa tomando en cuenta la profundidad de la investigación, el número y clase de obras consultadas y la claridad con que se haya presentado lo que hasta el momento se sabe sobre la materia.

El trabajo crítico, tanto como el trabajo informativo, contiene datos que se han encontrado como producto de una investigación. Pero el propósito del trabajo crítico no es informar, sino persuadir. Por lo tanto, el escritor del trabajo crítico no solamente presenta el resultado de su investigación sino también su *interpretación* de los datos. Cuando se encuentra frente a un tema que es objeto de una controversia entre expertos en la materia, el escritor del trabajo crítico adopta una de las posturas y comparte con el lector las razones que justifican su elección. Tanto el trabajo crítico como el trabajo informativo se evalúan por la profundidad de la investigación y la claridad de la presentación. En este caso, sin embargo, también se mide la calidad y fuerza de los juicios que ofrece el escritor.

El proceso de escribir el trabajo de investigación

El proceso de escribir un trabajo de investigación es similar al proceso de escribir una exposición elaborada según las varias estrategias de desarrollo (definición, comparación y contraste, análisis y clasificación) que ya se han presentado. Lo que es distinto es la extensión del trabajo, y las etapas que se completan *antes de escribir*. El cuadro siguiente presenta un resumen del orden en que tales etapas se efectúan.

	EL PROCESO DE ESCRIBIR UN TRABAJO DE INVESTIGACION	
Paso	*Etapa*	*Método*
1	Seleccionar un tema	*1.* Leer las sugerencias del profesor *2.* Repasar las ideas principales del curso *3.* Recordar los intereses fundamentales
2	Hacer una lectura preliminar	*4.* Buscar las fuentes principales de información *5.* Leer sobre el tema en general
3	Limitar el tema	*6.* Usar los procesos que se aprendieron en el Capítulo 4
4	Elaborar una tesis preliminar	*7.* Hacer preguntas de enfoque
5	Enfocar la lectura	*8.* Leer acerca del aspecto del tema original que se haya decidido enfocar
6	Apuntar ideas	*9.* Apuntar ideas que apoyen la tesis *10.* Incluir los datos bibliográficos de cada nota
7	Organizar la información	*11.* Clasificar los datos que se encontraron
8	Revisar la tesis	*12.* Elaborar una tesis definitiva
9	Hacer un esquema del trabajo	*13.* Decidir cómo organizar el trabajo

EL PROCESO DE ESCRIBIR UN TRABAJO DE INVESTIGACION *(continuado)*		
Paso	*Etapa*	*Método*
10	Escribir la primera versión	*14.* Utilizar los principios de organización que se estudiaron
11	Incluir la documentación	*15.* Preparar notas *16.* Preparar la bibliografía
12	Revisar el trabajo	*17.* Poner atención al contenido, a los aspectos gramaticales y a los aspectos estilísticos

La selección de un tema

En el Capítulo 4 se habló del proceso que se debe seguir para enfocar un tema. Al escribir un trabajo de investigación también se necesita limitar y luego enfocar el tema. El problema de muchos alumnos, sin embargo, es decidir qué tema global escoger como punto de partida.

Lógicamente, un tema que se va a tratar en un trabajo de investigación necesita prestarse para tal investigación. Es decir, no puede escogerse un tema que ha sido discutido solamente en *un* libro. Al mismo tiempo, tampoco puede escribirse sobre un tema tan amplio que requiera la lectura de cientos de libros. Como guía general, entonces, puede decirse que los temas que se prestan para el trabajo de investigación son aquéllos que:

1. se relacionan con la materia que se estudia en clase

2. le interesan al alumno en lo personal

3. han sido tratados ya en varios libros y/o artículos

4. se pueden enfocar con facilidad concentrándose en un solo aspecto

5. se pueden investigar objetivamente

La elaboración de la tesis definitiva

Al escribir un trabajo de investigación, se empieza con un tema y después de limitarlo, se elabora una tesis preliminar. Esta tesis sirve para enfocar la lectura sobre un aspecto específico. Generalmente, a medida que se lee y se apuntan las ideas más relevantes, se aprende mucho más sobre el tema. Después de terminar la lectura y organizar la información, conviene repasar la tesis preliminar para decidir si todavía es de utilidad. Con gran frecuencia se descubre que es posible enfocar el tema con más precisión.

El trabajo de investigación sobre temas literarios

El trabajo de investigación sobre temas literarios presenta problemas muy especiales tanto en la investigación como en la selección de temas enfocados. El primer problema se relaciona con la bibliografía: existen muchísimas obras sobre casi todos los temas literarios que se estudian a nivel universitario. El seleccionar obras de consulta entre una lista de cientos de tratados, aun en la primera etapa de la lectura, puede ser muy difícil. Un segundo problema hace la situación más compleja: generalmente el estudiante tiene conocimientos limitados acerca del tema que desea investigar. Esto lo lleva con frecuencia a empezar la lectura preliminar sin una idea concreta de lo que quiere buscar o encontrar.

Como regla general puede ser útil hacerse las siguientes preguntas antes de empezar el proceso de investigación.

1. ¿Quiero escribir sobre alguna época literaria? (el Siglo de Oro, el Siglo XIX, etcétera)

2. ¿Quiero escribir sobre algún género literario en general? (la novela, la poesía, el teatro)

3. ¿Quiero escribir sobre algún movimiento literario? (el romanticismo, el modernismo, el realismo)

4. ¿Quiero escribir sobre algún autor? (su vida, su obra en general)

5. ¿Quiero escribir sobre alguna obra en particular? («El burlador de Sevilla», *Doña Bárbara*)

Después de haber decidido qué dirección tomará la investigación, se empieza a leer ya sea sobre un autor, sobre una época o sobre una obra. Cuando se termina la lectura general y se sabe ya más del tema, éste puede limitarse y enfocarse. Por ejemplo, si se decide escribir sobre una obra literaria, hay tres tipos diferentes de enfoque.

1. *Puede enfocarse la trayectoria u origen de una obra.* ¿Qué circunstancias históricas o sociales fueron la fuente de origen de la obra? ¿Qué circunstancias en la vida del autor influyeron en su perspectiva? ¿Qué movimientos literarios se reflejan en la obra?

2. *Puede enfocarse la obra en sí.* ¿Cuál es el significado de la obra? ¿Cuál es su punto de vista? ¿su tono? ¿la tesis general de la obra? ¿Cómo es su estructura? ¿Cuál es la función del lenguaje? ¿Qué símbolos se utilizan?

   Desde esta perspectiva, también pueden enfocarse varias obras al mismo tiempo. Puede hacerse una comparación y/o contraste entre dos obras escritas por autores diferentes; o pueden señalarse los cambios ocurridos en un mismo autor comparando sus obras tempranas con las obras escritas en su madurez.

3. *Puede enfocarse la influencia de una obra.* ¿Qué influencia tuvo, por ejemplo, el teatro clásico francés en el teatro español? ¿Qué influencia ha tenido la novela *Rayuela* en la novelística hispanoamericana?

La estructura del trabajo de investigación

Hay dos tipos de formato que pueden utilizarse en la organización del trabajo de investigación. Al primer tipo se le da el nombre de *formato separado;* al segundo, se le llama *formato integrado.* La organización del formato separado puede verse en el esquema siguiente.

FORMATO SEPARADO	
Trabajo informativo	*Trabajo crítico*
I. Presentación del tema en general	I. Presentación del tema en general
II. Presentación de todos los aspectos del tema y de los datos obtenidos	II. Presentación de todos los aspectos del tema y de los datos obtenidos
III. Presentación de los juicios de los expertos acerca de los datos obtenidos	III. Presentación de los juicios de los expertos acerca de los datos obtenidos
IV. Conclusión	IV. Presentación de los juicios personales
	V. Conclusión

Como se notará, este formato consta de tres o cuatro partes principales. Cada una de estas partes se puede identificar dentro del trabajo utilizando títulos para cada sección o por medio de párrafos de transición que indiquen al lector el contenido de lo que leerá a continuación. La primera parte siempre contiene una presentación general o una introducción. La segunda contiene los datos que se encontraron a través de la investigación. La tercera incluye los juicios que se han emitido sobre los datos obtenidos, y, finalmente, si se trata de un trabajo crítico, la cuarta parte contiene la evaluación del escritor sobre la materia de su investigación.

El formato integrado, así como su nombre lo sugiere, *integra* en una misma sección datos, juicios de los expertos, y juicios personales. Este formato es mucho más flexible que el formato separado ya que el escritor puede presentar en forma diferente los distintos datos y aspectos del tema. También permite al escritor poner de relieve las semejanzas y diferencias existentes entre un dato, el juicio de un experto y un juicio personal a la vez. La estructura de este tipo de trabajo se presenta en el esquema que aparece a continuación.

FORMATO INTEGRADO
I. Presentación del tema en general

II. Presentación de un aspecto del tema
  A. Datos
  B. Juicios de los expertos
  C. Juicios personales

III. Presentación de otro aspecto del tema
  A. Datos
  B. Juicios de los expertos
  C. Juicios personales

IV. Presentación de otro aspecto
  A. Datos
  B. Juicios de los expertos
  C. Juicios personales

V. Conclusión

Antes de escribir el trabajo de investigación, es necesario decidir cómo organizar el trabajo. Es buena idea elaborar dos esquemas; esto ayuda a conceptualizar el escrito en su totalidad y a ver las ventajas y desventajas de cada formato. Por ejemplo, si se hubieran recogido datos sobre las obras de Cervantes, se podría hacer una comparación como la siguiente, vista de dos maneras.

FORMATO SEPARADO	FORMATO INTEGRADO
I. Introducción	I. Introducción

II. Las novelas ejemplares	II. Las novelas ejemplares
	  A. Juicios de los expertos
	  B. Juicios personales

III. *La Galatea*	III. *La Galatea*
	  A. Juicios de los expertos
	  B. Juicios personales

IV. La poesía de Cervantes	IV. La poesía de Cervantes
	  A. Juicios de los expertos
	  B. Juicios personales

V. El teatro de Cervantes	V. El teatro de Cervantes
	  A. Juicios de los expertos
	  B. Juicios personales

VI. *Don Quijote*	VI. *Don Quijote*
	  A. Juicios de los expertos
	  B. Juicios personales

VII. Juicios de los expertos sobre todas las obras	VII. Conclusión
VIII. Juicios personales sobre todas las obras	
IX. Conclusión	

El uso de uno u otro de los formatos en este caso dependería del propósito del escritor. El formato separado podría utilizarse si el propósito del escritor fuera hablar de las obras de Cervantes *en general*, dando información sobre los diferentes géneros literarios que cultivó este autor, los juicios de los expertos sobre la producción de Cervantes *en conjunto* y de su propio juicio. El formato integrado se prestaría más para una exposición cuyo fin fuera comparar las diferentes obras del autor entre sí, lo cual exigiría un trabajo más detallado.

La documentación[1]

El trabajo de investigación consiste en una serie de datos y juicios de los expertos sobre un tema que el escritor ha descubierto al hacer una investigación. Al escribir, el autor del trabajo puede utilizar sus propias palabras para explicar un dato o para reflejar el juicio de un experto, o puede también citar las palabras textuales de los críticos sobre la materia. Como regla general, se cita con moderación y sólo en aquellos casos en que las palabras textuales son portadoras de una fuerza que la paráfrasis de la misma idea no transmitiría. Con los datos y las citas se incluye su documentación respectiva.

Documentar un trabajo quiere decir incluir en él notas que indiquen exactamente de dónde se tomaron los datos y las citas que forman parte del escrito. Un trabajo documentado contiene notas y una bibliografía.

Hay varios estilos establecidos, ya reconocidos, que se utilizan al documentar un trabajo. El utilizar uno u otro estilo depende principalmente de la materia sobre la cual se escribe. Un trabajo en literatura, por ejemplo, suele documentarse usando el formato establecido por la Modern Language Association en su manual *MLA Handbook*. Un trabajo en ciencias sociales con frecuencia utiliza el estilo establecido por la American Psychological Association en su manual *Publication Manual of the American Psychological Association*. A continuación se da una lista de manuales de estilo, así como también una lista de fuentes de información sobre bibliografía española.

---

[1] Aquí se supone que Ud. ya ha aprendido a hacer investigaciones usando la biblioteca. Por lo tanto, no se darán instrucciones acerca de cómo encontrar libros y artículos de consulta, ni se explicará cómo se toman apuntes al llevar a cabo una investigación.

OBRAS DE UTILIDAD

Manuales sobre estilo

A Manual of Style. 13th edition, revised. Chicago: University of Chicago Press, 1982.

Garibaldi, Joseph and Walter Achtert. *MLA Handbook for Writers of Research Papers.* 2nd edition. New York: Modern Language Association, 1984.

————. *The MLA Style Manual.* New York: Modern Language Association, 1985.

Publication Manual of the American Psychological Association. 3rd edition, revised. Washington, D.C.: American Psychological Association, 1984.

Turabian, Kate. *A Manual for Writers of Term Papers, Theses, and Dissertations.* 5th edition. Chicago: University of Chicago Press, 1987.

Fuentes de información sobre temas generales que se relacionan con el mundo hispanohablante

Bibliographic Guide to Latin American Studies. Boston: G. K. Hall & Co., 1978–.
Bibliografía anual de las publicaciones incluidas en la colección latinoamericana de la Universidad de Tejas en Austin, con un suplemento de las publicaciones catalogadas por la Biblioteca del Congreso (*Library of Congress*).

Graham, Ann Hartness and Richard D. Woods. *Latin America in English-language Reference Books.* New York: Special Libraries Association, 1981.
Lista de libros de referencia en inglés sobre Latinoamérica. Incluye básicamente ciencias sociales y humanidades.

Gran Enciclopedia Rialp. Madrid: Ediciones Rialp, S.A., 1971–76. 24 volúmenes.
Buena enciclopedia general parecida a la *Enciclopedia Americana*.

Handbook of Latin American Studies: Humanities. Austin: University of Texas Press, 1936–.
Guía selecta de publicaciones recientes en humanidades.

Handbook of Latin American Studies: Social Sciences. Austin: University of Texas Press, 1936–.
Guía selecta de publicaciones recientes en ciencias sociales.

HAPI (Hispanic American Periodicals Index). Los Angeles: Latin American Center, UCLA, 1975–.
Lista de artículos, reseñas, documentos y obras literarias originales organizados por tema y por autor. Incluye la producción de revistas latinoamericanas y de revistas publicadas en otros países sobre temas latinoamericanos.

Wilgus, A. Curtis. *Latin America, Spain and Portugal: A Selected and Annotated Bibliographic Guide to Books Published in the United States, 1954–1974.* Metuchen, NJ: Scarecrow Press, 1977.

OBRAS DE UTILIDAD *(continuado)*

Fuentes de información sobre lengua y literatura hispanas

Bleznick, Donald W. *A Sourcebook for Hispanic Literature and Language: A Selected Annotated Guide to Spanish, Spanish-American and Chicano Bibliography, Literature, Linguistics, Journals and Other Source Materials.* 2nd edition. Metuchen, NJ: Scarecrow Press, 1983.

Foster, David William, and Virginia Ramos Foster. *Manual of Hispanic Bibliography.* 2nd edition, revised and enlarged. Garland Reference Library of the Humanities, 851. New York: Garland, 1977.

Herdeck, Donald E., ed. *Caribbean Writers, A Bio-bibliographical Critical Encyclopedia.* Washington, D.C.: Three Continents Press, Inc., 1979.

Jauralde Pou, Pablo. *Manual de investigación literaria (guía bibliográfica para el estudio de la literatura española).* Biblioteca Románica Hispánica, Manuales 48. Madrid: Gredos, 1981.

MLA International Bibliography. New York: Modern Language Association of America, 1936–.
Contiene una lista de libros y artículos sobre lenguas modernas en las ramas de literatura, *folklore* y lingüística.

Sainz de Robles, Federico Carlos. *Ensayo de un diccionario de la literatura.* Madrid: Aguilar, 1964–72.
Obra de tres volúmenes sobre aspectos de la literatura en general y sobre aspectos específicos de la literatura peninsular.

Simón Díaz, José. *Bibliografía de la literatura hispánica.* 14 vols. to date. Madrid: CSIC, 1950.

_____ . *Manual de bibliografía de la literatura española.* 3rd edition, reorganized, revised and enlarged. Biblioteca Románica Hispánica, Manuales 47. Madrid: Gredos, 1980.

Teschner, Richard, Garland Bills, and Jerry Craddock. *Spanish and English of United States Hispanos: A Critical, Annotated, Linguistic Bibliography.* Arlington, VA: Center for Applied Linguistics, 1975.
Bibliografía anotada del español e inglés utilizados por grupos hispanos en los Estados Unidos.

Woodbridge, Hensley C. *Guide to Reference Works for the Study of the Spanish Language and Literature and Spanish-American Literature.* New York: Modern Language Association, 1987.

_____ . *Spanish and Spanish-American Literature: An Annotated Guide to Selected Bibliographies.* New York: Modern Language Association, 1983.

Diferencias entre los formatos de documentación

Las nuevas ediciones del manual de la MLA (1985) y del de la APA (1984) han simplificado mucho el formato preferido de documentación. El cambio más sobresaliente (y que comparten los dos manuales) ha sido la eliminación de todas las notas menos las que sirven para explicar algo en el texto; todas las referencias deben citarse al final del trabajo en la bibliografía. Sin embargo, siguen existiendo diferencias entre los dos formatos. Estas diferencias, aunque mínimas, son importantes. La colocación de la fecha de publicación, el uso de mayúsculas y minúsculas, el orden de los datos, etcétera, deben seguir el formato escogido. Las diferencias entre los dos formatos, el formato MLA y el formato APA, pueden verse al comparar la documentación de un texto utilizando los diferentes estilos.

EJEMPLO DEL FORMATO MLA

Desde hace tiempo el poder escribir bien se considera la habilidad lingüística más difícil de desarrollar, no tan sólo en una segunda lengua (Chastain *Developing Second-Language Skills;* Rivers et al.), sino también en la misma lengua nativa:

> ...incluso las obras de los grandes genios son producto de una paciente labor. El estudio de sus manuscritos o de las ediciones sucesivas de sus obras nos revela las numerosas correcciones que sufrieron sus «inspiradas» páginas antes de ir, definitivamente, a la imprenta. También los grandes talentos literarios han dudado al escribir, han reflexionado, han luchado con las palabras y las frases, y han corregido una y otra vez (Martín Vivaldi 17).

En el pasado la dificultad de la composición se empleaba como justificación para dos cosas: primero, que no se debía esperar mucho del que escribía en una segunda lengua (Troyanovich 437), y segundo, que lo que distinguía al escritor novato del experto era el dominio de la gramática evidente en una prosa pulida y libre de errores. Resultado: una metodología que se concentraba casi exclusivamente en aspectos de forma y la erradicación del error (Raimes; Zamel).

En los últimos años se ha visto un cambio profundo—tan profundo, según Hairston, que puede llegar a compararse al «*paradigm shift*» de Kuhn[1]—en la manera en que se conceptualiza el acto de la composición.

Notas

[1]Según la teoría de Kuhn, ocurre un «*paradigm shift*» cuando las nociones aceptadas de una disciplina ya no bastan para explicar gran número de problemas empíricos. Un conocido ejemplo de «*paradigm shift*» es la sustitución del modelo ptolemaico por el copernicense.

Obras Citadas

Chastain, K. "An Inventory of Student Composition Errors: End of 4th Semester." *Canadian Modern Language Review* 36 (1980): 637–43.

Chastain, K. *Developing Second-Language Skills: Theory to Practice.* 2nd edition. Chicago: Rand-McNally, 1976.

Hairston, M. "The Winds of Change: Thomas Kuhn and the Revolution in the Teaching of Writing." *College Composition and Communication* 33 (1982): 76–88.

Kuhn, T. *The Structure of Scientific Revolutions.* 2nd edition, enlarged. Foundations of the Unity of Science, Volume II, Number 2. Chicago: University of Chicago Press, 1970.

EJEMPLO DEL FORMATO MLA *(continuado)*

Martín Vivaldi, G. *Curso de Redacción*. 9ª ed., corregida y aumentada. Madrid: Paraninfo, 1982.

Raimes, A. "Anguish as a Second Language: Remedies for Composition Teachers." *Learning to Write: First Language/Second Language*. Eds. I. Pringle and J. Yalden. New York: Longman, 1983. 258–272.

Rivers, W., et al. *Practical Guide to the Teaching of Spanish*. New York: Oxford University Press, 1976.

Troyanovich, J. "How Defensible Is Writing as an Objective in Short-Term Foreign Language Experiences?" *Foreign Language Annals* 7 (1974): 435–42.

Zamel, V. "Writing: The Process of Discovering Meaning." *TESOL Quarterly* 16 (1982): 195–209.

EJEMPLO DEL FORMATO APA

Desde hace tiempo el poder escribir bien se considera la habilidad lingüística más difícil de desarrollar, no tan sólo en una segunda lengua (Chastain, 1976; Rivers et al., 1976), sino también en la misma lengua nativa:

> ...incluso las obras de los grandes genios son producto de una paciente labor. El estudio de sus manuscritos o de las ediciones sucesivas de sus obras nos revela las numerosas correcciones que sufrieron sus «inspiradas» páginas antes de ir, definitivamente, a la imprenta. También los grandes talentos literarios han dudado al escribir, han reflexionado, han luchado con las palabras y las frases, y han corregido una y otra vez (Martín Vivaldi, 1982, pág. 17).

En el pasado la dificultad de la composición se empleaba como justificación para dos cosas: primero, que no se debía esperar mucho del que escribía en una segunda lengua (Troyanovich, 1974, pág. 437), y segundo, que lo que distinguía al escritor novato del experto era el dominio de la gramática evidente en una prosa pulida y líbre de errores. Resultado: una metodología que se concentraba casi exclusivamente en aspectos de forma y la erradicación del error (Raimes, 1983; Zamel, 1982).

En los últimos años se ha visto un cambio profundo—tan profundo, según Hairston (1982), que puede llegar a compararse al «*paradigm shift*» de Kuhn[1]—en la manera en que se conceptualiza el acto de la composición.

Notas

[1] Según la teoría de Kuhn (1970), ocurre un «*paradigm shift*» cuando las nociones aceptadas de una disciplina ya no bastan para explicar gran número de problemas empíricos. Un conocido ejemplo de «*paradigm shift*» es la sustitución del modelo ptolemaico por el copernicense.

Referencias

Chastain, K. (1980). An inventory of student composition errors: end of 4th semester. *Canadian Modern Language Review*, 36, 637–43.

EJEMPLO DEL FORMATO APA *(continuado)*

Chastain, K. (1976). *Developing Second-Language Skills: Theory to Practice* (2nd ed.). Chicago: Rand-McNally.

Hairston, M. (1982). The winds of change: Thomas Kuhn and the revolution in the teaching of writing. *College Composition and Communication, 33,* 76–88.

Kuhn, T. (1970). *The Structure of Scientific Revolutions* (2nd ed., enlarged). Foundations of the Unity of Science, Volume II, Number 2. Chicago: University of Chicago Press.

Martín Vivaldi, G. (1982). *Curso de Redacción* (9ª ed., corregida y aumentada). Madrid: Paraninfo.

Raimes, A. (1983). Anguish as a second language: Remedies for composition teachers. In I. Pringle & J. Yalden (Eds.), *Learning to Write: First Language/Second Language* (págs. 258–272). New York: Longman.

Rivers, W., Azevedo, M., Heflin, W., Jr., & Hyman-Opler, R. (1976). *Practical Guide to the Teaching of Spanish.* New York: Oxford University Press.

Troyanovich, J. (1974). How defensible is writing as an objective in short-term foreign language experiences? *Foreign Language Annals, 7,* 435–42.

Zamel, V. (1982). Writing: The process of discovering meaning. *TESOL Quarterly, 16,* 195–209.

Se notará que, dentro del texto mismo, se indica que la información se tomó de otro texto o fuente en forma diferente. El formato MLA utiliza el apellido del autor, más la página de la cual se ha tomado la información citada. Si hay más de una obra del mismo autor en la lista de obras citadas, se incluye en la cita un título abreviado de la obra específica después del apellido. Cuando se incluye el nombre del autor dentro del texto mismo y sólo hay una obra de ese autor en la bibliografía (q.v., los ejemplos de Hairston y Kuhn en el modelo), no es necesario incluir más información parentética a menos que sea una cita directa. En ese caso, se incluiría entre paréntesis la página en la cual se encuentra la cita. El formato APA utiliza el apellido del autor más la fecha de publicación de la obra. En los dos casos, es fácil para el lector determinar de dónde se tomaron los datos.

Debe notarse que el formato bibliográfico de notas es distinto al formato que se usa para la lista de obras citadas. Sin embargo, ya que tanto la MLA como la APA ahora recomiendan la eliminación de notas bibliográficas, no se darán aquí ejemplos de su formato. El manual de la MLA incluye información sobre este punto si el escritor la desea.

Abreviaturas

Las siguientes abreviaturas pueden ser de utilidad en la documentación del trabajo de investigación.

TERMINOLOGIA Y ABREVIATURAS USADAS FRECUENTEMENTE EN LA DOCUMENTACION			
Inglés	*Abreviatura*	*Español*	*Abreviatura*
First edition	1st ed.	Primera edición	1ª ed.
Second edition	2d ed.	Segunda edición	2ª ed.
Third edition	3d ed.	Tercera edición	3ª ed.
Fourth edition	4th ed.	Cuarta edición	4ª ed.
Translator	trans.	Traductor	trad.
Editor(s)	ed(s).	Editor(es)	ed(s).
Volume	vol.	Volumen	vol.
Number	no.	Número	núm.
No date	n.d.	Sin fecha	s.f.
No pagination	n.p.	Sin paginación	s. pág.
Page	p.	Página	pág.
Pages	pp.	Páginas	págs.
Anonymous	anon.	Anónimo	anón.
Revised	rev.	Corregida[1]	corr.
Enlarged	enl.	Aumentada	aum.
		Ampliada	amp.

ANTES DE ESCRIBIR: EJERCICIOS

A. *Práctica con la documentación.* Escriba la lista a continuación en la forma apropiada para una bibliografía. Use el formato establecido por la versión corregida de la *Modern Language Association* en el *MLA Handbook.*

1. En 1974 Houghton Mifflin (Boston) publicó un libro titulado *Cuba Under Castro: The Limits of Charisma,* que fue escrito por Edward González.

2. El novelista Rudolfo A. Anaya escribió *Bless Me, Ultima,* que fue publicado por Quinto Sol (Berkeley) en 1972.

3. Dick Gerdes escribió un artículo, «Cultural Values in Three Novels of New Mexico», que apareció en el volumen III, núm. 3 (septiembre-diciembre, 1980) de *La Revista Bilingüe.*

---

[1] Estos términos normalmente se refieren a *ediciones;* por eso se encuentran en forma femenina.

4. En 1980 McGraw-Hill (New York) publicó un libro que se llama *Las Mujeres: Conversations from a Hispanic Community,* escrito por Nan Elsasser, Kyle MacKenzie e Yvonne Tixier y Vigil.

5. Greenwood Press de Nueva York publicó una segunda edición de *North from Mexico* por Carey McWilliams en 1968.

6. El volumen 64 de mayo de 1981 de *Hispania* incluye en las páginas 264–266 un artículo titulado «A Conversation Course through Cross-Cultural Conflicts», escrito por María Capote.

7. En 1954, The Noonday Press (New York) publicó una traducción de algunos de los ensayos de José Martí titulada *The America of José Martí.* La traducción fue hecha por Juan de Onís.

B. ***Práctica con el uso de la paráfrasis.*** Lea los párrafos a continuación. Haga una paráfrasis de la información e indique la fuente de procedencia según el formato del *MLA Handbook.*

1. El párrafo que sigue aparece en la página 47 de *Los cuentos de René Marqués* por Esther Rodríguez Ramos. Fue publicado por la Editorial Universitaria de la Universidad de Puerto Rico en 1976.

> El tema principal de los cuentos de René Marqués puede resumirse en pocas palabras: la realidad sociopolítica puertorriqueña. Ciertamente el autor aborda con frecuencia temas de evidentes proyecciones universales tales como el tiempo, la muerte, la enajenación del ser humano o la angustia existencial. Sin embargo, no solamente los vincula de modo directo con la realidad sociopolítica de su país, sino que casi siempre los subordina a ella. Partiendo de esta premisa, comentaremos a continuación los tres núcleos principales de estos cuentos: el político, el social y el filosófico.

2. En 1966, Ediciones de Andrea (México) publicó la *Historia de la novela hispanoamericana* por Fernando Alegría. La introducción a la segunda parte (pág. 113) incluye el párrafo que sigue.

> La novela hispanoamericana, como se ha visto, experimenta en un período de tiempo relativamente corto cambios de orientación literaria que tardaron siglos en madurar y cristalizarse en otras literaturas. Del romanticismo, ya sea anecdótico, sentimental, histórico o político, la novela hispanoamericana ha evolucionado, a la par de la europea, hacia el realismo y el naturalismo.

C. ***Práctica con las fuentes de información.*** Basándose en las fuentes que se mencionan en las páginas 243–244, busque *tres* títulos que conten-

gan información sobre cada uno de los siguientes temas. Uno de los
títulos debe ser de un libro, y otro de un artículo de alguna revista.

1. Los conflictos entre la iglesia y el estado en Latinoamérica

2. La poesía afrocubana

3. La influencia del inglés en el español

4. La generación del 98 en España

La redacción

COMO SE ESCRIBE UN TRABAJO DE INVESTIGACION

Para escribir un trabajo de investigación, siga el siguiente proceso.

1. *Seleccione un tema general.* En algunos casos, el profesor sugerirá los
   temas sobre los cuales se escribirá. En otros casos, Ud. tendrá abso-
   luta libertad de seleccionar el tema, siempre que éste se relacione con
   la materia que se estudia. Al escoger un tema, importa: a) que Ud.
   sepa algo de la materia en general; b) que no intente tratar un tema
   sobre el cual ya se ha escrito mucho; y c) que exista la información
   necesaria en la biblioteca para investigar el tema.

2. *Haga la lectura preliminar.* En esta primera etapa, la lectura tiene
   como fin enterarse de lo que ya se ha escrito sobre el tema y lograr
   descubrir algún aspecto específico que pueda enfocarse. En algunos
   casos, hay que abandonar el tema después de este paso si se descubre
   que no hay suficiente material en la biblioteca que trate el tema con
   la extensión o profundidad que se necesita.

3. *Limite el tema.* Después de terminar la lectura preliminar, se sigue el
   proceso que se estudió en el Capítulo 4 para limitar el tema. Escoja
   un solo aspecto del tema general que pueda tratar a fondo, preferiblemente uno que se relacione con el material que se ha estudiado en
   clase, o que permita la aplicación de la teoría que se ha comentado
   durante el curso.

   En algunos casos, es útil elaborar un esquema preliminar que
   incluya las ideas y/o los datos que el escritor piensa que puede encontrar y verificar a través de su lectura. Este esquema sólo ha de servir
   como una guía de ideas generales y no para la organización del
   trabajo.

4. *Elabore una tesis preliminar.* La tesis de un trabajo de investigación se elabora lo mismo que la tesis de un trabajo más breve: se hacen preguntas de enfoque hasta determinar qué pregunta se va a contestar a través del escrito. La tesis preliminar se utiliza para concentrar la lectura sobre un aspecto específico.

5. *Enfoque la lectura:* una vez seleccionada la pregunta de enfoque que Ud. va a contestar, empiece la investigación a fondo. Lea lo más exhaustivamente posible sobre el aspecto que comentará.

6. *Tome apuntes.* Al leer, tome apuntes sobre aspectos importantes que se relacionan con la tesis. Incluya la información bibliográfica de cada uno de los datos escogidos.

7. *Organice la información que ha obtenido a través de la investigación.* Antes de elaborar un esquema general del trabajo, examine los datos que encontró. Importa determinar qué aspectos contestan la pregunta de enfoque y cómo pueden organizarse para que causen mayor impacto. Este paso también permite al escritor enterarse de cuáles preguntas quedan todavía sin investigarse a fondo.

8. *Elabore la tesis definitiva.* Decida si es necesario cambiar la tesis preliminar para reflejar lo que ha aprendido sobre el tema o para enfocar algún aspecto con más precisión.

9. *Haga un esquema general del trabajo.* En este paso, elabore un esquema detallado del trabajo en su totalidad; es decir, decida cómo organizará el escrito. El esquema reflejará el orden en el cual se presentarán los diferentes datos.

10. *Escriba la primera versión del trabajo.* Siga el esquema elaborado en la etapa anterior y escriba una primera versión del trabajo.

11. *Escriba la documentación para el trabajo.* Documente todos los datos que haya incluido en su trabajo y prepare la bibliografía.

12. *Revise el trabajo.* Haga la revisión de los aspectos gramaticales y estructurales.

Tarea

Elabore un esquema que contenga una bibliografía para un trabajo de investigación. Con éste, incluya Ud.

1. el tema general de la investigación

2. la tesis preliminar

3. el esquema

4. la bibliografía de diez obras (cinco libros y cinco artículos) sobre el tema

La respuesta en forma de ensayo

Antes de redactar

LA RESPUESTA EN FORMA DE ENSAYO

Un ensayo es un tipo de prosa que brevemente analiza, interpreta o evalúa un tema. La tesis de un ensayo puede desarrollarse usando las mismas técnicas de la exposición—la definición, la comparación y el contraste, la clasificación, el análisis, la causa y el efecto—pero comparado con la exposición el ensayo refleja en gran medida el juicio personal del escritor. Mientras que el propósito de la exposición suele ser reportar/informar o probar/convencer, el ensayo pretende interpretar la información y evaluarla según la perspectiva del autor. El ensayo se considera un género literario al igual que la poesía, la ficción y el drama.

Otro tipo de ensayo que muchos estudiantes conocen es la respuesta más o menos extensa que tienen que escribir en un examen. Un examen que requiere respuestas en forma de ensayo consiste en una serie de preguntas generales sobre algún tema. El alumno contesta escribiendo un breve ensayo como respuesta a cada pregunta. Esta clase de examen no pide que el estudiante escriba una obra literaria sino que demuestre de manera organizada y coherente su comprensión de cierta materia.

Al contestar un examen de ensayo, el estudiante revela al profesor:

1. los conceptos que comprendió y los conocimientos que asimiló durante el curso

2. la forma en que puede aplicar estos conceptos a nuevas situaciones o experiencias

3. la forma en que puede organizar la información (los conceptos que aprendió) y apoyar generalizaciones sobre el tema

4. la originalidad con la cual presenta soluciones o respuestas

5. su habilidad en utilizar las ideas y el vocabulario del curso

Al responder a una pregunta con una respuesta de ensayo:

1. Se debe hacer de cuenta que se escribe para un lector que, aunque es inteligente y educado, *no* conoce a fondo la materia tratada. Esto impedirá que se dejen fuera algunos elementos fundamentales que sirven de base a la respuesta. El objetivo principal debe ser lucir o

demostrar los conocimientos que se tengan sobre el tema en la forma más completa posible.

2. Se escribe la respuesta utilizando cualquier técnica de desarrollo que parezca apropiada.

3. Se expresa y se defiende el juicio personal sobre el tema según lo requiera la pregunta.

4. Se utiliza un tono relativamente formal. Preferiblemente, deben evitarse el humor y el sarcasmo.

5. Se tiene cuidado de que la tesis de la respuesta responda directamente a la pregunta que se contesta.

Dada la situación particular en que se escribe (límite de tema, límite de tiempo, etcétera) el desarrollar respuestas en forma de ensayo puede ser difícil para muchos alumnos porque es necesario elaborarlas rápidamente sin tener la oportunidad de planear cuidadosamente ni de revisar lo escrito con detenimiento. Sin embargo, el estudiante que siente confianza en su habilidad de presentar información en forma escrita encontrará que el hacerlo en un tiempo limitado no cambia lo que es fundamental en este proceso. Cuando se contesta una pregunta por medio de un ensayo, el orden que se sigue al escribir es el mismo que se sigue al escribir una exposición cualquiera. Primero se decide con qué propósito se escribe: ¿reportar? ¿evaluar? ¿analizar, establecer un contraste o definir? Entonces se elabora una tesis que conteste la pregunta directamente; se recuerdan detalles y ejemplos que apoyen la tesis; y finalmente se organiza la respuesta en un orden lógico y coherente.

MODELO Y ANALISIS

El siguiente modelo se escribe como respuesta a la pregunta: «¿Cuáles son las características estructurales de la novela picaresca española?

MODELO	Las características estructurales de la novela picaresca española
Párrafo 1: *Introducción* *Tesis*	La novela picaresca española es un tipo de novela que se escribió durante los siglos XVI y XVII. <u>Su estructura se caracteriza por cuatro rasgos distintivos importantes.</u>
Párrafo 2:	En primer lugar, la novela picaresca española es autobiográfica. El protagonista cuenta en primera persona sus propias aventuras. Los demás personajes se ven a través de sus ojos.
Párrafo 3:	La segunda característica importante se relaciona con la vida del pícaro. La novela picaresca cuenta las aventuras de éste en su inte-

racción con los diferentes amos a quienes sirve. La sucesión de amos incluye una galería de tipos humanos que reflejan la realidad social de la España de esa época.

Párrafo 4:   Todas las obras picarescas se caracterizan por su estructura episódica. Cada una de las aventuras del pícaro forma un episodio distinto en la novela. La única relación entre los episodios es la presencia del pícaro. La novela picaresca no parece seguir un plan de desarrollo fijo. Generalmente pueden añadirse o quitarse capítulos o episodios sin alterar seriamente la novela.

Párrafo 5:   Finalmente, la novela picaresca se caracteriza por su perspectiva de la realidad. Lo picaresco es, ante todo, una forma de ver la vida. El pícaro, amargado por sus experiencias, sólo logra ver los aspectos más infames de la sociedad. No le es posible enfocar su visión en lo noble, lo bueno y lo heroico.

Tema

Esta respuesta en forma de ensayo se ha limitado rígidamente al tema de la pregunta. La pregunta pide una descripción de las características y, por lo tanto, la respuesta se limita a hacer una lista de cuatro elementos dando la suficiente información sobre cada uno para demostrar que se tiene conocimiento de la materia. Dada la forma en que se ha presentado la pregunta, no vendría al caso que quien escribe la respuesta diera su propia opinión sobre la novela picaresca en general, y por lo tanto una evaluación del género resultaría innecesaria.

Propósito

El propósito de la respuesta es informar. Ya que la pregunta se encuentra en un examen, la respuesta también busca demostrar al lector (en este caso, el profesor) que se ha entendido claramente alguna información proveniente de los estudios.

Organización

Esta respuesta consta de cinco párrafos. El primer párrafo sirve de introducción. Aquí se presenta una definición a grandes rasgos del género, situándolo dentro de un marco histórico. Este párrafo también contiene la tesis, la cual contesta directamente la pregunta que se hizo. Establece que hay cuatro características importantes de la novela picaresca.

El segundo párrafo se dedica a comentar una de las cuatro características, el hecho de que la novela tiene una estructura autobiográfica. Para explicar, o quizás para dar a entender al profesor que domina el concepto, el estudiante incluye otros detalles sobre el uso de la primera persona en el relato y sobre la perspectiva que se mantiene dentro del mismo.

El tercer párrafo presenta la segunda característica de la novela picaresca. Como en el párrafo anterior, aquí también se menciona un elemento
clave: la presencia de una serie de amos que reflejan la realidad social de
la época. Este párrafo contiene lo esencial para explicar lo que se propone.
No se dan ejemplos ni se intenta decir más de lo que es fundamental.

El cuarto párrafo contiene la discusión de lo que, según el estudiante,
es la tercera característica importante. Aquí se habla de la estructura de
la novela. Se enfoca lo que es excepcional en ella, o sea en el hecho de que
los episodios tienen poca relación entre sí. Se citan detalles que ilustran
esta característica: «...pueden añadirse o quitarse capítulos o episodios sin
alterar seriamente la novela».

El párrafo final presenta lo que para el estudiante es la última característica importante: la amarga perspectiva que se encuentra en la novela
picaresca. Este elemento se menciona brevemente.

Punto de vista y tono

Esta respuesta está escrita en tercera persona. El tono es absolutamente
neutral y la actitud del escritor hacia el tema no alcanza a asomarse.

ESTRATEGIAS DEL ESCRITOR: COMO ENFOCAR LA RESPUESTA

El enfoque específico de la respuesta de ensayo

Al escribir una respuesta en forma de ensayo, lo más importante es estruc-
turarla para que responda directamente a lo que pide la pregunta. En otras
palabras, lo crucial es *contestar la pregunta*. Esto quiere decir que se tendrá
cuidado en interpretarla, en ceñirse a lo que pide y en no incluir ninguna
información innecesaria.

Las preguntas que requieren un ensayo como respuesta, por lo general,
piden que el estudiante se aproxime al tema de manera específica. El verbo
imperativo que se utiliza en la pregunta casi siempre indica exactamente
qué perspectiva debe tomarse. Es importante, entonces, que el estudiante
ponga especial atención a esta dimensión de las preguntas.

A continuación se presentan varios ejemplos de preguntas que piden
una respuesta en forma de ensayo y en las cuales se examinarán los verbos
imperativos.

1. Analice *la estructura del* <u>*Poema del Cid.*</u>

Un análisis examina las diferentes partes o elementos de un conjunto o
entidad. Aquí la respuesta tendría que incluir una discusión de las divisiones principales de la obra, de la acción dentro de cada una de esas
divisiones, de la versificación y su función, etcétera.

2. Describa *al personaje principal del Poema del Cid.*

La respuesta a esta pregunta incluiría una descripción física del personaje (su gran fuerza, por ejemplo) y una descripción de su carácter (su valentía, lealtad, etcétera).

3. Explique *el verso «Dios qué buen vassallo, si oviesse buen señore!»*

Esta pregunta pide que el estudiante interprete el verso citado. Una interpretación pudiera incluir una identificación de la obra de la cual se tomó la cita, del personaje de quien se habla o quizás de su significado dada la acción de la obra.

4. Compare *el Poema del Cid con la épica francesa La Chanson de Roland.*

En este caso el estudiante ha de contestar la pregunta mostrando las semejanzas y diferencias entre los dos poemas épicos. La comparación y/o el contraste puede hacerse desde diferentes perspectivas. Pueden compararse las estructuras, los personajes principales, los argumentos, el uso de la versificación y del lenguaje en ambas obras, la realidad histórica, etcétera. Para contestar esta pregunta, es necesario hablar de las *dos* obras.

5. Defina *la poesía épica.*

La respuesta a esta pregunta, como lo hace la definición en general, colocaría lo que se define dentro de una clase en general y luego seleccionaría los detalles que hicieran sobresalir las características particulares del género.

6. Comente *lo siguiente: El Poema del Cid idealiza la venganza.*

En este caso, el estudiante tendrá que determinar si hay aspectos de la obra que puedan interpretarse como una idealización de la venganza. Según su conocimiento o comprensión de la obra, el estudiante estará de acuerdo o rechazará tal afirmación, presentando su interpretación lógicamente y apoyándola con ejemplos tomados de la obra.

El enfoque específico de la respuesta en forma de ensayo, entonces, depende de la pregunta. Antes de empezar a escribir es necesario leer con cuidado cada pregunta y, si es posible, subrayar el verbo imperativo. Además de los verbos que se incluyeron en esta discusión, con frecuencia aparecen los siguientes:

Aclare:	Explicar según el contexto específico de una obra
Resuma:	Dar los puntos principales de un ensayo u obra literaria
Enumere:	Nombrar los elementos
Cite:	Dar ejemplos

Algunos imperativos utilizados en esta clase de preguntas, por ejemplo *analice* o *compare*, automáticamente imponen una técnica de desarrollo. Otros, sin embargo, como *explique* o *comente*, permiten que el alumno decida desde qué punto de vista quiere aproximarse a la pregunta.

La elaboración de la tesis de una respuesta en forma de ensayo

La respuesta en forma de ensayo tiene que escribirse de manera que conteste directamente a la pregunta. Para lograr esto, se puede convertir la pregunta misma en una oración que sirva como tesis del ensayo que se va a desarrollar. Obsérvense los siguientes ejemplos:

Pregunta: Compare la poesía lírica con la poesía épica.

Tesis: Hay tres diferencias principales entre la poesía lírica y la poesía épica.

Pregunta: Analice el impacto de la Alianza para el Progreso en los países latinoamericanos.

Tesis: Es posible ver los efectos de la Alianza para el Progreso en la economía, la sociedad y la política de varios países latinoamericanos.

Pregunta: Comente el conflicto entre Ignacio y Carlos en *En la ardiente oscuridad.*

Tesis: El conflicto entre Ignacio y Carlos forma uno de los ejes alrededor del cual gira la obra. Por un lado fue motivado por ciertas diferencias filosóficas entre los dos jóvenes y por otro, por rivalidades amorosas.

ANTES DE ESCRIBIR: EJERCICIOS

A. **Trabajo de la clase entera.** Lean las preguntas de ensayo que se dan a continuación y coméntenlas, comentando qué es lo que pide cada pregunta.

1. Enumere los problemas fonéticos que podrían tener los angloparlantes al aprender español.

2. Compare la actitud ante la muerte en *Al filo del agua* y en *Pedro Páramo.*

3. Comente la importancia de Echeverría en la literatura argentina.

4. Describa el sistema de educación en el imperio incaico.

5. Explique el papel de la Iglesia Católica en la colonización de las Américas.

6. Identifique los personajes grotescos en *El señor Presidente* y discuta su importancia en la obra.

B. *Trabajo en pequeños grupos.* Divídanse en grupos de tres o cuatro.

1. Cada grupo debe escoger una de las siguientes preguntas y escribir una tesis.

a. Haga una comparación y/o un contraste entre la influencia de los moros y la de los visigodos en España (o entre la influencia de los ingleses y la de los españoles en la colonización de los Estados Unidos).

b. Describa el imperio azteca a la llegada de los españoles.

c. Enumere los idiomas principales del hemisferio occidental e indique dónde se hablan.

ch. Explique la diferencia entre un idioma y un dialecto.

d. Comente la importancia de César Chávez para los trabajadores campesinos.

e. Analice los efectos del accidente nuclear ocurrido en Chernobyl en la actitud de los ciudadanos estadounidenses hacia la energía nuclear.

2. Pasen la pregunta con la tesis al grupo de la derecha. Preparen un esquema para la tesis que acaban de recibir. El esquema debe incluir las oraciones temáticas y algunos detalles de apoyo.

3. Júntense todos otra vez para comentar las preguntas y los esquemas desarrollados. ¿Se ha contestado la pregunta? ¿Falta algo? ¿Se debe eliminar algún detalle?

La redacción

COMO SE ESCRIBE UNA RESPUESTA EN FORMA DE ENSAYO

Para escribir una buena respuesta en forma de ensayo conviene seguir el siguiente proceso.

1. Es necesario prepararse para el examen. Repase los apuntes tomados en clase y estudie su libro de texto. Es útil formular y contestar preguntas de ensayo sobre aspectos de importancia.

2. A la hora del examen, examine las preguntas cuidadosamente para:

   a. Determinar qué pide el examen (cuántas preguntas tienen que contestarse).

   b. Decidir cómo dividir el tiempo.

3. Antes de contestar cada una de las preguntas:

   a. Estudie la pregunta para estar seguro de que la comprende.

   b. Determine cuál es el propósito de la pregunta.

   c. Elabore una tesis que responda directamente a la pregunta.

   ch. Haga un esquema breve y apunte los detalles de apoyo.

4. Escriba sin perder tiempo teniendo cuidado de no apartarse del tema.

5. Evite el uso de toda información innecesaria.

6. Después de contestar todas las preguntas, revíselas rápidamente.

Tarea

Busque un examen viejo en el cual Ud. haya desarrollado respuestas de ensayo. Analice el examen de acuerdo con las siguientes indicaciones.

1. Examine cada una de las preguntas cuidadosamente.

2. Subraye el verbo imperativo en cada pregunta.

3. Identifique la tesis de cada una de las respuestas. ¿Responde a la pregunta? Modifique la tesis según sea necesario o elabórela en los casos en que no se haya incluido una tesis en la respuesta original.

4. Examine los detalles que se incluyeron en cada respuesta. ¿Se relacionan con la tesis? ¿Responden directamente a la pregunta?

5. Escoja una de las respuestas y haga una revisión de la misma. Compare las dos versiones de la respuesta.

Responding to Student Writing: Notes to the Instructor

When grammar and linguistic accuracy move out of center stage in a composition course, the inevitable question that faces both teachers and students is how to evaluate writing, how to grade it? There is no one answer to this question, but the following ideas may suggest possible alternatives to the traditional "red pen" approach.

1. ***Evaluate as a reader, not a judge.***
   Respond to the writing in terms of its effectiveness in achieving its purpose. Has the text's content been selected and organized in such a way as to achieve the writer's purpose? Has the writer correctly gauged the reader's purpose? Have the needs of the reader been taken into account? Is the text easy to read? Is it interesting? Is it worth reading?

2. ***Create opportunities for useful feedback.***
   Encourage students to approach writing as a multiple-draft process rather than a "one shot" effort. The corollary to this, of course, involves reading and responding to student writing at *several* points in the writing process, not just after the final version has been handed in.

   Suggest that students write their drafts leaving a large right margin, as shown in the workbook to *Composición: Proceso y síntesis*. Instead of writing over the student's text, use this large margin for your comments. In this way, your suggestions are easy to see, without "taking over" the student's text.

   Multiple drafts and multiple feedback may appear to burden the teacher with paperwork. Responding to the content of a text, however, often takes less time than correcting or even just indicating language errors, and the response does not always have to come from you.

3. ***Train students to be effective "peer editors."***
   Although critical reading skills, like effective writing, do not come naturally to all students, they can be trained to provide useful, constructive criticism of their classmates' texts. In this way students also develop important skills they will be able to apply to their own writing. Suggestions regarding procedures for peer editing are given in Appendix B.

4. ***Develop a "profile" or "checklist" approach to evaluation.***
   Many teachers have tried to avoid "grammar dominance" in composition evaluation by giving two grades: one for content/organization and another for grammar/vocabulary. The profile approach is a more detailed version of the technique, and it results in a single grade. To construct a profile, the instructor lists and *differentially weights* the factors that contribute to composition quality, e.g., development of ideas, organization,

grammar and vocabulary. Each factor is evaluated according to a numeric scale, and the sum results in a single grade. For the learner, the profile provides a rich source of feedback that gauges progress across the course. One possible "Composition Profile" is offered on pages 262–264 of this Appendix.

5. ***Consider formally grading fewer compositions.***

From the learner's perspective, the two factors that are crucial for improving writing skill are the amount of writing they do and the amount of quality feedback they receive. Teachers, on the other hand, must arrive at a grade for the course without having killed themselves with paperwork in the process.

One way of addressing both students' and teachers' needs is to rely on the combined efforts of teacher and peer editors to provide frequent response to everything that students write, while at the same time grading only three or four compositions formally. For example, the first compositions could all receive feedback, but only the final few receive a grade. Or students could be asked to submit for grading the requisite number of compositions that they feel represent their best efforts.

Either way, it is often a good idea to have students maintain a "composition file" of all their work during the semester. Such a file helps students—and teachers—be aware of their progress and of areas still needing remediation.

COMPOSITION PROFILE[1]			
IDEAS/CONTENT	30–27	Excellent—Very Good	has fully anticipated reader questions in selecting information; topic well-thought-out and carefully developed with effective supporting detail; interesting to read
	26–22	Good—Adequate	has anticipated most reader questions in selecting information; topic may not be fully explored; development is adequate although some ideas may be incompletely supported or irrelevant; interesting ideas in places
	21–17	Fair—Poor	has anticipated few reader needs in selecting information; topic explored only superficially and inadequately developed with many ideas unsupported or irrelevant

[1] This profile has been adapted from similar material originally developed for ESL composition. Two particularly useful profiles are available in *Teaching ESL Composition: Principles and Techniques* (Newbury House, 1983) by Jane B. Hughey, et al., and *Study Writing* (Cambridge University Press, 1987) by Liz Hamp-Lyons and Ben Heasley.

	16–13	Needs lots of work	shows no awareness of reader needs; ideas superficial and/or uninteresting with little development; OR not enough to evaluate
ORGANIZATION	20–18	Excellent—Very Good	has fully anticipated reader needs in organizing and presenting information: clear thesis; flow of ideas fluid and logical; a pleasure to read
	17–14	Good—Adequate	has anticipated most reader needs in organizing and presenting information; main ideas stand out, but sequencing of ideas sometimes choppy or disconnected; reader may sometimes have difficulty following flow of ideas
	13–10	Fair—Poor	has anticipated few reader needs in organizing and presenting information; ideas frequently confused and/or disconnected, with logical breakdowns apparent; reader frequently has difficulty "getting the point" of message as communicated
	9–7	Needs lots of work	shows no awareness of reader needs; logical organization absent, OR not enough to evaluate
GRAMMAR	25–22	Excellent—Very Good	wide range of structures with few or no significant errors (e.g., sentence structure)
	21–18	Good—Adequate	adequate range of structures, but little variety; tends to overuse simple constructions; some significant and minor errors (e.g., agreement), but meaning seldom obscured
	17–11	Fair—Poor	limited range of structures with control of grammar uncertain; errors frequent, especially when more complex constructions attempted; meaning often confused or obscured
	10–5	Needs lots of work	frequent and persistent errors of basic grammar and sentence construction; meaning blocked as text dominated by errors; OR, not enough to evaluate

VOCABULARY	20–18	Excellent—Very Good	language choices appropriate for topic, purpose and reader; excellent use of idioms and precise, colorful vocabulary; little or no evidence of English interference
	17–14	Good—Adequate	language choices usually appropriate for topic, purpose and reader; vocabulary accurate but may be somewhat limited; some errors or interference may be present but meaning rarely obscured
	13–10	Fair—Poor	language choices sometimes inappropriate for topic, purpose and reader; vocabulary very limited, with overuse of imprecise or vague terms; English interference evident, particularly with respect to idioms; meaning often confused or obscured
	9–7	Needs lots of work	language choices often inappropriate for topic, purpose and reader; range of vocabulary extremely limited; English interference frequent; OR not enough to evaluate
MECHANICS	5	Excellent—Very Good	very few or no faults with respect to spelling/accentuation, punctuation or presentation (handwriting or typing)
	4	Good—Adequate	occasional faults in spelling/accentuation, punctuation or presentation (handwriting or typing)
	3	Fair—Poor	frequent errors in spelling/accentuation or punctuation; messy presentation that is sometimes illegible
	2	Needs lots of work	persistent errors in spelling/accentuation and punctuation; handwriting often illegible; OR not enough to evaluate
TOTAL	/100	Comments:	

Responding to Student Writing: Notes to the Student About Peer Editing

The responsibility of a peer editor is to respond honestly and accurately to a classmate's writing. The task is an extremely important one, because your reactions help to provide the writer with a sense of how well he or she has anticipated the needs of the reader. Your reactions help to stimulate the rethinking and reviewing that the writer needs to do in order to improve his or her writing. At first you may feel uncomfortable in this role: How can you make suggestions without hurting someone's feelings? How can *you* suggest changes when you are still learning, too? Here are some suggestions that may help.

1. ***Be honest; be sensitive.***

   In order to improve, the writer needs to know what worked and what did not work. Your honest, "gut level" reaction to the text—what you found interesting, what you didn't understand, what you needed more information about—is precisely the feedback that the writer needs.

   Honest, critical feedback is helpful. On the other hand, don't forget what it feels like on the other end. As you make suggestions, keep in mind that the writer was also honestly working to communicate an idea or feeling that he or she found important. Try to avoid using judgmental language in your review. Be constructive (rather than destructive), and emphasize the positive whenever possible.

2. ***Be systematic.***

   Use a checklist—a sample is given on page 266 of this Appendix—to guide and organize your remarks.

   Always start with an attempt to grasp the sense of the composition as a whole. Read the text quickly all the way through, keeping in mind the notions of purpose and reader. Can you identify the focus of the text? What is the text's thesis? If you as a reader can't answer these global questions—or, if *your* interpretation of the main idea differs from what the writer intended—feedback on other aspects of the text is really premature. That is, you should not spend time pointing out ways for the writer to "fix" the vocabulary in a particular paragraph if more basic changes in the composition are really necessary—such as eliminating the paragraph altogether or rethinking its point.

   Once you have a sense of the composition's general focus, reread it using your checklist to respond in more detail to content, organization, and language.

3. *Be specific.*

As you probably know from your own experience, very general language—"confusing," "good," "use another example"—is not particularly helpful. Try to be more specific: How is the sentence confusing? What do you consider good about the text? Why should another kind of example be used?

The success of peer editing is based on recognizing that writing and reading go together, that writers and readers need to trust and listen to one another. Developing skill as a careful and critical reader is one of the most important steps toward becoming an effective writer.

PEER REVIEW CHECKLIST[1]

I. First impressions
 a. What did you like best about this composition?
 b. What is the purpose?
 c. What is the thesis?

II. More detail: Are there places where . . .
 a. you want more information?
 b. the writer should add more detail?
 c. information is irrelevant to the thesis or purpose?
 d. supporting detail is
  . . . repetitive?
  . . . uninteresting?
  . . . unconvincing?
  . . . particularly well chosen?
 e. the organization of the text is unclear?
 f. language or tone is inappropriate for purpose and audience?
 g. language is
  . . . incorrect?
  . . . difficult to understand?
  . . . ambiguous or confusing?
  . . . repetitive?
  . . . memorable or especially interesting?

III. Summing up
 a. Does the text achieve its purpose?
 b. What do you think needs the most revision?
 c. What suggestions do you have?

---

[1] This checklist is all-purpose; you may find it more helpful to develop a specific checklist for each of the kinds of writing that you will be practicing: one for description, one for narration, one for analysis/classification, and so forth. In this way you can be sure to focus on the effectiveness of the imagery in description/narration, but on the persuasiveness of the supporting detail in an argumentative essay.

Vocabulario español-inglés

This vocabulary does not include exact or reasonably close cognates with English; also omitted are common words well within the mastery of third-year students.

The gender of all nouns is indicated, but feminine variants are not listed. Adjectives are given only in the masculine singular form. Irregular verbs are noted, and both stem changes and spelling changes are indicated for verbs.

The following abbreviations are used in this vocabulary:

adj.	adjective	m.	masculine noun
adv.	adverb	pl.	plural
conj.	conjunction	prep.	preposition
f.	feminine noun	rel. pro.	relative pronoun
inf.	infinitive	s.	singular
irreg.	irregular	v.	verb

A

abarcar *v.* to embrace, encompass
abarrotado *adj.* crowded
abertura *f.* opening
abnegación *f.* self-denial
abolengo *m.* lineage, ancestry
abono *m.* fertilizer
abordar *v.* to board (*train, airplane*); to undertake, approach
abrochar *v.* to fasten
acabar *v.* to end up; **acabar de** + *inf.* to have just (*done something*); **acabar por** + *inf.* to end up (*doing something*); **acabarse** to finish, end
acariciar *v.* to caress, stroke
acarrear *v.* to cause
acaso *adv.* perhaps; by chance
acera *f.* sidewalk
acerca de *prep.* about, concerning
acercarse (qu) *v.* to approach
acertado *adj.* correct, proper
acierto *m.* success
aclarar *v.* to clarify
acomodarse *v.* to settle into a comfortable position
acontecimiento *m.* event
acostumbrarse a *v.* to get used to
acrecentar (ie) *v.* to increase
actual *adj.* present, current
acuerdo *m.* agreement; **de acuerdo con** *prep.* in accordance with
adelantar *v.* to advance
además *adv.* moreover; **además de** *prep.* besides

adherido *adj.* joined, stuck
adivinar *v.* to guess; to divine, make out
advertencia *f.* warning; advice
advertir (ie, i) *v.* to notice; to warn
afán *m.* zeal, eagerness
afecto *m.* feeling, emotion
aferrarse *v.* to stand by, maintain (*an opinion*)
aficionado *m.* fan, enthusiast
afilado *adj.* sharp
afuera *adv.* outside
agacharse *v.* to crouch, squat
agonizar (c) *v.* to agonize; to be dying
agotar *v.* to exhaust, use up
agradecimiento *m.* gratefulness, gratitude
agregar (gu) *v.* to add
agudo *adj.* sharp
águila *f.* eagle
aguileño *adj.* aquiline
agujero *m.* hole
ahogar (gu) *v.* to drown; to suffocate
aislado *adj.* isolated
aislamiento *m.* isolation
aislar *v.* to isolate
ajeno *adj.* another's; **personas ajenas** *f. pl.* outsiders
alargar (gu) *v.* to lengthen
alcanzar (c) *v.* to reach; **alcanzar a** + *inf.* to succeed in (*doing something*)
alejarse *v.* to withdraw, move away
alfombra *f.* rug, carpet

algas *f. pl.* algae; seaweed
algodón *m.* cotton
alma *f.* soul, spirit
almenas *f. pl.* battlements
almendrado *adj.* almond-shaped
almohada *f.* pillow
alojado *adj.* located
alojamiento *m.* lodging
alquilar *v.* to rent
alquiler: de alquiler *adj.* rental
altivez *f.* haughtiness
aludir *v.* to allude, refer
ama de casa *f.* housewife
amanecer (zc) *v.* to dawn
amargo *adj.* bitter, painful
ambiente *m.* atmosphere
ambos *adj. pl.* both
amenazar (c) *v.* to threaten
amo *m.* master
ampliar *v.* to extend, widen
amplio *adj.* ample, extensive
analfabetismo *m.* illiteracy
ancho *adj.* wide, full
andén *m.* platform (*at a train station*)
anfibio *m.* amphibian
anglohablante *m.* English speaker
angosto *adj.* narrow
angustia *f.* anguish, anxiety
angustioso *adj.* anguished
anilla *f.* small ring
anillo *m.* ring (*jewelry*)
ánimo *m.* spirit; mind; **estado de ánimo** *m.* mood
ante *prep.* in front of; before
antedicho *adj.* aforementioned

antemano: de antemano *adv.* beforehand
anteojos *m. pl.* eyeglasses
antepasado *m.* ancestor
anteriormente *adv.* previously
añadir *v.* to add
aparato *m.* gadget; system (*anatomy*)
apartar *v.* to separate, remove
apegarse (gu) *v.* to follow closely, adhere to
apenas *adv.* barely
aportar *v.* to contribute; to bring
apoyar *v.* to support
apoyo *m.* support
aprendizaje *m.* (act of) learning
apresuradamente *adv.* hurriedly
apresurarse *v.* to hurry
aprobar (ue) *v.* to pass (*in a course*)
aprovechamiento *m.* development
aproximarse a *v.* to approach
apuesto *adj.* good-looking
apuntar *v.* to point out; to jot down
apunte *m.* note, memorandum
araña *f.* spider
arco *m.* bow (*of a violin, etc.*); **arco iris** rainbow
ardiente *adv.* passionate, fiery
argamasa *f.* plaster, mortar
argumento *m.* plot, argument (*literary*)
arrastrar *v.* to drag, pull
arreglar *v.* to arrange, put in order
arreglo *m.* arrangement
artesanía *f.* handicrafts
articulación *f.* joint (*anatomy*)
asedio *m.* siege
asegurarse *v.* to make sure
asemejarse *v.* to resemble
asentir (ie, i) *v.* to agree; to nod
asesinado *adv.* murdered
asesor *m.* counsellor
asimilar *v.* to assimilate
asomar *v.* to begin to be seen, show
asombroso *adv.* astonishing
áspero *adj.* rough, harsh
asunto *m.* subject, topic
atalaya *f.* watchtower
atar *v.* to tie
atender (ie) *v.* to pay attention
ateo *m.* atheist
atracar (qu) *v.* to make the shore; to moor (*nautical*)
atraer *v. irreg.* to attract
atravesado *adj.* pierced, run through
atrevido *adj.* bold, daring
audacia *f.* audacity, daring
audaz *adj.* daring, bold
aula *f.* classroom
aumentar *v.* to gain (*weight*); to increase
aumento *m.* raise (*in salary*); **en aumento** *prep.* on the rise

autobán *m.* (*German*) freeway
autorretrato *m.* self-portrait
azafata *f.* flight attendant

B

baraja *f.* quarrel, fight
barba *f.* beard, chin
barbacana *f.* barbican, outer tower
barbarie *f.* savagery, cruelty
barra *f.* bar, railing
barrer *v.* to sweep
bastar *v.* to suffice
baúl *m.* trunk; suitcase
beca *f.* scholarship
Bella Durmiente Sleeping Beauty
bellacamente *adv.* cunningly
bicho *m.* bug, insect
bigote *m.* moustache
Blanca Nieves Snow White
bobo *adj.* stupid, foolish
bocacalle *f.* street intersection
bolígrafo *m.* (ballpoint) pen
bordear *v.* to skirt, go along the edge of
borracho *adj.* drunk; *m.* drunkard
borrador *m.* rough draft
bosquejo *m.* sketch; unfinished composition; outline
bóveda *f.* vault (*architecture*)
brillar *v.* to shine
brincar (qu) *v.* to jump, skip
brotar *v.* to spring forth
bruja *f.* witch
bullicio *m.* noise, racket
burlador *m.* seducer

C

cabal *adj.* complete
cabalgar (gu) *v.* to ride on horseback
caballeresco *adj.* chivalrous, of chivalry
caballero *m.* nobleman; gentleman
cabello *m.* hair
cabo *m.* end; **al cabo de** *prep.* at the end of, after; **al fin y al cabo** *adv.* after all; at last; **llevar a cabo** *v.* to carry out
cada *adj.* each; **cada vez más** *adv.* more and more
cadena *f.* chain
caer bien *v. irreg.* to please
cafetera *f.* coffeepot
caja *f.* box, strongbox; **caja del tímpano** middle ear
calificación *f.* judgment; grade (*academic*)
cambio: a cambio de *prep.* in exchange for; **de cambios** *adj.* with standard transmission; **en cambio** on the other hand
camisón *m.* nightgown
campana *f.* bell
canasto *m.* large basket, hamper
candado *m.* padlock

canela *f.* cinnamon
capacitar *v.* to prepare (*someone for a task*); to enable
capaz *adj.* capable, able
Caperucita Roja Little Red Riding Hood
captar *v.* to capture; to attract; to perceive; to draw, depict (*a person, character*)
caracol *m.* cochlea (*of the ear*)
carcajada: reírse a carcajadas *v.* to laugh heartily
carcajearse *v.* to roar with laughter
carcomido *adj.* gnawed; consumed
carecer (zc) de *v.* to lack
carga *f.* load, burden
cargar (gu) *v.* to load down
cargo: hacerse cargo de *v.* to take charge of, take responsibility for
cariño *m.* affection
carnoso *adj.* fleshy, thick
carrera *f.* race
carretera *f.* highway, road
carril *m.* lane (*of traffic*)
caso: hacer caso *v.* to pay attention; **venir al caso** to be appropriate, relevant
castaño *adj.* chestnut-colored, brown
castigar (gu) *v.* to punish
casucha *f.* hut
caudaloso *adj.* carrying much water (*of a river*)
cazar (c) *v.* to hunt
cegar (ie) (gu) *v.* to fill in (*a hole*)
célebre *adj.* famous
Cenicienta Cinderella
censura *f.* censure, censorship
ceñirse (i, i) *v.* to limit oneself
cercano *adj.* near, close
cerebro *m.* brain
certidumbre *f.* certainty
cerumen *m.* earwax
cesta *f.* basket
cicatriz *f.* scar
cinta *f.* tape, ribbon
cintura *f.* waist
cita *f.* quotation
citar *v.* to quote
clavar *v.* to drive in, nail up
clavija *f.* peg
coacción *f.* coercion
cobija *f.* cover, covering; blanket
cobrar *v.* to charge
cofia *f.* nightcap, kerchief
cola: hacer cola *v.* to stand in line
colgante *adj.* suspension (*bridge*)
colocar (qu) *v.* to place
colorante *adj.* coloring, tinting
comestible *adj.* edible
cometer *v.* to commit
comodín *m.* wild card
cómodo *adj.* comfortable; convenient

comoquiera que *conj.* however
compadecer (zc) *v.* to empathize with, feel sorry for
compadrazgo *m.* relationship between co-godparents
compartir *v.* to share
compás: al compás de *prep.* in step with
competencia *f.* competition
complejo *m.* complex (*psychology*); *adj.* complex, complicated
complemento *m.* object (*grammar*)
cómplice *m.* accomplice
comprimir *v.* to condense
comprometer *v.* to commit
concebir (i, i) *v.* to conceive (*mentally*); to depict (*artistically*)
concientizar (c) *v.* to raise (one's) consciousness
concordancia *f.* agreement (*grammar*)
concordar (ue) *v.* to agree
concretizar (c) *v.* to make clear, make explicit
conducir *v. irreg.* to lead; to drive (*a vehicle*)
conejillo *m.* bunny rabbit
conferencia *f.* lecture
confitura *f.* candied fruit
congénere *m., f.* fellow; likeminded person
conjunto *m.* whole, entirety; group; **en conjunto** *adv.* as a whole
conllevar *v.* to aid, assist
conmover (ue) *v.* to move (*emotionally*)
conocedor *m.* knowledgeable person
conseguir (i, i) (ga) *v.* to attain (*a goal*)
consejo *m.* advice; council
consiguiente: por consiguiente *adv.* consequently
constar *v.* to be clear; **constar de** to consist of
constituir (y) *v.* to constitute
consuelo *m.* consolation, comfort
contador *m.* accountant
continuación: a continuación *adv.* immediately following
contradecir *v. irreg.* to contradict; to oppose
contrarrestar *v.* to counteract, combat
contrincante *m.* opponent
conveniente *adj.* suitable
convenir *v. irreg. + inf.* to be a good idea (*to do something*)
corriente *adj.* commonplace, usual
cosecha *f.* harvest
cosquillas *f. pl.* tickling
costumbre: como de costumbre *adv.* as usual
cotidiano *adj.* daily

crecer (zc) *v. irreg.* to grow
crecido *adj.* large
creciente *adj.* growing, increasing
crescendo *m.* crescendo (*music*), gradual increase in volume
crespo *adj.* curly, kinky
creyente *m. f.* believer
criado *m.* servant
criarse *v.* to be raised, be reared
criatura *f.* infant, child
criollismo *m.* literary movement with focus on Latin American themes
crisol *m.* melting pot
cristal *m.* glass, windowpane
cristalino *adj.* clear, pure
cruzada *f.* crusade
cruzamiento *m.* racial mixing
cuenta: a fin de cuentas *adv.* in the end; **darse cuenta (de)** *v.* to realize; **en resumidas cuentas** *adv.* in short; **hacer de cuenta** *v.* to pretend; **tener en cuenta** *v.* to keep in mind; **tomar en cuenta** *v.* to consider
cuento *m.* story; **cuento de hadas** fairy tale
cuerda *f.* key; string (*musical*)
cuero *m.* leather; hide
cueva *f.* cave
cuidar *v.* to care for, take care of
culpa *f.* fault
culpable *m., f.* guilty one; *adj.* guilty
culpar *v.* to blame
cumplir *v.* to complete, fulfill
cuño *m.* stamp, die
cursar *v.* to study
cutis *m.* skin; complexion
cuyo *rel. pro.* whose

CH

chanson *f.* (*French*) song
chato *adj.* flat-nosed, pug-nosed
chiste *m.* trick, smart idea, joke
cholo *m.* mestizo (*Bolivia, Peru*)
choza *f.* hut

D

dañino *adj.* harmful
daño *m.* harm
dar *v. irreg.* : **dar a** to face, to overlook; **dar las _____** to strike _____ o'clock; **dar por descontado** to take for granted; **dar por sabido** to assume
dato *m.* fact
deberse a *v.* to be owing to, be the reason for
débil *adj.* weak
decir: querer decir *v.* to mean
dedo *m.* finger
dejar de + *inf.* *v.* to stop (*doing something*)

delito *m.* crime
deporte *m.* sport
deprimente *adj.* depressing
deriva: a la deriva *adv.* adrift
derrota *f.* defeat
desafiar *v.* to challenge, defy
desagradecido *m.* ungrateful person
desalentador *adj.* discouraging, disheartening
desamorado *adj.* loveless, cold
desapercibidamente *adv.* without being observed, secretly
desapercibido *adj.* unnoticed
desarrollar *v.* to develop
desarrollo *m.* development
desatendido *adj.* neglected, disregarded
descartar *v.* to discard, reject
descender (ie) *v.* to be derived; to descend
descomponerse *v. irreg.* to be divided; to break down
desconocer (zc) *v.* to be ignorant of, not know
descontado: dar por descontado *v.* to take for granted
descubierto: poner al descubierto *v.* to expose, reveal
desecado *adj.* dried out
desembocar (qu) *v.* to lead, go
desempeñar *v.* to fulfill; to fill; to carry out; to play (a role)
desencadenar *v.* to unleash
desenlace *m.* conclusion, outcome
desenvolverse (ue) *v.* to develop
desgracia: por desgracia *adv.* unfortunately
desmentir (ie, i) *v.* to deny
desmesurado *adj.* excessive, inordinate
despedir (i, i) *v.* to dismiss
despejado *adj.* clear; smooth
despertador *m.* alarm clock
despertar (ie) *v.* to awaken, arouse
despistar *v.* to mislead, fool
desplazar (c) *v.* to move around
desprecio *m.* contempt
desprenderse *v.* to issue (*from*); to be deduced
destacar (qu) *v.* to emphasize
desventaja *f.* disadvantage
desvestir (i, i) *v.* to undress
desviarse *v.* to stray
detallar *v.* to detail
detenerse *v. irreg.* to stop, linger
detenimiento *m.* care, thoroughness
devolver (ue) *v.* to return (*something to someone*)
diapositiva *f.* slide, transparency
diario: a diario *adv.* daily
dibujo *m.* sketch, drawing
diferencia: a diferencia de *prep.* unlike

difunto *m.* deceased person
diminuendo *m.* diminuendo (*music*), gradual decrease in volume
diminuto *adj.* tiny, minute
dirigir (j) *v.* to direct; **dirigirse a** to go to, toward; to address (*a person*)
disecado *adj.* stuffed (*an animal*)
diseñar *v.* to design
diseño *m.* design
disfrazar (c) *v.* to disguise
disfrutar de *v.* to enjoy, benefit (from)
disminuir (y) *v.* to diminish, decrease
disponer *v. irreg.* to dispose; to command; **disponer de** to have at one's disposal; to have command over
divulgar (gu) *v.* to spread
dubitativo *adj.* doubtful, dubious
dueño *m.* owner
dulce *adj.* sweet; fresh (*of water*)
duquesa *f.* duchess
durar *v.* to last
durazno *m.* peach

E
edad *f.* age
eficacia *f.* efficiency, effectiveness
eficaz *adj.* efficient, effective
eje *m.* axis
ejecutar *v.* to execute, perform
ejercer (z) *v.* to practice, exercise
elegir (i, i) (j) *v.* to choose, select
elevar *v.* to raise
embargo: sin embargo *adv.* nevertheless
emotivo *adj.* emotional
empedernido *adj.* inveterate, hardened
empleado *m.* employee
emplear *v.* to use, utilize
empleo *m.* employment; usage, use
emprender *v.* to undertake
enajenación *f.* alienation
enamorarse de *v.* to fall in love with
enano *m.* dwarf
encabezamiento *m.* heading
encajar *v.* to fit; to be appropriate
encaminarse *v.* to set out for (*a place*)
encargado *m.* person in charge
encargarse (gu) *v.* to take responsibility
encender (ie) *v.* to turn on; to light up; to set fire to
encubrir *v.* to cover up
encuentro *m.* encounter, meeting
enderezar (c) *v.* to straighten
endolinfa *f.* endolymph (*watery fluid in inner ear*)
enfatizar (c) *v.* to emphasize

enfermedad *f.* illness
enfermera *f.* nurse
enfocado *adj.* focused
enfocar (qu) *v.* to focus
enfoque *m.* focus
engañar *v.* to deceive
enmascarado *adj.* masked
enmienda *f.* amendment
enojado *adj.* angry
enojarse *v.* to get angry
enrojecido *adj.* reddened, red
enroscarse (qu) *v.* to coil
ensordecedor *adj.* deafening
ente *m.* being
enterarse (de) *v.* to find out (about)
entero *adj.* whole, entire
entidad *f.* entity
entregarse (gu) *v.* to surrender
entrenamiento *m.* training
entrevistar *v.* to interview
envenenar *v.* to poison
envolver (ue) *v.* to wrap
equilibrar *v.* to balance
equipaje *m.* luggage
equipo *m.* team
equivocarse (qu) *v.* to make a mistake
erudito *m.* scholar
esbelto *adj.* svelte, slender
escalera *f.* stairs, staircase
escalón *m.* step
escarbar *v.* to scratch, dig
escasamente *adv.* scarcely
escasez *f.* scarcity
escenario *m.* stage
escoger (j) *v.* to choose, select
escolar *adj.* scholastic
escolaridad *f.* scholarship, education
esconder *v.* to hide
escondrijo *m.* hiding place
esfera *f.* sphere
espalda *f.* back
espantoso *adj.* frightful
espejuelos *m. pl.* eyeglasses
esperanza *f.* hope
esquema *m.* outline
esquematizar (c) *v.* to outline
estación *f.* season (*of the year*); station (*transportation*)
estacionar *v.* to park; to remain stationary
estancia *f.* stay
estante *m.* bookcase, shelving
estático *adj.* still, static
estirar *v.* to stretch
estorbo *m.* obstacle; bother
estrato *m.* stratus, level
estrechar *v.* to press, squeeze
estrecho *adj.* narrow; close; tight, small (*of clothing*)
estrellarse *v.* to crash
estremecerse (zc) *v.* to tremble, shake
estrenar *v.* to premier, open (*a dramatic work*)

estribo *m.* stirrup bone (*of ear*)
estrofa *f.* stanza
etapa *f.* step, stage
evitar *v.* to avoid
evolucionar *v.* to evolve
excelso *adj.* exalted, elevated
exigir (j) *v.* to demand; to require
eximir *v.* to exempt, excuse
éxito *m.* success
experimentar *v.* to experience; to experiment
explotar *v.* to exploit, use
exponer *v. irreg.* to expose; to present
expuesto *adj.* explained
extraer *v. irreg.* to extract
extranjero *m.* foreigner; *adj.* foreign
extrañarse *v.* to be surprised

F
facilidad: con facilidad *adv.* easily
falla *f.* error, flaw
fallecimiento *m.* death
fama *f.* fame, renown
faringe *m.* pharynx
fasto *m.* pomp, splendor; **fastos** annals
favorecer (zc) *v.* to make possible; to flatter, become
feroz *adj.* ferocious
ferrocarril *m.* railroad
fiebre *f.* fever
fiel *adj.* faithful, loyal
fijar *v.* to fix; to specify; **fijarse en** to notice
filatelia *f.* philately, stamp collecting
filo *m.* edge
fin *m.* objective, goal; **a fin de +** *inf. prep.* in order to (*do something*); **al fin y al cabo** *adv.* at last; after all
fingir (j) *v.* to pretend
fisonomía *f.* physiognomy, facial features
flan *m.* custard
fluir (y) *v.* to flow
foco *m.* focus
fondo *m.* back; **a fondo** *adv.* in depth; **al fondo** *prep.* in the background; **de fondo** *adj.* main, leading
fortaleza *f.* fortress
forzoso *adj.* inevitable
foso *m.* pit; moat
fracasar *v.* to fail
fracaso *m.* failure
fragmentarismo *m.* fragmentary nature
frenar *v.* to brake
freno *m.* brake (*of an automobile*)
frente *f.* forehead
frente a *prep.* in front of, facing
fronterizo *adj.* pertaining to the frontier, borderlands

fuente *f.* source
fuga *f.* flight, exodus
fulano de tal *m.* so-and-so
fundir *v.* to unite, merge

G

gafas *f. pl.* eyeglasses
galán *m.* male lead, hero of a story
gallardo *adj.* charming, gallant
gama *f.* gamut, range
gana: de buena gana *adv.* heartily
ganar *v.* to win; to earn
gancho *m.* hook
garra *f.* claw
gastar *v.* to spend; to waste; to exhaust
gasto *m.* expense, expenditure
género *m.* genre (*literature*); gender (*grammar*)
gesta *f.* epic poem
girar *v.* to turn around, revolve
golpe *m.* blow
gorra *f.* cap
gorro *m.* nightcap, cap
gota *f.* drop
gozar (c) de *v.* to enjoy
grado *m.* degree, amount
grafémico *adj.* graphemic, pertaining to letters of the alphabet
grama *f.* grama grass, Bermuda grass
gramilla *f.* grass
gritar *v.* to shout, cry out
grito *m.* shout, scream
grueso *adj.* heavy, stout
guante *m.* glove
guardería *f.* day care center, nursery
guía *m., f.* guide
guiar *v.* to guide, direct

H

haber: haber de *v. irreg.* to be (supposed) to; **haber que** to be necessary to
hacer *v. irreg.:* **hacerse** to become; **hacer a un lado** to put (*something*) aside; **hacer de cuenta** to pretend; **hacer falta** to be necessary
hacha *f.* hatchet
hachar *v.* to chop
hada *f.* fairy; **cuento de hadas** *m.* fairy tale
hazaña *f.* brave deed
helado *m.* ice cream
helar (ie) *v.* to freeze
hendidura *f.* chink, crack
heredar *v.* to inherit
herida *f.* wound, injury
herido *adj.* wounded, injured
herir (ie, i) *v.* to wound, injure
hiedra *f.* ivy
hilo *m.* thread; train of thought

hinchar *v.* to swell up, become swollen
hogar *m.* home
hoja *f.* leaf; sheet
horno *m.* oven
hospedar *v.* to house, give lodging; to host
hueso *m.* bone
huésped *m.* guest; host

I

implicar (qu) *v.* to imply
imponer *v. irreg.* to impose
imprenta *f.* printing press
incaico *adj.* Inca, Incan
incapaz *adj.* incapable
inclusive *adv.* even, including
inconfundible *adj.* unmistakable
incorporarse *v.* to join in, become a part of
incrementar *v.* to increase
incrustar *v.* to jam into
indiano *m.* Spanish-American
indígena *m., f.* native; *adj.* native, indigenous
indistintamente *adv.* indistinctly, indiscriminately
ineludible *adv.* inevitable
infame *adj.* infamous, vile
infrahumano *adj.* sub-human
infructuoso *adj.* fruitless
ingenuo *m.* naive person; *adj.* naive
ingresos *m. pl.* income
iniciar *v.* to initiate, begin
inolvidable *adj.* unforgettable
inquieto *adj.* restless
insulso *adj.* meaningless, pointless
intentar *v.* to attempt, endeavor
intento *m.* attempt
intercambiar *v.* to exchange
inundar *v.* to inundate, flood
invertir (ie, i) *v.* to invert
involucrar *v.* to involve
izquierdo *adj.* left; **a la izquierda** on the left

J

jamás *adv.* never, (not) ever
jaramago *m.* hedge mustard
jerarquía *f.* hierarchy
jubilado *adj.* retired; pensioned
jubilarse *v.* to retire
juguete *m.* toy
juguetería *f.* toy shop
juicio *m.* judgment, decision
jurídico *adj.* legal
juventud *f.* youth, young people
juzgar (gu) *v.* to judge

L

labio *m.* lip
lado *m.* side; **hacer a un lado** *v.* to put (*something*) aside; **a un lado de** beside; **al lado de** next to; **por**

otro lado *prep.* on the other hand
ladrar *v.* to bark
ladrillo *m.* brick
laguna *f.* lacuna, gap
lana *f.* wool, fleece
lancha *f.* launch, sloop
lata *f.* nuisance
laxo *adj.* lax, not strict
lealtad *f.* loyalty, faithfulness
lector *m.* reader
lectura *f.* (*act of*) reading; reading selection
lentes *m. pl.* eyeglasses
lenticular *m.* lenticular (*bone of middle ear*)
lentitud *f.* slowness
leña *f.* firewood
leñador *m.* woodcutter
letra *f.* words, lyrics (*of a song*)
ley *f.* law
libra *f.* pound (*weight*)
librar *v.* to free
lienzo *m.* front, face (*of a wall*)
liga *f.* league; alliance
ligar (gu) *v.* to tie, join, link
limosna *f.* alms
limpio: en limpio *adv.* final, corrected
lograr *v.* to achieve, attain; to manage (to)
luchar *v.* to struggle
lujuria *f.* lust
luto: de luto *adj.* in mourning

Ll

llanto *m.* weeping
llevar: llevar a cabo *v.* to complete, achieve; **llevarse bien** to get along well

M

madrastra *f.* stepmother
madurar *v.* to mature
madurez *f.* maturity
maduro *adj.* mature
magnetofónico *adj.* recording (*tape*)
malévolo *adj.* malevolent, evil
mamífero *m.* mammal
mancha *f.* stain
manejar *v.* to drive; to manage; to handle
manifestar (ie) *v.* to reveal
mansedumbre *f.* meekness
manto *m.* shawl, cloak
marca *f.* brand, make
marco *m.* frame; setting
martillo *m.* malleus (*bone of the middle ear*)
mata *f.* bush, shrub
materia *f.* subject; **materia prima** raw material
matizar (c) *v.* to color, tint
matrícula *f.* tuition
matricular *v.* to register, enroll

mayúscula *f.* capital (*letter*)
mecerse (z) *v.* to sway
mediados *m. pl.* middle
mediano *adj.* medium
mediante *prep.* by means of
medida *f.* measurement; **a medida que** *prep.* as; at the same time as; **en buena medida** in large part; **tomar medidas** *v.* to take steps
medio *m.* medium; means; *adj.* middle; half; **por medio de** *prep.* by means of
medir (i, i) *v.* to measure
menospreciar *v.* to belittle
menosprecio *m.* scorn, contempt
mensaje *m.* message
mente *f.* mind
mentir (ie, i) *v.* to lie
mentira *f.* lie
menudo: a menudo *adv.* frequently
mercancía *f.* merchandise
mercantil *adj.* commercial, mercantile
merecer (zc) *v.* to deserve
mermelada *f.* jam, marmalade
mesada *f.* counter top, vanity
meta *f.* goal
meter *v.* to put, place
mezcla *f.* mixture
miedo *m.* fear; **tener miedo** *v.* to be afraid
milagro *m.* miracle
minuciosamente *adv.* thoroughly
minúscula *f.* lowercase letter
miope *adj.* near-sighted
mirada *f.* gaze
misa *f.* mass (*religious*)
miseria *f.* poverty
misoginia *f.* misogyny, hatred of women
mitad *f.* half; middle
mito *m.* myth
moda *f.* fashion; **a la moda** *adv.* fashionably
modo *m.* manner; mood (*grammar*); **de modo que** *conj.* so that; **de todos modos** *adv.* at any rate, anyway
moraleja *f.* moral, lesson
moribundo *adj.* dying
morisco *adj.* Moorish
moro *m.* Moor
mostrar (ue) *v.* to show
movilidad *f.* mobility, movement
mudo *adj.* mute, silent
muñeca *f.* wrist
muñeco *m.* doll
muro *m.* wall
musitar *v.* to mutter, mumble

N

natalidad: tasa de natalidad *f.* birthrate
negar (ie) (gu) *v.* to deny; **negarse a** to decline, refuse

negociante *m., f.* businessman, businesswoman
negocios *m. pl.* business
ninfa *f.* nymph
niñez *f.* childhood
nivel *m.* level
nocivo *adj.* harmful, injurious
nominal *adj.* noun (*grammar*)
noticias *f. pl.* news
novato *adj.* beginning
nublar *v.* to cloud
nuera *f.* daughter-in-law

O

obra *f.* work (*of art, literature*)
obrero *m.* worker, laborer
obscurecerse (zc) *v.* to get dark
obscuridad *f.* darkness
obscuro *adj.* dark; obscure
obstante: no obstante *adv.* nevertheless
ocasionar *v.* to cause, occasion
ocultar *v.* to hide
odiar *v.* to detest, hate
oído *m.* (*sense of*) hearing; inner ear
oleaje *m.* wave
olfato *m.* sense of smell
oliváceo *adj.* olive-complexioned
olor *m.* smell, odor
onda *f.* wave
ondulado *adj.* wavy
oponerse *v. irreg.* to oppose, resist
opuesto *adj.* opposite
oración *f.* sentence (*grammar*)
ordenar *v.* to order, classify
oreja *f.* (*outer*) ear
orgulloso *adj.* proud
orificio *m.* orifice, opening
orilla *f.* edge
oscuridad *f.* darkness
oscuro *adj.* dark; obscure
óseo *adj.* bony
otorgar (gu) *v.* to award
oviesse *v.* hubiese (*archaic*)
oxigenado *adj.* bleached

P

pa' *prep.* para (*colloquial*)
pabellón *m.* auricle (projecting outer portion of the ear)
padrino *m.* godfather; sponsor
paisaje *m.* scenery
palo *m.* stick; pole
paludismo *m.* malaria
par: a la par *prep.* at the same time
parabrisas *m.s.* windshield
parado *adj.* standing
parecerse (zc) a *v.* to resemble
parecido *adj.* similar
pared *f.* wall
pareja *f.* pair; couple; partner
parentesco *m.* kinship, relationship
pariente *m.* relative

partida: punto de partida *m.* point of departure
partidario *m.* supporter
partido *m.* game, match
partir *v.* to depart, leave; **a partir de** *prep.* as of, from (*date*)
pasaje *m.* passage
pasillo *m.* hall, hallway
patente *adj.* evident, clear
patinar *v.* to skate
patria *f.* native country
patrocinar *v.* to sponsor
patrón *m.* patron; boss; pattern
pauta *f.* guideline, rule
pecado *m.* sin
pegado *adj.* attached
pegar (gu) *v.* to stick
pena *f.* pity, shame
pensante *adj.* thinking, rational
pensar (ie) + *inf.* to intend, plan to (*do something*)
percibir *v.* to perceive, sense
pereza *f.* laziness
perilinfa *f.* perilymph (*fluid between membranous and bony labyrinths of ear*)
periodismo *m.* journalism
periodista *m., f.* journalist
perito *m.* expert
permanecer (zc) *v.* to remain
perseguir (i, i) (ga) *v.* to pursue; to persecute
personaje *m.* character (*literary*)
pertenecer (zc) *v.* to belong, pertain
pesadez *f.* heaviness
pesadilla *f.* nightmare
pesado *adj.* heavy
pesar *v.* to weigh; **a pesar de** *prep.* in spite of
pesquisa *f.* investigation
pestaña *f.* eyelash
picaresco *adj.* picaresque (*literature*)
pico: a pico *adv.* in sharp points
piquete *m.* prick, bite
pisar *v.* to step on
pisca *f.* picking, harvest (*Anglicism*)
pitido *m.* whistling
plagiar *v.* to copy, plagiarize
plagio *m.* plagiarism
planchar *v.* to iron
planteamiento *m.* posing, raising (*of problem*)
plantear *v.* to pose, raise (*a problem*)
plantel *m.* educational institution
platillo *m.* dish (*of food*)
pleno: en pleno + *n.* *adv.* in the middle of + *n.*
plomo: a plomo *adj.* directly overhead
pluma *f.* feather; fountain pen
poblador *n.* settler

poco: por poco *adv.* almost
poder *m.* power
polvo *m.* dust
poner: poner alto a *v. irreg.* to put a stop to; **poner de relieve** to emphasize; **ponerse** + *adj.* to become
portar *v.* to carry, bear
porte *m.* bearing, presence
poste *m.* pole, post
postura *f.* posture, position
prado *m.* meadow
precipicio *m.* precipice, cliff
precipitado *adj.* premature, hasty
predominio *m.* predominance
prejuicio *m.* bias, prejudice
premiado *adj.* award-winning
premio *m.* award, prize
prenda *f.* garment
prender *v.* to turn on (*a light*)
presente: tener presente *v. irreg.* to keep in mind
prestar: prestar atención *v.* to pay attention; **prestarse** to lend itself, be appropriate
pretender *v.* to endeavor, seek
prevalecer (zc) *v.* to prevail
previo *adj.* previous, former
previsto *adj.* foreseen
prima: materia prima *f.* raw material
principesco *adj.* princely
principiante *adj.* beginning
privar *v.* to deprive, deny
probar (ue) *v.* to prove
procedencia *f.* origin
procedimiento *m.* method, technique
profundidad *f.* depth
promedio de vida *m.* average life expectancy
propio *adj.* one's own; proper (*noun*) (*grammar*)
proponer *v. irreg.* to propose, suggest
propósito *m.* purpose; object
proveer *v.* to provide, supply
provenir *v. irreg.* to come, originate
prueba *f.* proof; exam, test;
puente *m.* bridge
pueril *adj.* childish
puesta del sol *f.* sunset
puesto *m.* position, job; **puesto que** *conj.* since
pulgada *f.* inch
Pulgarcito Tom Thumb
pulir *v.* to polish, perfect
puñal *m.* dagger
pupitre *m.* school desk

Q

quebrar (ie) *v.* to break, fracture
quedar *v.* to remain; to be located; **quedarle estrecho a uno** to be too tight, small (*of clothing*)

quehacer *m.* chore, task
quejarse *v.* to complain
quejumbroso *adj.* whining, complaining
quemante *adj.* burning

R

radicar (qu) *v.* to be (*in a place*); **radicar en** to derive from
raíz *f.* root
rama *f.* bough, branch
ramo *m.* branch, field (*of learning, etc.*)
raro *adj.* rare; **rara vez** *adv.* rarely, seldom
rasgado *adj.* slant, almond-shaped (*eyes*)
rasgo *m.* trait, characteristic; **a grandes rasgos** *adv.* broadly, in broad outline
ratería *f.* thieving
razón *f.* reason; **tener razón** *v. irreg.* to be right
razonamiento *m.* reasoning, train of thought
real *adj.* real; royal
realizar (c) *v.* to realize, carry out
realzado *adj.* elevated, raised
rebasar *v.* to overtake (*a vehicle*)
rebuscamiento *m.* affectation (*in language*)
recaer sobre *v. irreg.* to fall on
recargar (gu) *v.* to lay against, rest
recobrar *v.* to recover
recoger (j) *v.* to gather
recorrer *v.* to traverse, cover (*a distance*)
recortar *v.* to outline
recostar (ue) *v.* to recline
recurrir *v.* to resort, have recourse
recurso *m.* resource
rechazar (c) *v.* to reject
rechinar *v.* to squeal
redactar *v.* to write; to compose
reemplazar (c) *v.* to replace, substitute
reflejar *v.* to reflect; to reveal
reforzar (ue) (c) *v.* to reinforce, strengthen
regla *f.* rule
reinado *m.* reign
reino *m.* kingdom
reiterar *v.* to reiterate, repeat
reja *f.* grating; window bar
relajar *v.* to relax
relámpago *m.* lightning, flash of lightning
relato *m.* narrative
relieve *m.* relief; **poner de/en relieve** *v.* to emphasize
repasar *v.* to review
repente: de repente *v.* suddenly
requisito *m.* requirement
resaltar *v.* to project, stand out; **hacer resaltar** *v. irreg.* to

emphasize
reseña *f.* review (*of a play or film*)
respaldar *v.* to endorse, support
respecto: con respecto a *prep.* with respect to
respingado *adj.* snub, turned-up
respirar *v.* to breathe
restante *adj.* remaining
resumen *m.* summary; **en resumen** *adv.* in brief
resumidas: en resumidas cuentas *adv.* in short
resumir *v.* to sum up, summarize
retirar *v.* to take away, take back
retrasar *v.* to delay; **retrasarse** to lag behind
retratar *v.* to portray, depict
rezar (c) *v.* to pray
riquezas *f. pl.* riches
risa *f.* laughter
risueño *adj.* smiling, pleasant
rizado *adj.* curly
roce *m.* friction; touch, graze
rodear *v.* to surround
ronco *adj.* hoarse
rostro *m.* face
rotular *v.* to label; to impute
rotundamente *adv.* categorically
ruido *m.* noise
rumbo a *prep.* toward, in the direction of

S

sábana *f.* bedsheet
sacar (qu) *v.* to take out; **sacar calificaciones** to get grades; **sacar conclusiones** to draw conclusions; **sacar fotos** to take pictures
sacudir *v.* to shake
salud *f.* health
saludar *v.* to greet
sangre *f.* blood
secuestrar *v.* to kidnap
seda *f.* silk
segregar (gu) *v.* to secrete (*fluids*)
según *prep.* according to; *conj.* as, according to how
selva *f.* forest; jungle
semáforo *m.* traffic light
sembrado *m.* sown area, seeded area
semejante *m.* fellow man; fellow creature; *adj.* similar, such
semejanza *f.* similarity; likeness
semejar *v.* to resemble
sencillo *adj.* simple
senda *f.* path, way
sendero *m.* path
sentido *m.* meaning; sense
seña *f.* signal, gesture
señal *f.* signal
señalar *v.* to point out, indicate
señore *m.* **señor** (*archaic*)
sepulcral *adj.* pertaining to the tomb, sepulchral

serpentear *v.* to wind
servidumbre *f.* group of servants
servirse (i, i) de *v.* to make use of
siembra *f.* sowing, planting
siglo *m.* century
significado *m.* meaning
silbar *v.* to whistle
sillar *m.* stone block
sinnúmero *m.* infinite number
siquiera: ni siquiera *conj.* not even
sobreentender (ie) *v.* to assume, take for granted
sobrepasar *v.* to exceed
sobresaliente *adj.* outstanding, excellent
sobresalir *v. irreg.* to stand out
soler (ue) *v.* to be accustomed to, be in the habit of
solicitante *m., f.* applicant
solicitud *f.* application
soltar (ue) *v.* to loose, untie; **soltar el trapo** to laugh heartily
solucionar *v.* to solve
sombra *f.* shade; shadow
sombrío *adj.* somber, dark, gloomy
sometimiento *m.* submission, submissiveness
sonora: onda sonora *f.* sound wave
sospecha *f.* suspicion
sospechar *v.* to suspect
sostener *v. irreg.* to support, sustain, hold up
sótano *m.* basement, cellar
subrayar *v.* to underline, underscore
suceder *v.* to occur, happen
suceso *m.* event, happening
sueldo *m.* salary, pay
sugerir (ie, i) *v.* to suggest
sujeto a *adj.* subject to
sumamente *adv.* exceedingly
sumiso *adj.* submissive
superar *v.* to surpass, exceed
suplente *adj.* surrogate
surgir (j) *v.* to arise
sustantivo *m.* noun
susto *m.* fright, scare
susurrar *v.* to whisper; to coo
sutil *adj.* subtle

T

tabú *m.* taboo
tacto *m.* (sense of) touch
tachar *v.* to cross out, eliminate; to blame
talo *m.* thallus (*botanical*)
talofita *f.* thallophyte (*botanical*)
tallo *m.* stem, shoot
tapa *f.* tidbit, appetizer
tapar *v.* to cover
tapizar (c) *v.* to upholster
tardío *adj.* late, tardy
tasa *f.* rate
techo *m.* roof, ceiling
tejedor *m.* weaver

tejido *m.* tissue
tela *f.* fabric
temático *adj.* thematic, topic
temblar *v.* to tremble
temer *v.* to fear
temor *m.* fear
tempestad *f.* tempest, storm
temporada *f.* season; while
tender (ie) *v.* to spread, spread out; **tender a** to tend to, have a tendency to
tener: tener lugar *v. irreg.* to take place
teñir (i, i) *v.* to dye
término *m.* term, word, expression
ternura *f.* tenderness
terso *adj.* smooth
tez *f.* complexion, skin
timbre *m.* timbre (*quality of tone*)
tímpano *m.* eardrum
tino *m.* tact
tipo *m.* guy, character
toallero *m.* towel rack
tocante: en lo tocante a *prep.* concerning
tocar (qu) *v.* to touch; to play (*a musical instrument*); to knock (*at*)
tomar en cuenta *v.* to consider
tonelada *f.* ton
tormenta *f.* storm
torno *m.* turn, revolution; **en torno de** *prep.* around
torreón *m.* tower, turret
torta *f.* cake
tragar (gu) *v.* to swallow
traje *m.* suit, outfit
trama *f.* plot
trámite *m.* arrangement
trampa *f.* trap, snare
transcurrir *v.* to pass, go by
transcurso *m.* course, passage of time
trapo *m.* rag, tatter
tratado *m.* treatise
tratar *v.* to treat (*a subject*); **tratarse de** to be a question of
travieso *adj.* mischievous
trayectoria *f.* trajectory, path
trimembre *adj.* trimembral, with three parts or members
trompetilla acústica *f.* ear trumpet, trumpet-shaped device held to the ear for intensifying sounds
truco *m.* trick
tupido *adj.* dense, thick

U

unir *v.* to join, unite
útil *adj.* useful

V

vaciar *v.* to empty
vacilar *v.* to hesitate, waver

vacío *adj.* empty
vaina *f.* sheath
valentía *f.* valor, courage
valerse de *v. irreg.* to make use of
valiente *m.* brave man; *adj.* brave, daring
valioso *adj.* valuable
valorizar (c) *v.* to value
vapor *m.* steamship
vaquero: pantalones vaqueros *m. pl.* jeans
variar *v.* to vary
varón *m., adj.* male
vecino *adj.* neighboring
vejez *f.* old age
velo *m.* veil
vencer (z) *v.* to conquer
venenoso *adj.* poisonous
venganza *f.* vengeance, revenge
vengativo *adj.* vengeful, vindictive
venta *f.* sale
ventaja *f.* advantage
ventajoso *adj.* advantageous
vértice *m.* vertex
vez: a la vez *adv.* at the same time; **a su vez** *adv.* in turn; **a veces** *adv.* at times; **cada vez más** *adv.* more and more; **en vez de** *prep.* instead of; **una y otra vez** *adv.* again and again
vía *f.* way, means
víbora *f.* viper, snake
vigente *adj.* in force, in vogue
villancico *m.* Christmas carol
vincular *v.* to relate, connect
vino: tener mal vino *v. irreg.* to not be able to hold one's liquor.
violación *f.* rape
visigodo *m.* Visigoth
vista *f.* sight, view
vitrina *f.* glass showcase
vivienda *f.* housing
vocablo *m.* word
voltear *v.* to turn around
voluntad *f.* will, free will
volver (ue) a + *inf. v.* to do (*something*) again
vuelo *m.* flight
vuelta: dar una vuelta *v.* to take a drive

X

xenofobia *f.* fear or hatred of foreigners

Y

yacimiento *m.* bed, deposit (*archeology*)
yerno *m.* son-in-law
yunque *m.* incus, anvil (*bone of the middle ear*)

Z

zarzal *m.* bramble bush